21世纪高职高专旅游服务与管理专业工学结合系列教材

中国民俗文化概论

主　编　黄任元　刘小春
参　编　李卫兴　肖青青　张　坤

中国物资出版社

图书在版编目（CIP）数据

中国民俗文化概论/黄任元，刘小春主编．—北京：中国物资出版社，2012.6（2021.8重印）

（21世纪高职高专旅游服务与管理专业工学结合系列教材）

ISBN 978－7－5047－4253－7

Ⅰ.①中…　Ⅱ.①黄…②刘…　Ⅲ.①风俗习惯—概论—中国—高等职业教育—教材　Ⅳ.①K892

中国版本图书馆CIP数据核字（2012）第078032号

策划编辑　李　丽　　**责任印制**　梁　凡　郭紫楠

责任编辑　邢有涛　栗　源　　**责任校对**　孙会香　饶莉莉

出版发行　中国物资出版社

社　　址　北京市丰台区南四环西路188号5区20楼　　**邮政编码**　100070

电　　话　010－52227568转2098（发行部）　010－52227588转321（总编室）

010－52227588转100（读者服务部）　010－52227588转305（质检部）

网　　址　http://www.cfpress.com.cn

经　　销　新华书店

印　　刷　宝蕾元仁浩（天津）印刷有限公司

书　　号　ISBN 978－7－5047－4253－7/K·0079

开　　本　787mm×1092mm　1/16　　**版　　次**　2012年6月第1版

印　　张　13.5　　**印　　次**　2021年8月第6次印刷

字　　数　288千字　　**定　　价**　28.00元

前　言

中国民俗文化课程是旅游专业的专业基础课之一，其有助于学生初步认识、理解中国各民族在衣食住行诸方面的风俗习惯，掌握从事民俗导游的基础知识，并为进一步学习专业知识和技能打下基础。

在高职高专旅游专业的教学中，旅游民俗文化尚未成为一门独立的课程，而只是依附于“中国历史文化”或“中国传统文化”，其深度和广度都不适应旅游事业发展的需要。尤其导游专业，民俗事象的讲述，民俗活动的演示、参与都需要事先对民俗文化进行专门的学习。为此，本书根据高职高专教学的培养目标，针对民俗旅游已取代山水风光旅游成为旅游热点的实际情况，全面地介绍了中国各民族在衣食住行诸方面的风俗习惯，强化了理论的实用性，使本课程知识不仅具有现实性，而且具有前瞻性。

本教材以民俗导游的实际需要为主线，分别介绍了中国各民族在饮食、娱乐、服饰、婚姻、民居、鬼神、礼仪、丧葬、禁忌等方面的习俗；另外，民间文学虽不属于民俗事象，但因其在导游讲解中有着极其重要的作用，我们也作了专门的介绍。

教材设有学习目标、视野拓展、思考训练等栏目，强调理论与实践相结合，力求提高学生的综合素质。相比较而言，本书具有以下特色：

独创性：以《中国民俗文化概论》作为高职高专学生提高人文素养方面的基础课教材，在全国尚不多见。中国民俗文化是中国传统文化在日常生活中的具体体现，在弘扬中国传统文化，对学生进行传统美德教育，培养学生爱国热情的今天，中国民俗文化教学应当成为高职高专人文素养培养的重要内容。

系统全面：与同类题材的教材相比，本书全面系统地介绍了中国各民族在日常生活中的民俗事象，克服了此前仅仅是将民俗文化作为辅助性的知识，依附于历史文化或传统文化教学中的不足。

通俗易懂：教材采用了许多实例进行介绍，深入浅出。

本书既可作为高职高专院校旅游专业的教学用书，也可作为人文素养培养的文化课教材，还可以作为在职人员的岗前培训教材和自学读者的参考用书。

本书由黄任元、刘小春担任主编。参编人员及分工如下：黄任元编写绪论、第一章、第二章、第十章、第十一章；李卫兴编写第八章、第九章；肖青青编写第七章；张坤编写第四章；刘小春编写第三章、第五章、第六章、第七章。全书由黄任元和刘小春负责协调编写，黄任元负责总纂和定稿。

本书在编写过程中，参考、借鉴了大量文献资料，得到了有关专家学者、院校领导、同人的大力支持和帮助，在此深表感谢！

由于编者水平有限，书中疏漏之处在所难免，欢迎全国各地的读者提出宝贵意见。

编　者

2012 年 3 月

目 录

第一章 绪 论

学习目标

民俗文化作为人类社会文化的一个最基本的组成部分，有着极为丰富的内涵和多彩的表象，它体现在广泛而富有情趣的社会生产和社会生活领域中，内含民族精神的延续和时代精神的认同。它孕育于民间，传承于社会，并世代延续承袭。在现代旅游业的蓬勃发展中，姿态万千的民俗文化日趋成为旅游观赏的重要对象，以参与体验民俗风情为主要内容的民俗文化旅游活动更成为了跨文化交流的“重头戏”，显示了民俗文化在旅游业中的地位和作用。通过本章学习，大家主要达到以下目标：

1. 理解民俗文化的概念、形成及特征。

2. 掌握学习民俗文化需要的一些基本知识。

第一节 民俗、民俗文化

一、民俗的概念

民俗就是民间的风俗习惯，它是一个国家或民族中广大民众所创造、享用和传承的生活文化，是普遍存在于社会生活中的一种悠久的历史文化事象。民俗源于人类社会群体生活的需要，在特定的民族、时代和地域中不断形成和演变，为民众的日常生活服务。民俗一旦形成，就成为规范人们的行为、语言和心理的一种基本力量，同时也是民众习惯、传承和积累文化创造成果的一种重要方式。

在先秦典籍中“俗”、“风”、“风俗”等词已很常见，并在《礼记·缁衣》中出现了“民俗”一词。但作为学术术语使用，则始于“五四”运动时期北大歌谣研究会出版的《歌谣周刊》，至 1927 年广州中山大学创办《民俗》周刊，“民俗”才成为一个固定的学术名称。在国际上，19 世纪中期以前，对民俗有种种称呼，如“民间古俗”、

“贱民古俗”、“残存文化”、“民间迷信”等。至1846年英国考古学家威廉·汤姆斯创造“folklore”（“民众的知识或智慧”）一词后，它才逐渐成了国际通行的学科术语。

二、民俗文化

过去的学者很少将民俗当做一种文化现象来看待，似乎民俗算不得一种文化。其实，中华民族的传统文化可以分成三类：上层文化、中层文化和下层文化。下层文化就是民俗文化，它是由广大农民及其他劳动人民所创造和传承的文化。民俗文化是民族文化的重要组成部分，内容十分丰富，其中有些还是人类文化宝库中的优秀部分。民俗文化曾在各民族长期的生活中发挥过广泛、巨大的作用，是民族文化的基础部分，但是，民族文化的范畴要大于民俗文化，民俗文化只是民族文化的一个分支。

三、民俗文化形成的原因

民俗既然是一种文化，它也和其他文化一样属于上层建筑，因此，一定社会的经济基础必定影响和决定着它的产生和发展。原始社会生产力十分低下，人们对许多自然现象以及人的生老病死无法解释，认为有一种具有灵力的超自然的东西在操纵着这些现象，于是产生了神话以及有关神的种种禁忌。神话和禁忌一旦产生，靠口碑的方式代代相传，逐渐形成一种约定俗成的民俗。封建社会，生产力有所提高，在此基础上就产生了一些与当时经济相适应的民俗。比如解放前一些地方比较流行的姑表舅婚，就是在封建社会家族为保证自己的劳动力和财产而形成的一种婚俗。

1. 在阶级社会里，政治对民俗的产生有着巨大的影响

统治阶级为了维护自己的统治，对那些不利于自己的民俗，一是以行政手段强制改变，例如，清朝统治者就以强迫的手段改变了土家族的婚俗。在清代以前，土家族实行的是传统的古老婚俗，男女青年自由恋爱，结婚不坐轿，清统治者在土家族地区实行“改土归流”，以行政的强迫手段，禁止自由结婚，规定婚嫁一定要明媒正娶，要坐轿子。二是通过其正统思想的影响而形成符合其统治思想的民俗。自汉代董仲舒“罢黜百家，独尊儒术”后，儒家思想便成为了中国封建社会的正统思想，一些有悖儒家思想的民俗逐渐被否定，而一些符合儒家思想的民俗逐渐形成。比如，从前有的地方吃饭时男女不得同席，就是男尊女卑思想的体现。

2. 地理环境对民俗的形成也有着非常大的影响

人类的生活与自然环境是密切相关的，长期在一种环境中生活，必然会形成一些与这个环境相适应的生活习惯，有什么样的自然环境，就会形成什么样的民俗。北方寒冷的气候，使北方民族在民居、服饰等方面的习俗不同于南方的民族，“靠山吃山，靠海吃海”，生活在山区的民族与生活在海边的民族，他们在饮食以及服饰上的习俗也肯定不一样。不仅如此，即使是同一个省、同一个县，不同地方的风俗也不一样，甚

至是山南和山北，河东和河西也是风俗迥异。正所谓“千里不同风，百里不同俗”。

3. 宗教是民俗形成的又一个重要因素

一些民俗根本就是由原来的宗教仪式演变而来的，比如各类祭祀仪式。原始宗教中的图腾及祖先崇拜也形成了各民族一些特有的民俗事象，比如，一些少数民族每当春耕时要杀羊等牲畜祭祀自己崇拜的神，以求丰收。古代宗教对中国民俗影响最大的当属道教，很多神话、民间传说都与道教有关，而在农村，办丧事往往都要请道士设道场，做法事，建民居、选墓地要看风水也源于道教。外国宗教传入中国后，对以信奉这些宗教为主的民族的民俗有着非常大的影响。佛教对藏族、傣族，伊斯兰教对回族、维吾尔族的民俗的影响可以说是根本性的。

四、民俗文化的分类

民俗事象纷繁复杂，从社会基础的经济活动到相应的社会关系，再到上层建筑的各种制度和意识形态，大都附有一定的民俗行为及有关的心理活动。总体说来，大致可以分为以下四部分。

（1）物质民俗，是指民众在创造和消费物质财富过程中所形成的模式性的民俗事象。它主要包括生产商贸民俗、衣食住行民俗、医药保健民俗等。

（2）社会民俗，也称社会组织及制度民俗，是指人们在特定条件下所结成的社会关系的惯制，它所涉及的是从个人到家庭、家族、乡里、民族、国家乃至国际社会在结合、交往过程中使用并传承的集体行为方式，主要包括社会组织民俗（如血缘组织、地缘组织、业缘组织等）、社会制度民俗（如习惯法、人生仪礼等）、岁时节日民俗以及民间娱乐习俗等。

（3）精神民俗，是指在物质文化与制度文化基础上形成的有关意识形态方面的民俗。它是人类在认识和改造自然与社会过程中形成的心理经验，这种经验一旦成为集体的心理习惯，并表现为特定的行为方式并世代传承，就成为精神民俗。它主要包括民间信仰、民间巫术、民间哲学伦理观念以及民间艺术等。

（4）语言民俗，是指通过口语约定俗成、集体传承的信息交流系统。它包括两大部分：民俗语言与民间文学。语言是一种文化载体，各个民族、地区都有特定的语言，即民族语言和方言，它们是广义的民俗语言。狭义的民俗语言，是指在一个民族或地区中流行的那些具有特定含义，并且反复出现的套语，如民间俗语、谚语、谜语、歇后语、街头流行语、黑话、酒令等。民间文学是指由人民集体创作和流传的口头文学，主要有神话、民间传说、民间故事、民间歌谣、民间说唱等形式。

社会生活是一个整体，为社会生活服务的民俗文化也有其整体性与系统性。物质民俗、社会民俗、精神民俗、语言民俗四大部类民俗之间存在着相互关联、相互制约与促进的有机联系，它们相互影响，并随着时代的发展而发展。

五、民俗文化的特征

作为一种生活文化的民俗文化，既丰富多彩又千差万别，既有个性又有共性。简言之，民俗文化现象具有如下几个基本特征。

1. 民族性和地域性

民族性是民俗文化的一个显著特点。中华民族的多元一体格局决定了中华文化的一体多元结构。多元是指各民族因地域、经济、政治、语言、历史积累、心理素质等因素的差异而各具特色。仅以葬俗为例，回族的土葬、藏族的天葬、鄂伦春族的树葬、门巴族的水葬以及部分瑶族的崖葬等，无不是本民族民俗文化传统的外化形式。

地域性是民俗在空间上所显示出的特征。生态环境的不同，经济生产的各异，必然导致独特的生产方式和生活方式的产生。“十里不同风，百里不同俗”，指的正是这种民俗的地域性差异。民俗文化鲜明的民族性和地域性，往往会形成大小不同“民俗文化圈”。以宗教信仰为例，在我国西南、中东南广大地区生活的二十几个少数民族，较为普遍地保持着以万物有灵为中心的信仰，形成了一个区域性的原始宗教文化圈；东北少数民族地区为萨满教文化圈；西南地区是藏传佛教文化圈和南传佛教文化圈；西北地区是伊斯兰教文化圈。

2. 集体性和模式性

民俗的集体性是指民俗由集体创造、享用，并由集体保存、传承的特征。民俗事象的产生是集体创造的结果。即使个别民俗是由某个人所倡导，也必须以群体接受和遵从为前提，否则是不能形成民俗的。而且在其流传的过程中，群体还将对其加以新的创造，融入适应时代特点的新的智慧。民俗又是民众迫于生活需要创造出来的，这便决定了它必然为集体所享用，至少是被一定规模的社会群体所享用。与此同时，民俗文化的保存和传承更是社会的、集体性行为，因此各种历时久远的民俗文化现象才始终具有鲜活的生命力。

民俗的模式性是它在表现形式上的突出特点。民俗文化现象的存在不是个性的，而是类型的、模式的。换言之，民俗一旦形成，便会具有极大的稳定性，并在稳定的发展中形成一定的模式，为群体成员共同遵守，成为约束行为的标准和尺度。民俗的模式性一方面表现在时间的运转周期上，即依四时节令的变更有节奏地安排生产、生活，调整衣食住行；另一方面则表现在民俗活动的具体程序上，如婚礼和葬礼习俗虽有地区差异，但其基本程序却是相对固定的。

3. 传承性和变异性

民俗的传承性是指民俗文化现象在空间上的传播和时间上的传承。任何一项民俗活动一经产生，必然要在一定范围的群体中扩散，并在一定的时间阶段中反复再现，不断复制，否则就不能称作民俗。内容和形式上的连续性和稳定性是民俗传承性的主要表现，比如岁时节日习俗，农历正月十五的元宵灯会和吃元宵，三月清明节的祭祖扫墓和踏青郊游，五月初五端午节的挂菖蒲艾叶、赛龙舟及吃粽子、饮雄黄酒，八月十五的中秋赏月和吃月饼及除夕辞岁的年祭和吃团圆饭，都是传袭了千年以上的岁时习俗。不论各地有多少差异，其核心内容和形式却始终被沿袭下来了。当然，恶习陋俗也往往因其因袭保守的习惯势力而传之后世，如算命、看相、赌博、婚丧中的迷信活动等，在民俗文化现象的品目中也是异常醒目的。

民俗的变异性是与传承性相对而言的特征。只有传承基础上的变异和变异过程中的传承，绝对没有只传承不变异或一味变革而没有传承的民俗事象。因为政治、经济、文化环境等因素的变迁，时代条件、地方生活和民族传统的差异，流传中的民俗必然或迟或早，或局部或整体地发生变异，这是民俗发展的内在规律。究其变异方式不外三种类型：其一是累积沉淀，即民俗事象在原有的基础上扩充增多。如过春节本是一种祭祀活动，但在其传承过程中逐渐增加了许多新的民俗活动，如贴对联、放爆竹、守岁、吃饺子、拜年等。近些年，电视的普及，又使得一年一度的除夕晚会成了年俗中不可或缺的一部分。其二是化旧立新，即剔除不适应新形势的旧俗，使原有的民俗或整体或局部地发生变异，如端午节最初是一种祛病驱邪的节日，宋代以后人们又以吃粽子、龙舟竞渡来怀念屈原，使之变成了一个纪念性的节日，到了今天，纯粹的娱乐活动是端午节的核心内容。其三是完全消亡，即一些旧时代的民俗由于不符合新时代的生活方式和价值观念，而被新的文化体系所淘汰，如解放前我国西南佤族的“猎头祭谷”、汉族封建社会的妇女缠足等。民俗的变异性是民俗充满生命力的重要原因，也是移风易俗最可运用的特征。

4. 规范性和服务性

民俗文化是一种适应性文化，它表现为适应民众集体心理和生存需要的相对稳定的模式。这种模式的稳定性和约定俗成，使它具有不成文法的强制或约束力量，起到对民众的行为、语言和心理的制约性作用，这就是民俗文化的规范性。规范化的民俗构成民众行为的准则。民俗规范永远是民众心理和价值观念整合的结果。如图腾物是神圣不可侵犯的，如不小心触犯和伤害了图腾物，要举行一系列赎罪仪式；男子长到一定年龄，只有通过成年考验仪礼，才能被接纳为氏族的正式成员。

服务性指民俗文化在规范民众的同时又具有服务民众需要的实用功能。民俗文化体现了集体的智慧和创造，这种创造是服务于民众的社会需要、生产生活实践以及民众心理的协调等方面的。如尊老爱幼习俗是一种全体社会成员共同遵守的礼节。又如待客习俗，也体现着长幼尊卑关系。二十四节气的制定，主要服务于农事活动。再如掺杂了迷信成分的民间求神拜佛习俗，反映了民众的心理信仰。

第二节　学习民俗文化需掌握的基本知识

一、阴阳

阴阳的最初含义是很朴素的，表示阳光的向背，向日为阳，背日为阴，后来引申为气候的寒暖，方位的上下、左右、内外，运动状态的躁动和宁静等。中国古代的哲学家们进而体会到自然界中的一切现象都存在着相互对立而又相互作用的关系，就用阴阳这个概念来解释自然界两种相互对立和相互消长的物质势力，并认为阴阳的对立和消长是事物本身所固有的，进而认为阴阳的对立和消长是宇宙的基本规律。

阴阳学说认为，世界是物质性的整体，自然界的任何事物都包括着阴和阳这两个相互对立的方面，而对立的双方又是相互统一的。阴阳的对立统一运动，是自然界一切事物发生、发展、变化及消亡的根本原因。正如《素问·阴阳应象大论》所说“阴阳者，天地之道也，万物之纲纪，变化之父母，生杀之本始”。所以说，阴阳的矛盾对立统一运动规律是自然界一切事物运动变化固有的规律，世界本身就是阴阳二气对立统一运动的结果。

阴和阳，既可以表示相互对立的事物，又可用来分析一个事物内部所存在的相互对立的两个方面。一般来说，凡是剧烈运动的、外向的、上升的、温热的、明亮的，都属于阳；相对静止的、内守的、下降的、寒冷的、晦暗的，都属于阴。以天地而言，天气轻清为阳，地气重浊为阴；以水火而言，水性寒而润下属阴，火性热而炎上属阳。

任何事物均可以阴阳的属性来划分，但必须是针对相互关联的一对事物，或是一个事物的两个方面，这种划分才有实际意义。如果被分析的两个事物互不关联，或不是统一体的两个对立方面，就不能用阴阳来区分其相对属性及其相互关系。

事物的阴阳属性，并不是绝对的，而是相对的。这种相对性，一方面表现为在一定的条件下，阴和阳之间可以发生相互转化，即阴可以转化为阳，阳也可以转化为阴。另一方面，体现于事物的无限可分性。

阴阳学说的基本内容包括阴阳对立、阴阳互根、阴阳消长和阴阳转化四个方面。

阴阳对立即指世间一切事物或现象都存在着相互对立的阴阳两个方面，如上与下、天与地、动与静、升与降等，其中上属阳，下属阴；天为阳，地为阴；动为阳，静为阴，升属阳，降属阴。而对立的阴阳双方又是互相依存的，任何一方都不能脱离另一方而单独存在。如上为阳，下为阴，而没有上也就无所谓下；热为阳，冷为阴，而没有冷同样就无所谓热。所以可以说，阳依存于阴，阴依存于阳，每一方都以其相对的另一方的存在为自己存在的条件。这就是阴阳互根。

阴阳之间的对立制约、互根互用并不是一成不变的，而是始终处于一种消长变化过程中的，阴阳在这种消长变化中达到动态的平衡。这种消长变化是绝对的，而动态平衡则是相对的。比如白天阳盛，人体的生理功能也以兴奋为主；而夜间阴盛，机体的生理功能相应的以抑制为主。从子夜到中午，阳气渐盛，人体的生理功能逐渐由抑制转向兴奋，即阴消阳长；而从中午到子夜，阳气渐衰，则人体的生理功能由兴奋渐变为抑制，这就是阳消阴长。

阴阳双方在一定的条件下还可以互相转化，即所谓物极必反。比如，某些急性温热病，由于热毒极重，大量耗伤机体元气，在持续高烧的情况下，会突然出现体温下降、四肢厥冷、脉微欲绝等症状，这就是由阳症转化为阴症的表现。可以说，阴阳消长是一个量变的过程，而阴阳转化则是质变的过程。阴阳消长是阴阳转化的前提，而阴阳转化则是阴阳消长发展的结果。

二、五行

五行指金、木、水、火、土五种物质。我国古代思想家用五行理论来说明世界万物的形成及其相互关系。中医用五行来解释生理病理上的种种现象。预测未来的人用五行相生相克来推算人的命运。

五行学说最早出现在道家学说中。它强调整体概念，旨在描述事物的运动形式以及转化关系。如果说阴阳是古代的对立统一学说，则五行可以说是原始的普通系统论。

“五行”一词，最早出现在《尚书》的《甘誓》与《洪范》中，“五行”在《洪范》中已被明确为水、火、木、金、土，而且被认为是首要之事。在周幽王时，已将“五行”认定为构成万物的五种基础物质。“五行”关乎自然的呈现与持续运作。所谓“行”，郑玄注曰：“行者，顺天行气也。”“行”所指的无非是一种自然的“运行”，是依循着本身之为呈现所固有的一种规则而持续地运动，是一种自然的作为。“五行”意味着基础物质，意味着万物之宗。

五行与季节：春属木，夏属火，秋属金，冬属水，每季的最后一个月属土。

五行与方位：北方属水，南方属火，东方属木，西方属金，中央属土。

五行与五脏：肝属木，则肝主筋和肝开窍于目的“筋”和“目”亦属木；心属火，则“脉”和”舌”亦属火；脾属土，则”肉”和“口”亦属土；肺属金，则“皮毛”和“鼻”亦属金；肾属水，则“骨”和“耳”、“二阴”亦属水。

五行特性：古代劳动人民通过长期的接触和观察，认识到五行中的每一行都有不同的性能。“木曰曲直”，意思是木具有生长、升发的特性；“火曰炎上”，是指火具有发热、向上的特性；“土爰稼穑”，是指土具有种植庄稼，生化万物的特性；“金曰从革”，是指金具有肃杀、变革的特性；“水曰润下”，是指水具有滋润、向下的特性。古人基于这种认识，把宇宙间各种事物分别归属于五行，因此在概念上，已经不是金、木、水、火、土本身，而是各种事物、现象所共有的可相互比拟的抽象性能。

五行生克：五行学说认为，事物与事物之间存在着一定的联系，而这种联系促进着事物的发展变化，五行之间存在着相生相克的规律，因此生克是五行学说用以概括和说明事物联系和发展变化的基本观点。相生，含有互相滋生，促进助长的意思；相克，含有互相制约、克制、抑制的意思。

相生：金生水，水生木，木生火，火生土，土生金。

相克：金克木，木克土，土克水，水克火，火克金。

在相生相克关系中，都有我生、生我，我克、克我两个方面的关系。生我者为父母，我生者为子孙，克我者为官鬼，我克者为妻财，比合者为兄弟。

相生相克，像阴阳一样，是事物不可分割的两个方面，没有生就没有事物的发生和成长；没有克，就不能维护事物在发展和变化中的平衡与协调。所以，没有相生就没有相克，没有相克也就没有相生。这种生中有克，克中有生，相反相成，互相为用的关系，推动和维持事物的正常生长，发展与变化。

三、天干地支

天干地支简称“干支”。《辞源》里说，“干支”取义于树木的“干枝”。

十天干：甲、乙、丙、丁、戊、己、庚、辛、壬、癸；十二地支：子、丑、寅、卯、辰、巳、午、未、申、酉、戌、亥。

十二地支对应十二生肖——子：鼠；丑：牛；寅：虎；卯：兔；辰：龙；巳：蛇；午：马；未：羊；申：猴；酉：鸡；戌：狗；亥：猪。

十天干和十二地支依次相配，组成六十个基本单位，俗称六十甲子，详见下表。

六十甲子纳音表

年号	年命	年号	年命	年号	年命	年号	年命	年号	年命
甲子	海中金	丙子	涧下水	戊子	霹雳火	庚子	壁上土	壬子	桑松木
乙丑		丁丑		己丑		辛丑		癸丑	
丙寅	炉中火	戊寅	城墙土	庚寅	松柏木	壬寅	金箔金	甲寅	大溪水
丁卯		己卯		辛卯		癸卯		乙卯	
戊辰	大林木	庚辰	白蜡金	壬辰	长流水	甲辰	佛灯火	丙辰	沙中土
己巳		辛巳		癸巳		乙巳		丁巳	
庚午	路旁土	壬午	杨柳木	甲午	沙中金	丙午	天河水	戊午	天上火
辛未		癸未		乙未		丁未		己未	
壬申	剑锋金	甲申	泉中水	丙申	山下火	戊申	大驿土	庚申	石榴木
癸酉		乙酉		丁酉		己酉		辛酉	
甲戌	山头火	丙戌	屋上土	戊戌	平地木	庚戌	钗钏金	壬戌	大海水
乙亥		丁亥		己亥		辛亥		癸亥	

古人以此作为年、月、日、时的序号，叫“干支纪法”。

四、八卦

八卦：我国古代的一套有象征意义的符号。用“—”代表阳，用“— —”代表阴，用三个这样的符号，组成八种形式，叫做八卦。每一卦形代表一定的事物。乾代表天，坤代表地，坎代表水，离代表火，震代表雷，艮代表山，巽代表风，兑代表沼泽。八卦互相搭配又得到六十四卦用来象征各种自然现象和人事现象。

八卦顺序：乾、兑、离、震、巽、坎、艮、坤。

八卦方位：坎为北、离为南、震为东、兑为西、乾为西北、坤为西南、艮为东北、巽为东南。

八卦与五行：乾和兑属金、艮和坤属土、震和巽属木、坎属水、离属火。

我国的许多民俗事象都与上面的知识有着非常紧密的联系，要了解民俗，必须对这些知识略知一二。

思考与练习

1. 民俗文化的基本特征有哪些？

2. 阴阳学说的基本内容包括哪些方面？试举例说明。

第二章　饮食文化

学习目标

中国是世界上饮食文化最丰富的国家，不论是孔夫子主张的“食色性也”，还是如今为人们所公认的鲁、川、粤、闽、苏、浙、湘、徽八大菜系，只说各地因自然地理、气候条件、资源特产、饮食习惯等影响而形成的地方小吃和民族风味，其文化内涵就极其丰富。数不清的色、香、味俱全的菜肴食品；不同流派精湛的烹饪技艺；浩如烟海的关于饮食典章制度的文献记载；众多的寓医于食的药膳单方等，饮食文化已逐渐与我国的文学、史学、哲学、美学、民俗学等其他社会科学融合在一起，成为我们值得研究的一门科学。饮食文化与旅游的渊源更是悠远，如今它是旅游文化的一个非常重要的组成部分。通过本章的学习，大家主要达到以下目标：

1. 了解并能很好地解说四大菜系的风味特征、著名菜肴和中国传统饮宴礼仪。

2. 了解并能很好地解说酒的分类和特色及饮酒习俗。

3. 了解并能很好地解说中国十大名茶以及各民族的饮茶习俗，能进行简单的茶艺表演。

第一节　中国美食文化

一、博大精深的中国饮食文化

饮食文化是关于人类（或一个民族）在什么条件下吃、吃什么、怎么吃、吃了以后怎样等的学问。因而它由食物原料（生产、开发、选择、分类等）、加工技术、制作工艺、保藏、保鲜、饮食商业和服务、加工工具和饮食器具，以及有关习俗、制度、心理等组成。

中国的饮食文化源远流长，历史悠久，《吕氏春秋·本味篇》记载了伊尹以至味说汤的故事，叙述了商汤时的烹饪状况。明清时期，《金瓶梅词话》一书中提到的菜、酒、羹汤、干鲜果、蜜饯、糖食、糕饼、米面主食、菜肴珍馐不下三百种。然而集中国历代烹饪理论之大成者，当首推袁枚的《随园食单》，它记录了我国从14世纪到18世纪中叶这一历史时期流行的326种食品，从山珍海味到一粥一饭，几乎无所不包。以至于发展到清代的宫廷饮食御膳菜，其菜点华贵珍奇，原料稀有珍贵，菜肴典式严格，菜名吉祥典雅，达到中国传统烹饪技艺最高成就。

中国菜肴日益丰富，制作越来越精细，技艺越来越全面，形成自成体系的中国菜肴，从食物种类、菜肴风味到饮食风尚，均有自己的特有品味，形成了“吃遍世界，吃不遍中国”的奇异景象，中国成了世界名副其实的美食国度。

中国饮食文化真可谓博大精深。

（1）从沿革看，中国饮食文化历史悠久，分为生食、熟食、自然烹饪、科学烹饪4个发展阶段，推出6万多种传统菜点、2万多种工业食品、五光十色的筵宴和流光溢彩的风味流派，获得“烹饪王国”的美誉。

（2）从内涵上看，中国饮食文化涉及食源的开发与利用、食具的运用与创新、食品的生产与消费、餐饮的服务与接待、餐饮业与食品业的经营与管理，以及饮食与国泰民安、饮食与文学艺术、饮食与人生境界的关系等，深厚广博。

（3）从外延看，中国饮食文化可以从时代与技法、地域与经济、民族与宗教、食品与食具、消费与层次、民俗与功能等多种角度进行分类，展示出不同的文化品味，体现出不同的使用价值，异彩纷呈。

（4）从特质看，中国饮食文化突出养助益充的营养论（素食为主，重视药膳和进补），讲究“色、香、味”俱全，五味调和的境界说（风味鲜明，适口者珍，有“舌头菜”之誉），奇正互变的烹调法（厨规为本，灵活变通），畅神怡情的美食观（文质彬彬，寓教于食）等四大属性，有着不同于海外各国饮食文化的天生特质。中国的饮食文化除了讲究菜肴的色彩搭配要明媚如画外，还要搭配用餐的氛围以产生情趣，它是中华民族的个性与传统，更是中华民族传统礼仪的表现方式。

（5）从影响看，中国饮食文化直接影响到日本、蒙古、朝鲜、韩国、泰国、新加坡等国家，是东方饮食文化圈的轴心；与此同时，它还间接影响到欧洲、美洲、非洲和大洋洲，像中国的素食文化、茶文化、酱醋、面食、药膳、陶瓷餐具和大豆等，都惠及全世界数十亿人。

二、饮食民俗

饮食民俗是指人们在筛选食物原料、加工、烹制和食用食物的过程中，即民族食事活动中所积久形成并传承不息的风俗习惯，也称饮食风俗、食俗。中国食俗一般包括下面一些内容。

（1）年节食俗。在不同的节日人们往往食用不同的食品，长此以往，沿袭为俗。如大年三十的年夜饭就与平时吃饭不一样。通常有馄饨、饺子、长面、元宵等，而且都具有象征意义。“馄饨”与“浑囤”谐音，意思是粮食满囤；吃饺子，因此时正是子时，取其新旧交替，子时来临之意；长面，也叫长寿面，新年吃它，预祝寿长百年；元宵则寓意团团圆圆。

（2）日常食俗。一是指餐制，远古时期人们采用二餐制，称之为“大食”、“二食”，相当于现在的早晚两餐。大约到了汉代，一日三餐才被人们采用。二是指主食和副食，汉族多以大米和面粉为主食，辅食是蔬果，外加少量肉食。以畜牧业生产为主要经济手段的民族，则多以肉乳为主食。

（3）祭祀食俗。来源于人们的灵魂不灭观念，同时把祭品当做人神相通的中介，认为食用祭品就可以得到神灵祖先的福佑。中国各民族的祭祀习俗各有不同。高山族的五年祭要准备大量的酒，届时参加者都要豪饮，并有不醉不散的习俗。阿昌族的窝罗节是祭祀始祖遮帕麻的，届时人们要祭献最好的菜肴，然后杀狗吃狗肉和芋头，如果在祭祀的当天能捕到蟒蛇，则更吉利。

（4）待客食俗。中国自古为礼仪之邦，招待客人热情礼貌，待客食品往往优于日常食品，如蒙古人家通常以烤全羊待贵客。

（5）特殊食俗。各民族在食品方面常有不同于其他民族的地方，这常常与他们的生产条件、自然环境、组织形式有关，如侗族人喜食腌制的生肉等。

三、四大菜系简介

1. 鲁菜

鲁菜又叫山东菜，是中国覆盖面最广的地方风味菜系，遍及京津塘及东北三省，更以其味鲜咸脆嫩，风味独特，制作精细享誉海内外。鲁菜发端于春秋战国时的齐国和鲁国（今山东省），形成于秦汉。宋代后，鲁菜就成为“北食”的代表。

（1）鲁菜的特点。

①选料讲究：山东古为齐鲁之邦，地处半岛，三面环海，腹地有丘陵平原，气候适宜，四季分明。海鲜水族、粮油畜牲、蔬菜果品、昆虫野味一应俱全，为烹饪提供了丰盛的物质条件。

②烹调技法全面：庖厨烹技全面，巧于用料，注重调味，适应面广。鲁菜常用的烹调技法有30种以上，其中尤以“爆、炒、烧、塌”等最有特色。“爆”瞬间完成，营养素保护好，食之清爽不腻；“烧”有红烧、白烧，著名的“九转大肠”是烧菜的代表；“塌”是山东独有烹调方法，其主料要事先用调料腌渍入味或夹入馅心，再沾粉或挂糊，两面塌煎至金黄色，再放入调料或清汤，以慢火煮尽汤汁，使之浸入主料，增

加鲜味。山东广为流传的锅塌豆腐、锅塌菠菜等，都是久为人们所乐道的传统名菜。

③调味纯正，口味咸鲜适口：具有鲜、嫩、香、脆的特色。十分讲究清汤和奶汤的调制，清汤色清而鲜，奶汤色白而醇。用肥鸡、肥鸭、肥肘子为主料，经沸煮、微煮，使汤清澈见底，味道鲜美。用“清汤”和“奶汤”制作的数十种菜，多被列入高级宴席的珍馔美味。

④烹制海鲜有独到之处：对海珍品和小海味的烹制堪称一绝。在山东，无论是参、翅、燕、贝，还是鳞、介、虾、蟹，经当地厨师妙手烹制，都可成为精彩鲜美的佳肴。胶东沿海生长的比目鱼（当地俗称“偏口鱼”），运用多种刀工处理和不同技法，可烹制成数十道美味佳肴，其色、香、味、形各具特色，百般变化于一鱼之中。以小海鲜烹制的“油爆双花”、“红烧海螺”、“炸蛎黄”以及用海珍品制作的“蟹黄鱼翅”、“扒原壳鲍鱼”、“绣球干贝”等，都是独具特色的海鲜珍品。

⑤善于以葱香调味：在菜肴烹制过程中，不论是爆、炒、烧、熘，还是烹调汤汁，都以葱丝（或葱末）爆锅，就是蒸、扒、炸、烤，也借助葱香提味。

（2）著名菜肴。

①九转大肠：色泽红润，大肠软嫩，有酸、甜、香、辣、咸五味。此菜系山东传统风味。

②糖醋黄河鲤鱼：此菜选用黄河鲤鱼烹制而成，成菜后外焦里嫩，香酥、酸甜、稍咸。

③德州扒鸡：鸡皮光亮，色泽红润，肉质肥嫩，热吃时，手提鸡骨一抖，骨肉随即分离，香气扑鼻，味道鲜美，是德州传统风味。

2. 川菜

川菜也是中国八大菜系之一，素来享有“一菜一格，百菜百味”的声誉，历史悠久，源远流长。据史书记载，川菜起源于古代的蜀国。自秦朝至三国时期，成都逐渐成为四川地区的政治、经济、文化中心，使川菜得到较大发展。川菜风味包括成都、重庆和乐山、内江、自贡等地方菜的特色。主要特点在于味型多样。辣椒、胡椒、花椒、豆瓣酱等是主要调味品，有人把川菜特点归纳为“清鲜见长，麻辣见称”，不同的配比，化出了麻辣、酸辣、椒麻、麻酱、蒜泥、芥末、红油、糖醋、鱼香、怪味等各种味型，无不厚实醇浓，各式菜点无不脍炙人口。

（1）川菜的特点。川菜在烹调方法上，有炒、煎、干烧、炸、熏、泡、炖、焖、烩、贴、爆等38种之多。在口味上特别讲究色、香、味、形，兼有南北之长，以味的多、广、厚著称。历来有“七味”（甜、酸、麻、辣、苦、香、咸），“八滋”（干烧、酸、辣、鱼香、干煸、怪味、椒麻、红油）之说。川菜系因此具有取材广泛、调味多样、菜式适应性强三个特征。由筵席菜、大众便餐菜、家常菜、三蒸九扣菜、风味小吃等五个大类组成一个完整的风味体系，在国际上享有“食在中国，味在四川”的美誉。

(2) 著名菜肴：干烧岩鲤、干烧桂鱼、鱼香肉丝、怪味鸡、宫保鸡丁、粉蒸牛肉、麻婆豆腐、毛肚火锅、干煸牛肉丝、夫妻肺片、灯影牛肉、担担面、赖汤圆、龙抄手等。

3. 粤菜

粤菜由广州菜、潮州菜、东江菜组成，注重清鲜、爽滑、脆嫩的风味特点，讲究清而不淡，鲜而不俗，脆嫩不生，油而不腻。

粤菜用料十分广泛，不仅主料丰富，而且配料和调料亦十分丰富。为了显出主料的风味，粤菜选择配料和调料十分讲究，配料不会杂，调料是为调出主料的原味，两者均以清新为本。讲求色、香、味、型，且以味鲜为主体。

(1) 粤菜的特点。粤菜选料广博奇异，品种花样繁多，令人眼花缭乱。天上飞的、地上爬的、水中游的，几乎都能上席。鹧鸪、禾花雀、豹狸、果子狸、穿山甲等飞禽野味自不必说；猫、狗、蛇、鼠、猴、龟，甚至不识者误认为“蚂蝗”的禾虫，亦在烹制之列，而且一经厨师之手，顿时就变成异品奇珍、美味佳肴，每令食者击节赞赏，叹为“异品奇珍”，所以有“东北吃羊，东南吃蟹，广东人吃遍自然界”的说法。

粤菜的另一突出特点是用量精而细，配料多而巧，装饰美而艳，而且善于在模仿中创新，品种繁多，1965年“广州名菜美点展览会”介绍的就有5457种之多。

粤菜的第三个特点是注重质和味，口味比较清淡，力求清中求鲜、淡中求美。而且随季节时令的变化而变化，夏秋偏重清淡，冬春偏重浓郁，追求色、香、味、型。食味讲究清、鲜、嫩、爽、滑、香；调味遍及酸、甜、苦、辣、咸——此即所谓五滋六味。

(2) 著名菜肴：烤乳猪、白灼虾、龙虎斗、太爷鸡、香芋扣肉、红烧大裙翅、黄埔炒蛋、炖禾虫、狗肉煲、五彩炒蛇丝、菊花龙虎凤蛇羹等。

4. 淮扬菜

淮扬菜，始于春秋，兴于隋唐，盛于明清，素有“东南第一佳味，天下之至美”的美誉。许多标志性事件的宴会都是淮扬菜唱主角：1949年中华人民共和国开国大典首次盛宴，1999年中华人民共和国成立50周年大庆宴会，2002年江泽民总书记宴请美国总统乔治·布什等，都是以淮扬菜为主。

(1) 淮扬菜的特点。淮扬菜选料严谨、因材施艺；制作精细、风格雅丽；追求本味、清鲜平和。“醉蟹不看灯、风鸡不过灯、刀鱼不过清明、鲟鱼不过端午”，这种因时而异的准则确保盘中的美食原料均是最佳状态，让人随时都能感遇美妙淮扬。

淮扬菜十分讲究刀工，刀功比较精细，尤以瓜雕享誉四方。菜品形态精致，滋味醇和；在烹饪上则善用火候，讲究火功，擅长炖、焖、煨、焐、蒸、烧、炒；原料多以水产为主，注重鲜活，口味平和，清鲜而略带甜味。

(2) 著名菜肴：清炖蟹粉狮子头、大煮干丝、三套鸭、水晶肴肉、松鼠厥鱼、梁溪脆鳝等。其菜品细致精美，格调高雅。

视野拓展一

湘菜与湖湘文化

湖南菜简称“湘菜”，在2000多年前即具雏形，到汉代逐渐形成了从用料、烹调方法到风味特点都较完整的烹饪体系。1972年长沙市马王堆西汉古墓出土的随葬竹简中，记载着精美的菜肴近百种。湘菜以其用料广泛、口味丰富、刀工精妙、技法讲究等特点独步烹坛。近年来国内外不少城市都开设有湘菜馆，北京、深圳等地的湘菜馆更为风行，成为国内餐饮业一道亮丽的风景线。

早期的湖南菜，菜式简朴而保守。直到晚清1853年，曾国藩（湖南湘乡人）率湘军清剿太平军转战江南各省，使湘菜传布各地，受到普遍接纳，引发了湘菜的发展。接着洋务派首领左宗棠（湖南湘阴人）率领湘军转战西北边境。随着军队所至，把湘菜带往我国西北各省。说到湘菜，还与一个叫谭延的人关系极大。谭延，晚清进士，湖南茶陵人，字祖庵。曾任湖南督军兼省长，后出任南京国民政府主席及首任行政院院长。当时有一位烹调技术极好的厨师叫曹荩臣，因排行第四，人称曹四（曹荩臣与宋善斋、肖麓松、柳三和三人并称长沙四大名厨），曹本在清朝衙门里当官厨，被谭相中，纳为私人厨师。曹四虚心好学，每宴必躬身向谭或是做完菜后隔屏听议，如火候到否，刀法如何等，然后再作改进，由此曹四的烹调技巧日益精湛。谭延不论居家或外出，必有曹四相随，曹摸透谭的食好，每次宴请他都讨教谭本人，花样翻新，极尽筹划，曹四除擅长湘菜之外，旁通粤菜后又研习江浙菜。集外地菜系之精华使谭公馆的菜为当地许多名流倍加称赞，有口皆碑，称曹四为谭厨，谭家菜为祖庵大菜。此后又几经研究改良，谭家菜逐渐演变成湖南菜，命名湘菜得以独树一格，在中国地方菜中占有重要地位。

1. 湘菜概况

湖南地处长江流域中游，东、南、西三面环山，中部下延聚而形成丘陵地带，北面是广阔的洞庭湖平原，是一个马蹄形盆地。受地区物产、民风习俗和自然条件等诸多因素影响，湘菜逐步形成了以湘江流域、洞庭湖区和湘西山区为基调的三大风味流派。

湘西山区，聚居苗、瑶、侗、土家等少数民族，多用山珍野味和腌腊制品，菜品口味浓重，具有浓郁浑厚的山乡特色。其特色菜有“红烧寒菌”、“湘西酸肉”、“板栗烧菜心”等。目前红火三湘大地的土菜系列便是这种乡土风味的继承和发展。洞庭湖区，水网密布，河鲜水产丰富。用蒸、煮、烧、煨、焖等方法制作的菜肴，清鲜自然，特别是“渔家菜”和蒸钵炉子菜，充溢着乡土的田园风味。其代表菜肴有“冰糖湘莲”、“红烧甲鱼”、“荷叶软蒸鱼”等。湘江流域的长沙、湘潭、衡阳，是湖南政治、经济、文化中心。湘江流域菜是湘菜的主流，讲究菜肴内涵的精当。由酸辣寓百味，从酥软出鲜香，突出色、香、味、形、器、质的和谐统一，是中国风味菜肴一大流派的代表。

三种地方风味虽各具特色，但并非截然不同，而是同中存异，异中见同，相互依存，彼此交流，构成了湘菜这一整体。

2. 湘菜特点

湘菜与湖湘文化关系紧密，具有以下鲜明的特色。

一是选料广泛。湖南地处长江中游南部，气候温和，雨量充沛，土质肥沃，物产丰富，素称“鱼米之乡”。优越的自然条件和富饶的物产，为千姿百态的湘菜在选料方面提供了源源不断的物质条件。举凡空中的飞禽，地上的走兽，水中的游鱼，山间的野味，都是湘菜的上好原料。至于各类瓜果、时令蔬菜和各地的土特产，更是取之不尽，用之不竭的饮食资源。湘菜的另一显著特点是广泛选用熏腊制品。由各种家畜、家禽及野味制成的腊味，或蒸，或炒，或炖，其异香扑鼻，为湖湘一大特色佳肴。

二是品味丰富，门类齐全。湘菜之所以能自立于国内烹坛之林，独树一帜，与其丰富的品种和味别是不可分的。它品种繁多，门类齐全。就菜式而言，既有乡土风味的民间菜式，经济方便的大众菜式；也有讲究实惠的筵席菜式，格调高雅的宴会菜式；还有味道随意的家常菜式和疗疾健身的药膳菜式。据有关方面统计，湖南现有不同品味的地方菜和风味名菜达3000多个。近年来，为了满足人民群众的需求，湘菜正在向多样化、合理化、卫生化和营养化的方向发展。

三是刀工精妙，形味皆美。湘菜的基本刀法有十几种之多。厨师们在长期的实践中，手法娴熟，因料而异，具体运用，演化参合，切批斩剁，游刃有余，使菜肴千姿百态、变化无穷。诸如“发丝百页”细如银发，“梳子百页”形似梳齿，“溜牛里脊”片同薄纸，更有创新菜：“柴把桂鱼”、“金鱼戏莲”，刀法奇异，形态逼真，巧夺天工。特别是那些由高级厨师精雕细刻出来的各种拼盘，更是神形兼备，栩栩如生，情趣高雅，意境深远，给人以文化的熏陶，艺术的享受。

四是擅长调味。湘菜历来重视原料互相搭配，滋味互相渗透，交汇融合，以达到去除异味、增加美味、丰富口味的目的。调味工艺随原料质地而异，依菜肴要求不同，有的菜急火起味，有的菜文火浸味，有的菜先调味后制作，有的菜边入味边烹制，有的则分别在加热前或加热中和加热后调味，从而使每个菜品均有独特的风味。味感的调摄精细入微，而所使用的调味品种类繁多。湖南有一些特色调料，如“浏阳豆豉”、

“湘潭龙牌酱油”、“益阳的辣妹子酱”、“宁乡的剁辣椒”，质优味浓，为湘菜增色不少。

五是技法多样。湘菜经过历代厨师的不断演化、总结和创新，到现在已形成了几十种烹调方法，在热烹、冷制、甜调三大类烹调技法中，每类技法少则几种，多的有几十种。传统的煨、烤、煎、炖、溜、焖等方法几乎达到炉火纯青的地步，更发展了多种复合烹调方法，如蒸、煮、卤、炸、烧等方法的有机结合。相对而言，湘菜的煨烤功夫更胜一筹。煨，在色泽变化上可分为红煨、白煨，在调味方面有清汤煨、浓汤煨和奶汤煨，均讲究小火慢靠，原汁原味。有的菜晶莹醇厚，有的菜汁纯滋养，有的菜软糯浓郁，有的菜酥烂鲜香。许多煨烤出来的菜肴，诸如“组庵鱼翅”晶滢醇厚，“洞庭金龟”汁纯滋养等，均为湘菜中的名馔佳品。

继中华传统餐饮老字号“全聚德”、“东来顺”、“狗不理”之后，中国又一传统老字号品牌——湘菜品牌“火宫殿”，又被国家工商总局认定为“中国驰名商标”。这表明，湖湘文化孕育的湘菜品牌，正显示出旺盛的生命力。

四、中国传统饮宴礼仪

中国的饮宴礼仪号称始于周公，千百年的演进，终于形成今天大家普遍接受的一套饮食进餐礼仪，这是古代饮食礼制的继承和发展。

饮食礼仪因宴席的性质、目的而不同；不同的地区，也是千差万别。古代的饮食礼仪按阶层划分为宫廷、官府、行帮、民间等。而现代饮食礼仪则简化为主人（东道）、客人了。

作为客人，赴宴要讲究仪容，根据关系亲疏决定是否携带礼品或好酒。赴宴要守时守约。抵达后，先根据认识与否自报家门，或由东道进行引见介绍，听从东道安排，然后入座。“排座次”是整个中国饮食礼仪中最重要的一部分。

从古到今，因为桌具的演进，所以座位的排法也相应变化。总的来讲，座次是“尚左尊东”、“面朝大门为尊”。家宴首席为辈分最高的长者，末席为最低者。

巡酒时自首席按顺序一路敬下。若是圆桌，则正对大门的为主客，左手边依次为2、4、6……右手边依次为3、5、7……直至汇合。

若为八仙桌，如果有正对大门的座位，则正对大门一侧的右位为主客。如果不正对大门，则面东的一侧右席为首席。然后首席的左手边坐开去为2、4、6，右手边为3、5、7。

如果为大宴，桌与桌间的排列讲究首席居前居中，左边依次2、4、6席，右边为3、5、7席，根据主客身份、地位，亲疏分坐。

宴会的菜点要求比平时要好，而且有一定规格。一般说来要求菜点配套，须有冷碟、热炒、大菜、甜菜、茶酒、点心、水果等多种类型的食物，构成完整的席面，其中菜点的类型和质量一般由主宾的身份而定，主宾身份高，地位显赫，菜点自然质优量多，菜点通常多则上百味，少则十余味，一般来说，先上冷碟，开始劝酒，再上热菜，用于佐酒，后上甜菜，有助解酒，备以茶果，为了醒酒。

五、少数民族特色菜

石耳炖鸡鸭（土家族）：明清时代，张家界的石耳是土司给皇上的贡品，据说每年皇帝大宴群臣必上这道菜。泥鳅钻豆腐，也是一绝，让泥鳅饥饿三天，再让它吃饱猪油，然后放进豆腐中，文火慢炖，让泥鳅钻进豆腐，直至炖熟，其味妙不可言。豆渣也是土家极喜欢的菜肴，以黄豆粉掺青菜叶温火煮，味美易咽，营养丰富。

峡拉（傈僳族）：鸡肉加酒煮熟熬成汤。因加入当地一种特制的油漆，是产妇调养的好补品，据当地人称，吃了“峡拉”后，有的产妇生产后一天就可以下地干活。

酸笋鸡（傣族）：将酸笋用水洗净，然后放入锅里煮透，再把准备好的鸡肉放入锅里同煮，待鸡肉煮熟后起锅。随后将辣椒、姜、葱等佐料放入油锅里炒热，再把酸笋鸡汁倒入锅里回一下锅，即可食用。其味酸辣爽口，味道独特，开胃。

鸡豆凉粉宴席（纳西族）：丽江特产的一种鸡豆（又名“鸡豌豆”）磨面滤浆做成的一种凉粉小吃。凉粉外表呈现黑色，所以人们又称做“黑凉粉”，旧时吏官不知个中就里，在乾隆《丽江府志》中，曾把这种风味小吃称作“食黑豆腐”。几百年来，鸡豆凉粉这种风味小吃在丽江经久不衰，暑吃凉，寒吃热，凉吃拌以酸醋酱油调料之类，能消暑开胃、止车晕浪；热吃是将凉粉在平底锅内用香油双面炸黄、佐以调料，虽然其貌不扬，但味道质地却极其细腻爽滑、适口，是下饭佐酒的一道风味好菜。

全羊席（回族）：尤其难得的是云南特有的一种带皮黑山羊，除毛和粪便外，所有部位都入菜。

岜夯鸡（壮族）：亦称“山巴大力鸡”，“岜”即“酸菜”，“岜夯鸡”也叫“酸菜鸡”，源起云南壮族之乡广南县。据《广南府志》记载：“岜夯鸡”始于宋朝，明清年间最为风行。制作时，首先把一种名叫“细叶芹”的野菜，掺入鲜青菜中，用开水烫过加米汤，然后以微火加温，制成水酸腌菜。用其配料煮成火锅汤料，将宰杀好的嫩鲜鸡砍成小方块，拌以酱油、姜末、盐、烧酒等佐料，投入火锅汤料中煮，熟即可吃。绿白杂陈，鲜美可口，食之不腻。

夹沙乳扇（白族）：乳扇是用鲜牛奶煮沸混合3：1的食用酸炼制凝结，制为薄片，缠绕于细竿上晾干而成，应是一种特形干酪。桃仁夹沙乳扇是白族风味菜。将乳扇回软，去掉扇耳，摊开。把桃仁用沸水烫后去细皮，下油锅炸成金黄色，捞出沥干，将洗沙、白糖、玫瑰糖、火腿末入碗拌匀。鸡蛋液加水淀粉成蛋糊，制成蛋松。乳扇铺在墩上，摊上洗沙馅。锅上火注入油，烧至三成熟，用筷子夹住乳扇，边炸边滚至筒形，呈淡黄色。桃仁夹沙乳扇，酥脆香甜，奶香异常，富于营养。

琵琶猪（摩梭人）：杀猪后掏去内脏，抽掉骨头，用盐和花椒等调料抹于猪腹内缝合，置于桌上，盖上木板，压上石板，风干后状如琵琶，故名“琵琶肉”，色异味香，可口不腻，可储存多年。

佗佗肉（彝族）：小凉山彝族的砣砣肉类似新疆的“手扒羊肉”，在制作上，一般是用鲜活肥硕的猪、牛、羊，宰杀后，大块剁之，小者如拳、大者如碗，不放椒盐，汆入清水中煮至六成熟后，再放在筛簸之中轻轻撒上一层盐汗水沫，吃时佐以小凉山土法腌制的一种干酸菜汤。

芭蕉叶烧肉（布朗族）：将肉剁碎，加盐、葱、韭菜、辣椒、姜等佐料，用芭蕉叶包好烧烤，烧熟后即可食用，清香鲜美，为待客佳品。

鸡肉烂饭（佤族）：将鸡用铜锅煮熟，捞出撕碎，拌以盐、生姜、花椒、辣椒、胡椒、草果、八角等佐料，浸于盆中，再将糯米用鸡汤煮烂，把浸透的鸡肉放入，加上香菌、酸笋、大蒜汁，最后撒上葱花焖至香味四溢，即可食用。

六、中国旅游城市特色美食

1. 长沙

干窝带皮蛇。口味蛇与口味虾有异曲同工之妙，把蛇剁成条，同样是用湖南的特产辣酱、大料、香叶、青红尖椒，葱姜味精猛煨。大火炒制后还用文火煨透、入味。淋了汁摆在盘中，肥肥的蛇段已被浸得通体红亮，蛇肉紧实，丝丝泛着透明的油光，顺着肌理一咬，弹性十足的蛇肉在舌间就渐渐化成了香气，那种随后觉出的辣，辣得人猛吸凉气却也欲罢不能。

2. 湘潭

毛家红烧肉。毛家菜因毛主席故乡而闻名，毛家红烧肉让主席赞不绝口。正宗的毛家饭店位于湘潭韶山冲，这里的红烧肉选的是五花腩，把五层三花的肚腩肉用冰糖、八角、桂皮先蒸再炸后入锅放豆豉作料，做法非常讲究和复杂。做好的毛家红烧肉色泽金黄油亮，肥而不腻，十分香润可口。

3. 杭州

老鸭煲。到杭州去，杭州的朋友一定眉飞色舞向你推介张生记老鸭煲。据说张生记一天卖出600多只鸭子，等位子的时候，服务员会特地过来提醒你：今天没有老鸭煲了。

4. 广州

老火靓汤。煲汤是广州主妇的必修课。地道的广州人没有不喜欢喝汤的，不管是家里做的还是大小馆子里卖的，广州的老火靓汤不外乎一个目的——滋补！夏天冬瓜煲排骨加扁豆、赤小豆降火，冬天花旗参煲鸡祛寒。

5. 昆明

鸡杂炒干巴菌。菌类一向以味道鲜美著称，野生菌类的鲜美自然更胜一筹。眼下，吃腻了大鱼大肉的昆明人，地理位置得天独厚的昆明人，一贯以与自然和谐共处闻名的昆明人又条件便利地迷上了野生菌类（在昆明四围野生菌类保持了取之不尽用之不竭的势头）。一道鸡杂炒干巴菌看上去也许有点儿其貌不扬但那种美味异香让但凡吃过的人都终生难忘，“鲜得恨不能连舌头吞下去。”有人如是形容。

6. 丽江

牦牛火锅。丽江往往让人忽略了它的美食——因为有太多的景致。其实单单牦牛火锅，就足以让你彻底爱上丽江的。牦牛生活在无污染的高原，食草而生、肉质细嫩，是藏家的最爱。除了牦牛火锅，汉族人现在还没有其他途径一品牦牛肉的鲜美。

7. 成都

泡椒墨鱼仔。靠四川的泡海椒（子弹椒），要选色泽鲜红、体大肉厚的海椒，泡的也需恰到好处。成菜红白分明，赏心悦目！泡椒的味全在墨鱼仔里面，还带点回甜的味道。

8. 上海

炒鳝糊。到上海，惊羡的是上海的西餐，上海人也乐于变着花样以各国“正宗”的西餐待客。浓油赤酱的上海本帮菜渐渐失去了拥趸，唯有几道名菜还让有着怀旧情结的人牵挂，比如炒鳝糊。梁实秋曾在一篇专论吃鳝的文章里，说炒鳝糊是因为鳝不够大做不成鳝丝的等而下之策。但能把“下脚料”做的这样咸中带甜，油而不腻，也足见上海人的精明能耐了。

9. 香港

烧腊。烧腊包括烧鹅、乳鸽、乳猪、叉烧以及一些卤水菜式。一般是先用秘制的酱汁腌制一段时间再放到炉里烤，烧鹅、乳猪皮脆，肥美，口味略带广东人喜爱的甜味。深井烧鹅、花田乳鸽是其中的“老字号”。广东人逢年过节上香拜神都会带上乳猪，电影（视）开镜也喜切乳猪图吉利。卤水菜式相对清淡，有卤水鹅掌（翼）、卤水鸭肾等。

10. 中国台北

鸳鸯火锅。很多香港艺人都为之疯狂，据说郭富城在离开时把火锅材料打包回去再过瘾。火锅最重要的是汤底，有多少店就有多少种汤底，但没有人知道汤底的材料和制作方法。跟吃川菜一样，火锅的麻辣程度是分等级的，鸳鸯火锅是一半辣一半不辣，任君选择。有别于其他火锅的是，材料里不可缺少的是鸭血，还有豆腐、牛肚、牛什、鸡肉等。

视野拓展二

中国民间十大节日食俗

1. 春节食俗

春节是中华民族的传统节日，是一年中最重要节日。

进入农历腊月底和正月初中旬，家家户户备好最好的美食，走亲访友或家人团聚共乐新年，并把最好的肉类、菜类、果类、点心类摆满餐桌以宴宾客。

春节正值冬末春始，气温很低，便于食物的保存，因此许多地方有盐渍物保存(俗称腊鱼、腊肉等)，其味长、香厚，有其特别的风味。

少数民族过年极有特色：如彝族吃“坨坨肉”，喝“转转酒”并赠送对方以示慷慨大方；壮族吃大粽粑以示富有；蒙古族围火塘“吃水饺”，剩酒剩肉以祈盼来年富裕等。

中华民族对“年”特别重视，除讲究“吃”以外，其他如穿新衣、扫庭堂、挂春联等也特讲究。人们喜欢聚、求吉祥、祝平安的活动与丰富的“食俗”相融，形成一年一度的传统的“年文化”。

2. 元宵食俗

元宵的食、饮大都以“团圆”为旨，有元宵、汤圆等。各地风俗不同造成一些差异：如东北在元宵节爱吃冻果、冻鱼肉，广东的元宵节喜欢“偷”摘生菜，拌以糕饼煮食以求吉祥。

3. 清明食俗

公历4月5日前后的清明节，主题为“寒食”与扫墓。清明吃寒食，不动烟火，生吃冷菜、冷粥，如今因生活水平提高，多吃卤菜、盐茶蛋、面包、饮料等。

4. 中元节食俗

中元节也叫“祭祖节”，指农历的七月十五日，是佛、道两教的祭祀亡灵的节日。因地域不同而食俗也不一样。有些地方捏“面人”祭祖宴客，有些地方以酒肉筵席“请祖”等。

5. 中秋节食俗

中秋节也叫“秋节”、“女儿节”、“团圆节”等，指农历八月十五日。中华民族对中秋节十分重视。中秋节的食物是“月饼”，象征团圆、吉祥，晚辈要给长辈送月饼，朋友之间也要互送。月饼花色品种繁多，风格各异。

中秋节还有“赏月”的活动，伴随这些赏月活动的还有许多中秋食品，如藕品、香芋、柚子、花生、螃蟹等在中秋时节最为鲜美。少数民族也非常看重中秋节，有各种“中秋活动”，品尝各种风格独特的中秋食品，如傣族就会围坐饮酒，品尝狗肉汤锅和猪肉干巴，腌蛋和黄鳝干等。

6. 重阳节食俗

重阳节也称“敬老节”或“老人节”，指农历的九月九日，故名为重九或重阳。重阳节的食物大都是以奉献老人为主：吃花糕、螃蟹，有些地方还吃羊肉和狗肉；祝福老人、避邪躲灾、祈求健康是重阳节的主题，食俗也围绕这些方面而成一种较为独特的文化体系。

7. 冬至节食俗

冬至节也称“贺冬节”，时在农历的十一月冬至这一天，民间有“冬至大如年”的说法，各地的庆典方式有异，但大都是因为冬至是吉日，所以会举办祭祖庙会。伴随这些活动的食俗为喝米酒，吃长生面、冬至肉、冬至团、馄饨。南方冬至时一般先扫墓后饮宴，饮宴名目有“献冬至盘”和“分冬至肉”等。北方有“馄饨拜冬”和“羊肉熬头”等。

8. 腊八节食俗

腊八节又称“腊日祭”，原是古代庆丰收酬谢祖宗的节日，后演变为纪念释伽牟尼成道的吉日，一般活动是驱寒、祭神和辞旧迎新，伴随这些活动的食俗为熬腊八粥和举行家宴，腊八粥也称“五味粥”、“七宝粥”或“佛粥”，由米、豆、果、菜、肉等4～7种原料煮成。真正上好的“腊八粥”具有健脾、开胃、补气、养血、御寒等功效。

9. 灶王节食俗

灶王节也叫“谢灶节”、“辞灶节”，一般为农历腊月二十三、二十四，这是中国人幽默节，不同的地方过节的方法不太一样，大部分地区为“过小年”，北方一般包饺子，南方则打年糕准备年货了。

10. 除夕食俗

农历岁末最后一天的晚上为除夕，是我国众多民族共有的节日，流行于全国各地。除夕守岁，千年流传。南方称“团年饭”、“年夜饭”、“宿年饭”、“年根饭”、“合欢宴”等，好吃的大菜应有尽有，北方必有饺子，称之为“年年饺子年年顺”。总之，除夕食俗具有团圆和甘美，庆丰收、贺岁迎新等多种含义与文化品位。

以上的十大节日食俗，是由先人传下来的，一代一代几乎没有什么改变，所以千古流传的节日食俗虽然有些微的变化，但是本质上和意义上都没有什么大的区别。

第二节　中国酒文化

我国是世界上最早酿酒的国家之一，对世界酿酒技术的发展作出了巨大的贡献。

一、酒的发明

说到酒的发明，我国古籍文字记载多有仪狄作酒和杜康造酒的传说。一说仪狄是夏禹时的大臣，仪狄造酒，口味很美，进献给大禹，大禹饮后深感甘美但怕多饮误事败国，因此禁止“旨酒”（美酒）而疏远仪狄。孟子说：“禹恶旨酒，而好善言”（《孟子·离娄》）。二说杜康造酒，杜康是何时何地人，今人意见有不少分歧，一说在陕西白水县，有个村子叫康家卫，是杜康的出生地，至今有不少遗迹；另一说在河南汝阳县杜康村，村内有杜康庙、杜康河、杜康泉和杜康山庄。政治家曹操在《短歌行》中说：“何以解忧，唯有杜康”，可见在汉魏时代，杜康已成酒的代名词了。

二、酒的分类和特色

我国酿酒技术的独特之处是利用酒曲，促进淀粉一边糖化，一边酒化。在糖化与酒化连续交叉进行后就酿成了酒。有人说：中国酒曲的发明与应用可以与四大发明并列，是中华民族的“第五大发明”。

我国酒的品种很多，可粗分为以下六类：黄酒、白酒、果酒、啤酒、葡萄酒和药酒。

（1）黄酒。中国是黄酒的发源地，黄酒是中国的传统酒类，以糯米、大米（一般是粳米）、黍米等为原料的酿造酒，因其酒液颜色黄亮而得名。其特点是醇厚幽香，味感谐和，越陈越香，营养丰富。浙江绍兴的黄酒最为出名，据说有四千年的历史。主要特点是色泽黄亮，透明如琥珀，香气浓郁，沁人心脾。口味醇和，芳洌爽口。福建龙岩的沉缸酒、福州的福州老酒和山东即墨生产的即墨老酒都是黄酒的典型代表。

（2）白酒。白酒是以谷物为原料的蒸馏酒，因酒度较高而又被称为“烧酒”。其特点是无色透明、质地纯净、醇香浓郁、味感丰富。由于酿制的工艺和所用酒曲不同形成不同香型，主要分为五种。

①酱香型酒：所谓酱香，就是有一股类似豆类发酵时发出的一种酱香味。这种酒的特征是：酱香突出，幽雅细腻，酒体丰富醇厚，回味悠长，香而不艳，低而不淡。茅台酒就属此类酒的典型代表，且具有隔夜留香、饮后空杯香犹存的特点。

②浓香型酒：例如泸州特曲，五粮液酒属此类之代表，其主要特征是：窖香浓郁，绵甜甘洌，香味协调，尾净余长。它以乙酸乙酯为主体香。很受消费者喜爱，这种香型酒在市面上较多，贵阳大曲、习水大曲，鸭溪窖酒等都属于浓香型白酒。江苏地方的三沟一河也都是这种酒。

③清香型酒：这种香型的酒以乙酸乙酯和乳酸乙酯两者的结合为主体香。其主要特征是：清香醇正，诸味协调，醇甜柔和，余味爽净，甘润爽口，具有传统的老白干风格。山西杏花村汾酒是这类香型的代表。其他如宝丰酒，特制黄鹤楼酒也是清香型

白酒。

④米香型酒：如桂林三花酒、全州湘山酒、广东长乐烧等属于此类白酒，以清，甜、爽、净见长，其主要特征是：蜜香清雅，入口柔绵，落口爽洌，回味怡畅。如果闻香的话，有点象黄酒酿与乳酸乙酯混和成的蜜香。

⑤其他香型酒：不属以上四种香型而又没有给定香型名字的白酒，暂时统统划为其他香型白酒。如董酒（药香型）、平坝窖酒、匀酒、朱昌窖酒以及白云边、白沙液等许多好酒都属于其他香型，他们都有各自的特殊香味和特殊风格。

（3）果酒。果酒是以水果、果汁等为原料的酿造酒，大都以果实名称命名，如葡萄酒、山楂酒、苹果酒、荔枝酒等。其特点是色泽娇艳，果香浓郁，酒香醇美，营养丰富。

（4）啤酒。啤酒是以大麦、啤酒花等为原料的酿造酒。其特点是具有显著的麦芽和酒花清香，味道纯正爽口营养价值较高，促进食欲，帮助消化。

（5）葡萄酒。主要以山东张裕葡萄酒最为有名。

（6）药酒。药酒是以成品酒（以白酒居多）为原料加入各种中草药材浸泡而成的一种配制酒。药酒是一种具有较高滋补、营养和药用价值的酒精饮料。

视野拓展三

中国十大名酒

1. 茅台

茅台酒是世界三大名酒之一，是我国大曲酱香型酒的鼻祖，是酿造者以神奇的智慧，提高粱之精，取小麦之魂，采天地之灵气，捕捉特殊环境里不可替代的微生物发酵、揉合、升华而耸起的酒文化丰碑。茅台酒源远流长，据史载，早在公元前135年，古属地茅台镇就酿出了使汉武帝“甘美之”的枸酱酒，盛名于世。

1915年，茅台酒荣获巴拿马万国博览会金奖，享誉全球。建国后先后荣获国际金奖。畅销100多个国家和地区。茅台酒的生产工艺古老而独特，它继承了古代酿造工艺的精华，闪烁着现代科技的光彩。

2. 五粮液

天下三千年，五粮成玉液。五粮液酒是浓香型大曲酒的典型代表，它集天、地、人之灵气，采用传统工艺，精选优质高粱、糯米、大米、小麦和玉米五种粮食酿制而成。具有“香气悠久、味醇厚、入口甘美、入喉净爽、各味谐调、恰到好处”的独特风格，是当今酒类产品中出类拔萃的精品。

五粮液酒历次蝉联“国家名酒”金奖，1991年被评为中国“十大驰名商标”；继1915年获巴拿马奖80年之后，1995年又获巴拿马国际贸易博览会酒类唯一金奖。至此，五粮液酒共获国际金奖32枚。

3. 剑南春

产于四川省绵竹县。其前身当推唐代名酒剑南烧春。唐宪宗后期李肇在《唐国史补》中，就将剑南之烧春列入当时天下的13种名酒之中。现今酒厂建于1951年4月。剑南春酒问世后，质量不断提高，1979年第三次全国评酒会上，首次被评为国家名酒。

4. 古井贡酒

该酒产于安徽省亳县古井酒厂。魏王曹操在东汉末年曾向汉献帝上表献过该县已故县令家传的“九酿春酒法”。据当地史志记载，该地酿酒取用的水，来自南北朝时遗存的一口古井，明代万历年间，当地的美酒又曾贡献皇帝，因而就有了“古井贡酒”的美称。古井贡酒属于浓香型白酒，具有“色清如水晶，香纯如幽兰，入口甘美醇和，回味经久不息”的特点。

5. 汾酒

1915年荣获巴拿马万国博览会甲等金质大奖章，连续五届被评为国家名酒。是我国清香型白酒的典型代表，以其清香、纯正的独特风格著称于世。其酒典型风格是入口绵、落口甜、饮后余香，适量饮用能驱风寒、消积滞、促进血液循环。酒度38度、48度、53度。注册商标：杏花村、古井亭、长城、汾字牌。

6. 杜康

作为美酒的代称，杜康酒贯穿在几千年的中国文化史中，地位相当重要。“慨当以慷，忧思难忘。何以解忧，唯有杜康。”曹操的《短歌行》中已有了精彩的诠释。

7. 泸州老窖

泸州老窖特曲于1952年被国家确定为浓香型白酒的典型代表。泸州老窖窖池于1996年被国务院确定为我国白酒行业唯一的全国重点保护文物，誉为“国宝窖池”。

8. 董酒

董酒产于贵州省遵义市董酒厂，1929—1930年由程氏酿酒作坊酿出董公寺窖酒，1942年定名为“董酒”。1957年建立遵义董酒厂，1963年第一次被评为国家名酒，1979年后都被评为国家名酒，董酒的香型既不同于浓香型，也不同于酱香型，而属于其他香型。该酒的生产方法独特，将大曲酒和小曲酒的生产工艺融合在一起。

9. 西凤酒

西凤酒产于陕西省凤翔县柳林镇西凤酒厂。西凤酒属其他香型（凤型）。曾四次被评为国家名酒。

10. 洋河大曲

洋河大曲是江苏省泗阳县的洋河酒厂所产，曾被列为中国的八大名酒之一，至今已有三百多年的历史。“甜、绵、软、净、香”是洋河大曲的特色。现洋河大曲的主要品种有洋河大曲（55 度）、低度洋河大曲（38 度）、洋河敦煌大曲和洋河敦煌普曲四个品种。

三、饮酒习俗

1. 酒令

酒令是中国特有的一种酒文化，酒令起源儒家“礼”，为喝酒时助兴娱乐的方式。大约从唐代开始酒令开始在社会上盛行，此后经由宋、元、明、清几代得以发展。酒令的形式多样，随饮者的身份、文化水平和趣味的不同而不同。大致可分为游戏令、赌赛令和文字令三种，都可以即兴创造和自由发挥。民间比较流行的是猜拳。

猜拳，又称划拳、豁拳、拇战。两人相对同时出手，各猜伸出手指之合计数，猜对者为胜。猜拳由于简便易行，且最能增加饮酒的热闹气氛故流传极广而又久盛不衰，是所有酒令中最有影响，最有群众基础的一种。猜拳的数字叫法大体如下（各地略有不同）：独一根、哥俩好、三星照、四季财、五魁首、六六顺、七个巧、八匹马、九归一、全来到。

其他类型的酒令由于流传不广，没有形成一种民俗，不再介绍。

2. 酒宴名目

“满月酒”或“百日酒”：中华各民族普遍的风俗之一，生了孩子，满月时，摆上几桌酒席，邀请亲朋好友共贺，亲朋好友一般都要带有礼物，也有的送上红包。

“寿酒”：中国人有给老人祝寿的习俗，50、60、70 岁等生日，称为大寿，一般由儿女或者孙子、孙女出面举办酒宴，邀请亲朋好友参加。

“上梁酒”和“进屋酒”：在中国农村，盖房是件大事，盖房过程中，上梁又是最重要的一道工序，故在上梁这天，要办上梁酒，有的地方还流行用酒浇梁的习俗。房子造好，举家迁入新居时，又要办进屋酒，一是庆贺新屋落成，并志乔迁之喜；二是祭祀神仙祖宗，以求保佑。

“开业酒”和“分红酒”：这是店铺作坊置办的喜庆酒。店铺开张，作坊开工之时，老板要置办酒席，以志喜庆贺；店铺或作坊年终按股份分配红利时，要办“分红酒”。

“壮行酒”：也叫“送行酒”，有朋友远行，为其举办酒宴，表达惜别之情。在战争年代，勇士们上战场执行重大且有很大生命危险的任务时，指挥官们都会为他们斟上一杯酒，用酒为勇士们壮胆送行。

四、酒店

“酒旗”。酒旗是酒肆（店）经营者的标识与号召，酒肆悬旗的目的是招徕顾客，一般是高悬在酒家门首，非常醒目，使过往行人很远便能看到。酒旗上大书“酒”字，或标以名酒，或书写店名，甚至有警语书写其上。《水浒传》中武松醉打蒋门神一节写武松“又行不到三五十步，早见丁字路口一个大酒店，檐前立着望竿，上面挂着一个酒望子，写着四个大字：‘河阳风月’。转过来看时，门前一带绿油栏杆，插着两把销金旗；每把上五个金字，写到：‘醉里乾坤大，壶中日月长’”。

“匾对”。匾和对是酒店的脸面，常显出店家的文化趣味。匾悬之门楣或堂奥；对则列于抱柱或门之两侧，或堂壁两厢。旧时酒店一般都有匾对，有的还多至数对。这些匾对的目的在于招徕顾客，吸引游人。匾对内容或辑自传统私人名句，或由文人墨客撰题，本身又是书法和诗文艺术作品。匾对之于酒店，是中国传统文化的一大特点，亦是中国饮食文化的一大成就。

“题壁”。题壁为古代文士骚人的雅事。酒店为八方咸聚、四海皆来的文客荟萃之所，乘兴挥毫于白壁，倜傥风流之至。大凡题壁留吟者，都是诗句文字俱佳，才能光耀侪人，留誉后世者。崔灏题于黄鹤楼壁上的“昔人已乘黄鹤去，此地空余黄鹤楼。黄鹤一去不复返，白云千载空悠悠。晴川历历汉阳树，芳草萋萋鹦鹉洲。日暮乡关何处是，烟波江上使人愁”，曾令李白搁笔。《水浒传》中那位文武不济的刀笔吏宋江被发配江州，于浔阳楼壁上题了两首歪诗，险遭杀身之祸。

第三节 中国茶文化

中国是世界上最早发现茶和利用茶的国家。我国茶圣——唐代陆羽于公元 758 年左右写成了世界上最早的茶叶专著《茶经》，系统而全面地论述了栽茶、制茶、饮茶、评茶的方法和经验。根据陆羽《茶经》推论，我国发现茶树和利用茶叶迄今已有 4700 多年的历史。中国的茶叶直接或间接运送到各国，许多国家的种茶技术和饮茶风俗便是由中国传过去的。

一、茶的种类和功能

我国种茶制茶都有悠久的历史，据不完全统计，现在我国已培育出茶树三百多类，生产茶叶有千余种。我国茶叶的分类方法不甚一致，根据制作方法来分，按发酵过程不同，可分作发酵茶、半发酵茶、未发酵茶三类；根据茶叶品质分，按含黄烷醇多少，干湿、色泽的差异，又可分为绿茶、黄茶、白茶、黑茶、青茶、红茶六大类。按照我国人民的消费习惯，这里主要介绍五种茶。

(1) 红茶：红茶是发酵过的茶，如安徽祁门的祁红、云南风庆的滇红、福建福安的闽红、湖北宜昌的宜红、江西修水的宁红、湖南安化的湖红、浙江绍兴的越红等，都是名茶，尤以祁红、滇红、宜红质量最佳，驰名中外。这种茶叶的特点是色泽乌润，条索紧结；茶汤呈深橙或金黄色。

红茶能强胃、利尿、抗衰老，科研单位在利用寿命试验筛选抗衰老药物的研究中发现，红茶延寿作用十分显著。体力劳动者饮红茶最适宜，妇女产后饮红茶加红糖最好。

（2）绿茶：绿茶是不经过发酵的茶，是我国主要的茶类。制作过程是先高温杀青，再揉捻，干燥，所以保持了原有的绿色，条索紧结光润，汤清色绿，茶味浓厚鲜爽，收敛性能强。主要有浙江杭州的龙井茶、安徽歙县的大方茶、江苏吴县的碧螺春、江西庐山的云雾茶、浙江嵊县的珠茶、产地广阔的珍眉茶等。我国南方人一般喜欢饮绿茶，绿茶含维生素C和茶多酚量多，保健作用、药理作用都好，无论是抑菌、抗辐射、防止血管硬化、降血脂，还是升血白细胞，效果都比别的茶种好。绿茶能有效阻断人体内亚硝胺的形成，抗癌作用优于红茶，但是一般认为，老年人不宜饮绿茶，特别是有习惯性便秘的老人，不宜饮绿茶，因为饮绿茶后往往加重便秘。而青春发育期的青年男女，适宜饮绿茶。

（3）乌龙茶：乌龙茶又称青茶，是半发酵茶，兼有红茶绿茶两者之长，既有红茶的甘醇，又有绿茶的鲜浓，清洌醇厚，浓而不涩，清香扑鼻。福建武夷山的武夷岩茶、闽南安溪的铁观音、广东潮安的凤凰水仙等都是名品。

乌龙茶含咖啡因少，男女老少都适宜，且有明显的利尿作用，也是减肥的良药。

（4）花茶：花茶是再加工茶，将青茶配以香花窨制而成。花茶以香气为特长，汤色清晰，滋味浓厚，鲜而不浊，香而不浮，兼有花和茶的双重功能。依照所含花的种类分为茉莉花茶、玉兰花茶、桂花茶、珠兰花茶、柚子花茶、玳玳花茶、玫瑰花茶。产地较广，闽、江浙、湘鄂、川黔、皖赣等地均有生产。

我国北方人一般喜欢饮花茶。花茶一般用绿茶窨花制成，所以具有绿茶的功能。花茶具有疏肝解毒，理气调经作用，更年期的中年妇女和经期前后的少女，情绪往往烦躁不安，饮花茶有助缓解。肝病患者，前列腺炎或前列腺肥大者，都宜于饮花茶。

（5）紧压茶：紧压茶俗称茶砖，是用粗老毛茶或者黑茶、红茶、绿茶等的副茶作原料，经过蒸软、装模压制而成的，属再造茶。有砖形、碗形、圆饼形等各种茶块。品种有花砖、青砖、康砖、米砖、黑砖、沱茶、饼茶等。这种茶便于长途运输，适于送往祖国各边远地区。紧压茶一般有减肥消瘦的作用。据说，法国年轻妇女喜欢饮中国的普洱茶，称普洱茶为“刮油茶”、“消瘦茶”。

视野拓展四

中国十大名茶

名茶，顾名思义，在于有名。其所以有名，是由于名茶具有脍炙人口的品质、独具特色的风韵、蜚声遐迩的名誉，以及体现悠久历史文化的缘故。名茶之成名，并为人们所喜爱，社会所珍视，是与秀丽的名胜古迹、美妙的神话故事、优良的茶树品种、精湛的制茶工艺、优异的品质风格、名人的诗词歌赋分不开的。在中国名茶艺苑中，花色品目，估计不下两百种，形形色色，俱显珍奇，各有千秋，令人爱慕。由茶学教授陈文怀先生费尽心机从数十种蜚声中外的名茶中，挑选出西湖龙井、铁观音、祁红、碧螺春、黄山毛峰、白毫银针、君山银针、蒙顶茶、冻顶乌龙茶及普洱茶十种作为代表，介绍如下。

1. 西湖龙井——色香味形俱佳

西湖龙井茶，因产于杭州西湖山区的龙井而得名。习惯上称为西湖龙井，简而化之，索性称这种色香味形别具风格的茶叶为龙井。龙井，既是地名，又是泉名和茶名。龙井茶，向有“色绿、香郁、味甘、形美”四绝之誉。西湖龙井，正是“三名”巧合，“四绝”俱佳。龙井茶采摘十分细致，要求严格。高级龙井茶，在清明前后采摘。清明采制的龙井茶，称为“明前”。“明前”龙井，为龙井茶极品，产量很少，异常珍贵，常成的龙井茶，历史上又分“莲心”，“旗枪”，“雀舌”等花色。西湖山区各地所的龙井茶，由于生长条件不同，自然品质和炒制技巧略有差异，形成不同的品质风格。历史上按产地分为五个花色品目，即狮（峰）、龙（井）、云（栖）、虎（跑）、梅（家坞）。以狮峰龙井品质最佳，最富盛誉。现在调整为狮、龙、梅三个品目，仍以狮峰龙井品质最佳。

2. 铁观音——音韵留甘

铁观音，是中国乌龙茶的极品，产于福建省安溪县，又称安溪铁观音。素富盛誉，蜚声中外，特别是在闽南、粤东和港澳地区，以及东南亚各国的华侨社会，享有极高的声誉，倍加珍贵。铁观音冲泡后，香气清高馥郁，滋味醇厚甜鲜，入口不久，立即转甘，具有一种特殊的风韵，称之为“观音韵”，简言“音韵”。品尝铁观音时，领略“音韵”，是品茶行家和乌龙茶爱好者的乐趣。铁观音由于香郁味厚，故耐冲，有“青蒂、绿腹、红娘边、冲泡七道有余香”之称。

3. 祁红——茶中英豪

在红遍全球的红茶中，祁红独树一帜，百年不衰，以其高香形秀著称，博得国际市场的经久称赞，奉为茶之佼佼者。祁红，是祁门红茶的简称。为功夫红茶中的珍品，1915 年曾在巴拿马国际博览会上荣获金牌奖章，创制一百多年来，一直保持着优异的品质风格，蜚声中外。祁红生产条件极为优越，真是天时、地利、人勤、种良、得天独厚，所以祁门一带大都以茶为业，上下千年，始终不败。祁红功夫茶一直保持着很高的声誉，芬芳常在。祁红向以高香著称，具有独特的清鲜持久的香味，被国内外茶师称为砂糖香或苹果香，并蕴藏有兰花香，清高而长，独树一帜，国际市场上称之为“祁门香”。英国人最喜爱祁红，全国上下都以能品尝到祁红为口福。

4. 碧螺春——吓煞人香

碧螺春，产于江苏省吴县太湖的洞庭山，又名洞庭碧螺春。吴县隶属苏州，也有称之为苏州碧螺春。外形卷曲如毛螺，花香果味得天生，素为茶中之萃。碧螺春采摘十分细嫩，生产季节性很强。春分开始采茶，到谷雨碧螺春采制结束，前后不到一个月的时间，高档极品碧螺春，都在清明前或清明时节采制。时间更短，季节性更强。采摘标准为一芽一叶初展，即早春茶树新发出的茶芽，刚长到一芽一叶，就及时采下。初展的嫩叶，犹如雀儿的舌头，故称“雀舌”。

5. 黄山毛峰——云蒸霞蔚

黄山，素以奇松、怪石、云海、温泉著称，号称黄山“四绝”。可是，在松、石、云、泉之外，还有一绝，那就是黄山云雾茶。黄山毛峰成品茶，外形扁稍卷曲，状似雀舌，白毫显露，色如象牙，黄绿油润，带金黄色鱼叶（俗称茶荀）。冲泡后雾气凝顶、清香高爽、滋味鲜浓醇、茶汤清澈、叶底明亮、嫩匀成朵。黄山毛峰耐冲泡，冲泡五六次，香味犹存。

6. 白毫银针——银装素里

白毫银针，属于白茶类，产于福建省福鼎和政和等县。是用福鼎大白茶和政和大白茶等优良茶树品种春天萌发的新芽制成的。白毫银针，由于鲜叶原料全部是茶芽，制成成品茶后，形状似针，白毫密被，色白如银，因此命名为白毫银针。白毫银针的采摘十分细致，要求极其严格，规定雨天不采、露水未干不采、细瘦芽不采、紫色芽头不采、风伤芽不采、人为损伤芽不采、虫伤芽不采、开心芽不采、空心芽不采、病态芽不采，号称“十不采”。

7. 君山银针——身居白银盘

君山银针，产于号称八百里的洞庭湖中一个秀丽的小岛——君山上。它的采茶季节性强，采摘十分细致。早在清代，君山茶就有“尖茶”和“兜茶”之分。采回的芽叶，要经过拣尖，把芽头和幼叶分开。芽头如箭，白毛茸然，称为尖茶。此种焙制成的茶，作为贡品，则谓之贡尖。拣尖后（即将茶芽拣出），剩下的幼嫩叶片，叫做兜茶，制成干茶，称为贡兜，色黑毛少，不作贡品。它也由芽头制成。外形紧实挺直，金毫密被，色泽金黄光亮，香气高而清醇，汤色橙黄明亮，滋味爽甜醇厚。

8. 蒙顶茶——茶中故旧

蒙顶茶，产于地跨四川省名山，雅安两县的蒙山。历史悠久，是中国最古老的名茶，被为茶中故旧，名茶先驱。蒙顶茶，是蒙山所产各种花色名茶的统称。唐代开始成为贡茶，早期的贡品大都为细嫩的散茶，品名有雷鸣、雾钟、雀舌、鹰嘴、芽白等。以后又有凤饼、龙团等紧压茶，后来又出现甘露、石花、芽、米芽、万春银叶等品种。其中石花、黄芽属于黄茶类，其余属烘青绿茶。民国初年，以生产黄芽为主，故称蒙顶黄芽，为当时蒙顶茶的代表。

9. 冻顶乌龙茶——喉韵沉香

冻顶茶，被誉为台湾茶中之圣。产于台湾省南投鹿谷乡。它的鲜叶，采自青心乌龙品种的茶树上，故又名冻顶乌龙。冻顶为山名，乌龙为品种名。但按其发酵程度，属于轻度半发酵茶，制法则与包种茶相似，应归属于包种茶类。文山包种和冻顶乌龙，系为姊妹茶。冻顶茶品质优异，在台湾茶市场上居于领先地位。其上选品外观色泽呈墨绿鲜艳，并带有青蛙皮般的灰白点，条索紧结弯曲，干茶具有强烈的芳香；冲泡后，汤色略呈柳橙黄色，有明显清香，近似桂花香，汤味醇厚甘润，喉韵回甘强。叶底边缘有红边，叶中部呈淡绿色。

10. 普洱茶——独具风格

普洱茶因集散地的地名而得名。普洱，是云南省思茅地区的一个县名，原不出产茶叶，但为云南南部的主要贸易集镇和茶叶市场（后来被证实其实普洱也产普洱，有关资料详见邓时海老师的图书）。普洱茶的原料，主要产于云南澜沧江流域，尤以西双版纳一带最多。古时所谓的“六大茶山”，都分布于西双版纳地区。现代的普洱茶，包括普洱散茶和普洱紧压茶两大类。其原料主要是滇青茶。作为普洱茶原料的滇青毛茶，因采摘时期不同，分为春尖茶、二水茶和榖花茶。清明至谷雨所采的茶叶，称为春尖。芒种至大暑所采的茶叶，称为二水，又分细黑茶、二介茶和粗茶，为压制紧茶的原料。白露至霜降所采的茶叶，称为谷花，白毫特多，亦很细嫩，为制饼茶的原料。普洱散茶，以比较细嫩的滇青做主要拼配原料，经过普洱茶特有的后熟作用而成。普洱紧压茶，以细嫩的滇青为主要配料，还要选用不同等级的粗茶，作为里茶或称包心茶。目前普洱紧压茶的花色有沱茶、饼茶、方茶、紧茶、圆茶等。

二、传承不绝的中国茶文化

1. 茶艺

茶艺表演是茶艺员展示宣传传统茶艺技巧、方法和品饮艺术的一种方式，也是观者了解、学习茶艺的一种直接途径。我们可以从以下几方面去理解、学习、掌握茶艺表演。

（1）茶艺表演的由来。从中国最早的茶道萌芽时期晋代开始至茶道大行的唐代，尚无茶艺表演的专职，但唐代因陆羽善于烹茗被太守请去试茗，与现在的茶艺表演却有相似之处。从20世纪70年代开始，中国台湾茶艺馆的兴起到粤式早茶，杭州、福州的茶人之家及茶艺馆在90年代的燎原之势，遍及大中城市。格调独特、氛围宜人，使人们对茶艺的需求迅速扩大，茶艺爱好者及受茶艺熏陶者日益众多。

在上述因素的综合推动下，人们想更多地了解茶艺、茶道，观看茶艺表演的过程也是学习茶艺的过程，促进了茶艺表演的产生与发展。

（2）茶艺表演的分类。综观各种茶艺表演，大体可分为三类。

民俗茶艺表演：取材于特定的民风、民俗、饮茶习惯，以反映民俗文化等方面为主的，经过艺术的提炼与加工的，以茶为主体的，如“西湖茶礼”、“台湾乌龙茶茶艺表演”、“赣南擂茶”、“白族三道茶”、“青豆茶”等。

仿古茶艺表演：取材于历史资料，经过艺术的提炼与加工，大致反映历史原貌为主体的，如“公刘子朱权茶道表演”、“唐代宫廷茶礼”、“韩国仿古茶艺表演”。

其他茶艺表演：取材于特定的文化内容，经过艺术的提炼与加工，以反映该特定文化内涵为主体，以茶为载体的，如“禅茶表演”、“火塘茶情”、“新娘茶”。

(3) 茶艺表演的客观条件。茶艺表演的基本条件有许多，如服装、场地、音响、茶器具、茶、辅助器物、水等。

茶艺表演的服装：表演服装的式样、款式多种多样，但应与所表演的主题相符合，服装应得体、衣着端庄、大方，符合审美要求。如“唐代宫廷茶礼表演”，表演者的服饰应该是唐代宫廷服饰；如“白族三道茶表演”要穿白族的民族特色服装；“禅茶”表演则以禅衣为宜等。

茶艺表演的环境：茶艺表演的环境选择与布置是重要的环节、表演环境应无嘈杂之声，干净、清洁，窗明几净，室外也需洁净，或气爽神清之佳境，或松石泉下。还需预备观看者的场所以及座椅，奉茶处所等。如日本茶道在茶会前要洒扫庭院，室内悬挂简单又令人沉思良久的字画、插花以及布置小型花卉等，以利茶艺表演的进行，使各位进入茶艺表演的艺术创造之中。

茶艺表演的音乐：所配音乐与茶艺表演的主题应该相符合。正如服装与茶艺表演主题相符合是一样的，均有助于人们对表演效果的肯定与认同。如“西湖茶礼”用江南丝竹的音乐；“禅茶”用佛教音乐；“公刘子朱权茶道”用古筝音乐等。

(4) 茶艺表演中的礼仪。中国是文明古国、礼仪之邦，素有客来敬茶的习俗。茶是礼仪的使者，可融洽人际关系。在种种茶艺表演里，均有礼仪的规范。

在行礼时，行礼者应该怀着对对方的真诚敬意进行行礼。行礼应保持适度、谦和，使从内心深处发出的敬意体现到这一礼仪中，包括眼睛的视角、动作的柔和、连贯、摆动的幅度等。

(5) 茶艺表演中的位置、顺序、动作。茶艺表演中的位置、顺序、动作，包括主泡、助泡的位置、出场进场的顺序、行走的路线、行走的动作，敬茶、奉茶的顺序、动作，客人的位置、器物进出的顺序，摆放的位置，器物移动的顺序及路线等。人们往往注意移动的目的地，而忽视了移动的过程，而这一过程正是茶艺表演与一般品茶的明显区别之一。

这些位置、顺序、动作所遵循的原则是合理性、科学性，符合美学原理并遵循茶道精神（“和、敬、清、寂”、“廉、美、和、敬”），从而符合中国传统文化的要求。

(6) 茶艺表演的“精、清、净、美”。精（精品、精通、熟练）：精指茶须名茶、特色茶、茶叶干燥、质量上乘。水须好水，茶具质量上乘与茶相配。精，上乘也，沏泡出一杯上等茶汤，令人拍案叫绝。精还包括精通、熟练茶艺表演，精通选茶、置具、选水、贮茶、熟练沏泡程序。

清（纯洁、纯和、无邪、清醒、去杂念）：清包括人、水、环境之清爽，茶可使之清醒头脑，称之谓提神醒脑，在茶艺表演的环境中，很难“清”，但追求“清”，不但茶艺表演者要“清”，通过茶艺表演还要让观众有所“清”，清醒的头脑，有助于人的思维，感受相聚一起享受品茗的不容易。“日本茶道”中的洗手、擦尘，“台湾乌龙茶”茶艺中的点香，“禅茶”中的燃香都是为了达到“清”的目的，再加上各种素色朴实的茶器，使饮茶活动能在不知不觉中，拂去人们心灵上的尘埃，心清自然明。

净（洁净、净化）：净包括人、环境、茶、茶器、水等。人的洁净，包括手的洁净，头发的梳理，衣服的清洁整齐等，具体点如手指不应戴戒指，口红、脂粉尽量不要让观众感觉到，手指甲不能搽色彩等。另外，还要保证桌椅、板凳无尘埃，场所无杂物、脏物。茶具应洗涤干净，水应干净符合饮用要求，茶叶应干净，无杂物。此外是人思想上、心灵上的净化，无杂念、邪念。

美（美好）：美应符合茶道的美，符合观赏美学的要求，符合中国传统文化的审美情趣。如服装合身，衣着得体、大方，环境优美、清爽，如茶艺表演中的礼仪是否美，茶艺表演中的位置、顺序、动作是否美，茶器具是否配套，环境布置选择是否美等。

(7) 沏泡一壶好茶。茶艺表演是在茶艺的基础上产生的。运用选茶、辨水、选具、涤器、投茶等方法、技巧，沏泡出一壶好茶汤，是整个茶艺表演的基础，学习沏泡技艺是茶艺表演的基本功。茶艺员应经常接触茶、品尝茶，通过实践，对茶叶质量的好坏、水的选用，用水量、水温、投茶量、浸泡时间、冲泡方法等经常练习，会喝好茶，鉴别得出茶汤质量的好坏，学会品茶艺术，成为品茶师、出色的茶艺表演员是可以期望的。

2. 名人茶事

我国人民历来就有“客来敬茶”的习惯，这充分反映出中华民族的文明和礼貌。古代的齐世祖、陆纳等人曾提倡以茶代酒。唐朝刘贞亮赞美“茶”有十德，认为饮茶除了可健身外，还能“以茶表敬意”、“以茶可雅心”、“以茶可行道”。唐宋时期，众多的文人雅士如白居易、李白、柳宗元、刘禹锡、皮日休、韦应物、温庭筠、陆游、欧阳修、苏东坡等，他们不仅酷爱饮茶，而且还在自己的佳作中歌颂和描写过茶叶。

古今名人茶事，内容很多，下面选择几位进行介绍。

陆羽：唐代陆羽，善于煮茶、品茶，耗一生之功著成《茶经》，流传千古，后世尊为“茶圣”。陆羽取水极为讲究，煮茶必佳泉。他将煮水分为三个阶段：一沸、二沸、三沸。认为一沸、三沸之水不可取，二沸之水最佳，即当锅边缘水像珠玉在泉池中跳动时取用。

苏东坡：东坡谪居宜兴蜀山讲学时，非常讲究饮茶，有所谓“饮茶三绝”之说，即茶美、水美、壶美，唯宜兴兼备三者。据说他还曾设计一种提梁式茶壶，烹茶审味，怡然自得。题有“松风竹炉，提壶相呼”的诗句，后人将他设计的这种提梁壶称作“东坡壶”。东坡烹茶，独钟金沙泉水，常遣僮仆前往金沙寺挑水，僮仆不堪往返劳顿，遂取其他河水代之，但为苏东坡识破。后来苏东坡准备了两种不同颜色的桃符，分别交给僮仆和寺僧，每次取水必须和寺僧交换桃符，如此僮仆就无法偷懒了。

乾隆：乾隆皇帝不是死在任上的，而是“知老让位”的。传说在他决定让出皇位给十五子时（即后来的道光皇帝），一位老臣不无惋惜地劝谏道：“国不可一日无君呵！”一生好品茶的乾隆帝却端起御案上的一杯茶，说：“君不可一日无茶。”这也许是幽默玩笑之语，也许是“我应该退休闲饮”之意，或者是兼而有之。

毛泽东：毛泽东同志也喜欢喝茶，还有吃茶渣的习惯。当年曾与诗人柳亚子在广州茶楼里一边品茶，一边探讨革命真理，后来他的诗中便有“饮茶粤海未能忘，索句渝州叶正黄”之句。

三、各民族饮茶习俗

1. 汉族的清饮

汉族的饮茶方式大致有品茶、喝茶和吃茶之分，只是古人饮茶重在“品”，近代饮茶多为“喝”，至于“吃”的方法则为数不多，区域不广。在曹雪芹《红楼梦》第四十一回“贾宝玉品茶栊翠庵”中，妙玉借用当时的流行俗语：“一杯为品，二杯即是解渴的蠢物，三杯便是饮驴了。”此话惟妙惟肖地道出了当时饮茶方法的区分。清饮即在茶汤中不加任何调味品，使茶叶发挥固有的香味。一杯好茶在手，静品默赏，细评慢饮，最能使人进入一种忘我的精神境界，欢愉、轻快、激动、舒畅之情油然而生，正如苏东坡比喻的“从来佳茗似佳人”，所以中国人多数喜欢清饮，特别是名特优茶，一定要清饮才能领略其独特风味，领略到饮茶奇趣。汉族的清饮法最具典型的饮用方式要数啜乌龙、品龙井和喝大碗茶。

（1）啜乌龙。乌龙茶盛产于中国福建、台湾、广东等省。历来以香气浓郁，味厚醇爽，入口生津留香而著称于世。由于乌龙茶采用独特的采制工艺，所以品质优异、风味自成一格，泡茶技术讲究，品饮方法别致。茶具用小杯小壶，色泽古朴清一，崇尚古色古香，人称“烹茶四宝”：一是玉书煨，这是一只烧水壶，多为扁形朱褐色，显得既朴素又淡雅；二是用来点燃木炭的火炉，娇小玲珑，颇为别致，因以广东汕头产的为最，因此，有“汕头之炉”之称；三是孟臣罐，它原本是一把茶壶，大的如香瓜，小的如早橘，特别推荐江苏宜兴紫砂壶；四是若琛瓯，是一种微型茶杯，一般仅能容纳 4 毫升左右茶汤。通常以孟臣罐为中心，三四只若琛瓯分列在一个半圆形，平放于一只椭圆形或圆形的茶盘上，且壶、杯、盘三者大小相称，为一色青釉，实在是一件艺术品。所以，不少喝乌龙茶的世家，家中大都备有几套不同色彩的乌龙茶具，贵客进门，赏壶品茶，妙不可言。

清代诗人袁枚在《随园食单》中，曾对小杯啜乌龙的情趣做了生动的描述：“杯小如胡桃，壶小如香橼，每斟无一两，上口不忍遽咽，先嗅其香，再试其味，徐徐咀嚼而体贴之，果然清香扑鼻，舌有余甘。一杯以后，再试一二杯，令人释燥平矜，怡情悦性。”乌龙茶茶汤浓厚，回味无穷，又加上有与乌龙茶相匹配的独特茶具，因而在茶界有“啜乌龙”之说。

(2) 品龙井。西湖龙井茶素以“色翠、香郁、味甘、形美”四绝著称，驰名中外，是名茶中的珍品，凡真正品尝过西湖龙井茶的人都能体会到色、香、味、形四绝的独特品质。西湖龙井茶清代被指定为皇室贡品，新中国成立之后列为国家礼品茶。西湖龙井茶生产历史悠久，唐代茶圣陆羽在《茶经》中就记载天竺、灵隐二寺产茶。那时按林洞山峰产地称茶名，叫“香林茶”、“白云茶”、“宝云茶”。

历代文人墨客对西湖龙井茶大加赞誉，现已发现的专著有40余篇。苏东坡、唐韬的绝句“欲把西湖比西子”，“从来佳茗似佳人”，“如此湖山归得去，诗人不许做茶农”，反映出历代文人对龙井茶的酷爱。

(3) 喝大碗茶。喝大碗茶的风尚，在汉民族居住地区，随处可见，特别是在大道两旁、车船码头、半路凉亭，甚至车间工地、田间，都屡见不鲜。这种饮茶习俗在我国北方最为流行，尤其早年北京的大碗茶，更是闻名遐迩，如今中外闻名的北京大碗茶商场，就是由此沿习命名的。

大碗茶多用大壶冲泡、大桶装茶、大碗畅饮，热气腾腾，提神解渴，好生自然。这种清茶较粗犷，颇有“野味”，但它随意，不用楼、堂、馆、所，摆设也很简便，一张桌子，几张条木凳，若干只粗瓷大碗便可，因此，它常以茶摊或茶亭的形式出现，主要为方便过往客人解渴小憩。

大碗茶由于贴近社会、贴近生活、贴近百姓，自然受到人们的称道。即便是生活条件不断得到改善和提高的今天，大碗茶仍然不失为一种重要的饮茶方式。

(4) 吃早茶。饮早茶是广东人独特的喝茶习俗。清晨起床以后，在开始一天的工作、生意之前，名茶美点（早点），一盅两件，既解决了早餐，也是一种绝妙享受。

茶点，即是茶水与点心。茶有红茶、绿茶、乌龙茶、花茶等种类，点心的种类就更多了，最常见的是各种包子，诸如叉烧包、水晶包、小笼肉包、虾仁小笼包、蟹粉小笼包，以及其他各类干蒸烧卖，各种酥饼，还有鸡粥、牛肉粥、皮蛋瘦肉粥、鱼生粥、猪肠粉、虾仁粉、云吞等。饮茶是广东人生活中一个不可缺少的内容。在这里，紧张的人们开始松弛下来，清闲地谈着人生，谈着故人，讲着故事；在这里，人们挥洒自如地在淡淡的茶香中，把心情晾得清清淡淡。人们在茶楼里沏上一壶好茶，点上几道美味点心，或自斟自饮，或与朋友海阔天空地大侃一阵，岂不悠哉！

饮茶要有“礼节”。服务员倒茶时，客人一般以食指和中指轻叩桌面表示谢意。传说这一风俗源出乾隆皇帝下江南，微服出巡。一次扮作仆从的皇帝给扮作主子的随从斟茶，随从感恩戴德、惊恐万状，本应下跪叩拜，但又怕暴露了皇室身份，于是灵机一动，遂以两指微屈，轻叩桌面代之叩礼，并一直传袭至今。

在茶楼里，当客人需要续水时，只要把壶盖打开，服务员便会意而来。关于这一礼仪的由来，相传是过去有一富商到茶楼饮茶，叫堂倌给他加水，堂倌刚把壶盖打开，他“呵嗬”大叫一声，赖称壶中有只价值千金的画眉给堂倌放飞了，定要茶楼赔偿。老板无奈之下，从此规定，茶客凡要加水者，自己打开壶盖，以防有诈。时至今日，这习惯动作已成为茶客要加水的示意信号，无须叫服务员了。

2. 少数民族特色茶

(1) 藏族“酥油茶”。西藏有“世界屋脊”之称，茶叶是当地人民补充营养的主要来源，因此成了西藏人民不可缺少的生活食品。目前，西藏的年人均茶叶消费量达15千克左右，为全国各省、区之首。

藏族饮茶，有喝清茶的，有喝奶茶的，也有喝酥油茶的，名目较多，喝得最普遍的还是酥油茶。所谓酥油，就是把牛奶或羊奶煮沸，用勺搅拌，倒入竹桶内，冷却后凝结在溶液表面的一层脂肪。至于茶叶，一般选用的是紧压茶类中的普洱茶、金尖等。酥油茶的加工方法比较讲究，一般先用锅烧水，待水煮沸后，再用刀子把紧压茶捣碎，放入沸水中煮，约半小时左右，待茶汁浸出后，滤去茶叶，把茶汁装进长圆柱形的打茶桶内。与此同时，有另一口锅煮牛奶，一直煮到表面凝结一层酥油时，把它倒入盛有茶汤的打茶筒内，再放上适量的盐和糖。这时，盖住打茶筒，用手把住直立茶筒并上下移动的长棒，不断捶打。直到筒内声音从“咣铛、咣铛”变成“嚓咿、嚓咿”时，茶、酥油、盐、糖等即混为一体，酥油茶就打好了。

打酥油茶用的茶筒多为铜质，甚至有用银制的。而盛酥油茶用的茶具，多为银质，甚至还有用黄金加工而成的。茶碗虽以木碗为多，但常常是用金、银或铜镶嵌而成。更有甚者，有用翡翠制成的，这种华丽而又昂贵的茶具，常被看做是传家之宝。而这些不同等级的茶具，又是人们贫富程度的标志。

喝酥油茶非常讲究礼节，大凡宾客上门入座后，主妇立即会奉上糌粑，这是一种炒熟的青稞粉和茶汁调制成的粉糊，也是捏成团子状的。随后，再分别递上一只茶碗，主妇很有礼貌地按辈份大小，先长后幼，为众宾客一一倒上酥油茶，再热情地邀请大家用茶。这时，主客一边喝酥油茶，一边吃糌粑，这种不可多见的饮茶风俗，对多数人而言，真有别开生面之感。不过，按当地的习惯，客人喝酥油茶时，不能端碗一喝而光，这种狼吞虎咽的喝茶方式，被认为是不礼貌、不文明的。一般每喝一碗茶，都要留下少许，这被看做是对主妇打茶手艺不凡的一种赞许，这时，主妇早已心领神会，又来斟满。如此二三巡后，客人觉得不想再喝了，就有礼貌地把剩下的少许茶汤泼在地上，表示酥油茶已喝饱了，当然主妇也不再劝喝了。

由于藏族喝酥油茶有着比其他民族喝茶更为重要的作用，所以，不论男女老少，人人皆饮，每天喝茶多达20碗左右，很多人家把茶壶放在炉上，终日熬煮，以便随取随喝。当地有一种风俗，当喇嘛祭祀时，虔诚的教徒要敬茶，有钱的富庶要施茶。他们认为，这是“积德”、“行善”。所以，在西藏一些大的喇嘛寺里，往往备有一个特大的茶锅，锅口直径达1.5米以上，可容茶水数担，在朝拜时煮水熬茶，供香客取喝，算是佛门的一种施舍。在男婚女嫁时，藏族兄弟视茶为珍贵礼品，它象征婚姻美满和幸福。

(2) 蒙古族奶茶。蒙古族人民酷爱饮茶，特别喜欢喝用砖茶熬煮的奶茶。奶茶也叫蒙古茶，是蒙古族牧民日常生活中不可缺少的饮料。奶茶所用的茶叶是青砖茶。因为砖茶含有丰富的维生素C、单宁、蛋白质、酸、芳香油等人体必需的营养成分。奶茶的一般做法是先将茶捣碎，放入白水锅中煮。茶水烧开之后，煮到茶水较浓时，用漏勺捞去茶叶之后，再继续烧片刻，并边煮边用勺扬茶水，待其有所浓缩之后，再加入适量鲜牛奶，用勺扬至茶乳交融，再次开锅即成为馥郁芬芳的奶茶了。品尝奶茶的优劣也从茶色、香气、形态和味道四个方面进行，而且需要细细品尝，才能够体会到其味道之美。要熬出一壶醇香沁人的奶茶，除茶叶本身的质量好坏外，水质、火候、茶乳中和也很重要。一般说来，可口的奶茶并不是奶子越多越好，应当是茶乳比例相当，既有茶的清香，又有奶的甘酥，二者偏多偏少味道都不好。还有，奶茶煮好后，应即刻饮用或盛于热水壶以备饮用，因在锅内放的时间长了，锅锈会影响奶茶的色、香、味。

在多数地方喝奶茶要加少许食盐，但也有的地方不加食盐，只是把盐碟放在桌上，喜欢喝盐味的就加盐，不喜欢盐味的则不加。

牧民喝奶茶时，还要泡着吃些炒米、黄油、奶豆腐和手把肉，这样既能温暖肚腹，抵御寒冷的侵袭，又能够帮助消化肉食，还能补充因吃蔬菜少而缺少的维生素。所以，在牧区有一句俗话说：“宁可一日无食，不可一日无茶。”的确，蒙古族牧民的一天就是从喝奶茶开始的。这种嗜好在蒙古族是作为一种历史文化表现而延续至今的。通常一家人只在晚上放牧回家才正式用餐一次，但早、中、晚三次喝咸奶茶，一般是不可缺少的。当你每天早晨吃早点的时候，新老朋友拥壶而坐，一面细细品尝令人怡情清心的奶茶，品尝富有蒙古民族特点的炒米、奶油和蒙古果子，一面谈心，论世事，喝得鼻尖冒出了汗，正是体现了“有茶之家何其美”的景象。

(3) 白族三道茶。白族三道茶，白族称它为“绍道兆”。这是一种宾主抒发感情，祝愿美好，并富于戏剧色彩的饮茶方式。喝三道茶，当初只是求学、学艺、经商、婚嫁时，长辈对晚辈的一种祝愿。如今，应用范围已日益扩大，成了白族人民喜庆迎宾时的饮茶习俗。

白族三道茶，以前一般由家中或族中长辈亲自司茶，现今也有小辈向长辈敬茶的。制作三道茶时，每道茶的制作方法和所用原料都是不一样的。

第一道茶，称为“清苦之茶”，寓意做人的哲理：“要立业，先要吃苦”。

第二道茶，称为“甜茶”。当客人喝完第一道茶后，主人重新用小砂罐置茶、烤茶、煮茶，与此同时，还得在茶盅内放入少许红糖、乳扇、桂皮等，待茶汤煮好倾入八分满为止。

第三道茶，称为“回味茶”。其煮茶方法虽然相同，但是茶盅中放的原料已换成适量蜂蜜、少许炒米花、若干粒花椒和一撮核桃仁，茶容量通常为六七分满。饮第三道茶时，一般是一边晃动茶盅，使茶汤和佐料均匀混合，一边口中“呼呼”作响，趁热饮下。这杯茶，喝起来甜、酸、苦、辣，各味俱全，回味无穷。它告诫人们，凡事要多“回味”，切记“先苦后甜”的哲理。

3. 另类茶——常德桃花源擂茶

擂茶，以芝麻、黄豆、绿豆、大米为原料，佐以生姜、茶叶，放在擂钵罐内，用油茶木棒，捣成糊状，然后用开水冲泡而成。

喝擂茶，是汉寿、鼎城、武陵、桃源一带人民特有的习俗，不论炎热的盛夏，还是寒冷的隆冬，这里的许多群众都喜欢喝一餐擂茶。

擂茶有清热、解毒的作用，常年饮用，可消炎去疾，同时，它也是山村农户招待客人的上等饮料。喝擂茶时，桌上摆着用盘碟装着的油炸锅粑、米面皮、馓子、油坨、盐腌菜茎、豆子、花生、瓜子、板栗、红薯片等，近年来，富裕了的农户还备有高级点心。这些食杂果品，人们称之为“搭茶”。这些搭茶，酸甜咸辣，五味俱全，别有风味，人们边喝擂茶，边吃搭茶，谈笑风声，饶有兴趣，有首民谣歌曰：“走东家，跑西家，喝擂茶，打哈哈，来来往往结亲家。”喝擂茶也是常德人民交朋结友，待人接物的一个重要方式。

喝擂茶还有一段美妙的传说，相传东汉时，伏波将军马援出征西南，途经武陵郡，突然，军营里发生了瘟疫，病倒数千人，请来许多郎中都摸不清症候，马援急得几夜没合眼，不时走出军营，在山林里踱来踱去，一天清晨，忽然从山间小道上走来一位老妪，问马援道：“将军终日愁眉紧锁，不知有何为难之事?”马援把军中发生瘟疫的情况照实说了。那老妪听后说道：“我有一单方，将军如法炮制，让兵士喝下，定能消除兵士的疾病。”老妪说完，化作一道青烟消失了。马援接过单方，向东方深深地作了三个长揖，取出单方一看，上面写着擂茶配方与制作方法。马援回到军营照此办理，次日，兵士们都恢复了健康。从此，喝擂茶就在这一带流传下来。

思考与练习

1. 收集整理当地的风味小吃和特色菜资料，在班上解说。
2. 解说四大菜系。
3. 解说少数民族特色茶。

第三章 娱乐文化

学习目标

娱乐是人类生活的重要内容，如果说物质生活是为了活着，则娱乐生活是为什么活着。用老百姓的话说，就是“人活着就是为了图个乐子”。我国各族人民在生活劳动中创造发明了各式各样的娱乐形式，并在历史的发展与积淀中形成了丰富多彩的娱乐文化。随着民俗旅游的蓬勃发展，娱乐文化成为游客参与民俗活动的最新旅游热点。一名好的导游不仅要能介绍娱乐文化的知识，而且还要掌握一两门娱乐的技能，这样才能和游客同娱同乐。通过本章的学习，大家主要达到以下目标：

1. 了解并能解说各地各民族的民间艺术形式的特征。
2. 熟悉民间游戏的基本内容。
3. 了解并能解说各民族的主要节日习俗。

第一节 民间艺术

一、曲艺

曲艺是中华民族各种说唱艺术的统称，它是由民间口头文学和歌唱艺术经过长期发展演变形成的一种独特的艺术形式。

曲艺发展的历史源远流长。早在古代，我国民间的说故事、讲笑话，宫廷中俳优（专为供奉宫廷演出的民间艺术能手）的弹唱歌舞、滑稽表演，都含有曲艺的艺术因素。到了唐代，讲说市人小说和向俗众宣讲佛经故事的俗讲的出现，大曲和民间曲调的流行，使说话技艺、歌唱技艺兴盛起来，自此，曲艺作为一种独立的艺术形式开始形成。到了宋代，由于商品经济的发展，城市繁荣，市民阶层壮大，说唱表演有了专门的场所，也有了职业艺人和专门技艺，鼓子词、诸宫调、唱赚等演唱形式极其昌盛，孟元老的《东京梦华录》、耐得翁的《都城纪胜》都对此作了详细记载。明清两代及至民国初年，伴随资本主义经济萌芽，城市数量猛增，大大促进了说唱艺术的发展，一方面是城市周边地带富有浓郁地方色彩的民间说唱纷纷流向城市，它们在演出实践中日臻成熟，如道情、莲花落、凤阳花鼓、霸王鞭等；另一方面，一些老曲种在流布过程中，结合各地地域和方言的特点发生着变化，如散韵相间的元、明词话逐渐演变为南方的弹词和北方的鼓词。这一时期新的曲艺品种，新的曲目不断涌现，不少曲种已是名家辈出流派纷呈。我们今天所见到的曲艺品种，大多为清代至民初曲种的流传。

说唱艺术虽有悠久的历史，却一直没有独立的艺术地位，在中华艺术发展史上，说唱艺术曾归于“宋代百戏”中，在瓦舍、勾栏（均为宋代民间表演场地）表演；到了近代，则归于“什样杂耍”中，大多在诸如北京的天桥、南京的夫子庙、上海的徐家汇、天津的“三不管”、开封的相国寺等民间娱乐场地进行表演。中华人民共和国建立后，给已经发展成熟的众多说唱艺术一个统一而稳定的名称，统称为“曲艺”，并进入剧场进行表演。

据调查统计，我国仍活跃在民间的曲艺品种有400个左右，流布于我国的大江南北。这众多的曲种虽然各自有各自的发展历程，但它们都具有鲜明的民间性、群众性，具有共同的艺术特征。其表现为：

(1) 以“说、唱”为主要的艺术表现手段。说的如相声、评书、评话；唱的如京韵大鼓、单弦牌子曲、扬州清曲、东北大鼓、温州大鼓、胶东大鼓、湖北大鼓等鼓曲；似说似唱的（亦称韵诵体）如山东快书、快板书、锣鼓书、萍乡春锣、四川金钱板等；又说又唱的（既有无伴奏的说，又有音乐伴奏的唱）如山东琴书、徐州琴书、恩施扬琴、武乡琴书、安徽琴书、贵州琴书、云南扬琴等；又说又唱又舞的如二人转、十不闲莲花落、宁波走书、凤阳花鼓、车灯、商花鼓等。正因为曲艺主要是通过说、唱，或似说似唱，或又说又唱来叙事、抒情，所以要求它的语言必须适于说或唱，一定要生动活泼，洗练精美并易于上口。

(2) 曲艺不像戏剧那样由演员装扮成固定的角色进行表演，而是由不装扮成角色的演员，以“一人多角”（一个曲艺演员可以模仿多种人物）的方式，通过说、唱把形形色色的人物和各种各样的故事表演出来，告诉给听众。因而曲艺表演比之戏剧，具有简便易行的特点。只要有一两个人，一两件伴奏的乐器，或一个人带一块醒木，一把扇子（评书艺人所用），一副竹板儿（快板书艺人所用），甚至什么也不带（如相声艺人），走到哪儿，说唱到哪儿，与听众的交流比戏剧更为直接。

(3) 曲艺表演的简便易行，使它对生活的反映快捷。曲目、书目的内容多以短小精悍为主，因而曲艺演员通常能自编，自导，自演。与戏剧演员相比，曲艺演员所肩负的导演职能尤为明显。比如一个曲目、书目，或一个相声段子，在表演过程中故事情节的结构、场面的安排、场景的转换、气氛的渲染、人物的出没、人物心理的刻画、语言的铺排、声调的把握、节奏的快慢等，无一不是由曲艺演员根据叙事或抒情的需要，根据对听众最佳接受效果的判断，来对说或唱进行统筹安排，进行调度，导演出一个个令听众心醉的精彩节目。

(4) 曲艺以说、唱为艺术表现的主要手段，因而它是诉诸人们听觉的艺术。也就是说曲艺是通过说、唱刺激听众的听觉来驱动听众的形象思维，在听众形象思维构成的意象中与演员共同完成艺术创造。曲艺表演可以在舞台上进行，也可划地为台随处表演，因而曲艺听众的思维与戏剧观众相比，不受舞台框架的限制，曲艺所说、唱的内容比戏剧具有更大的时间和空间的自由。为了把听众天马行空的形象思维规范到由说、唱营造的艺术天地之中，曲艺演员对听众反应的观察更为迫切，也更为细致，因而他与听众的关系，比之戏剧演员更为密切。

(5) 为使听众享受到如闻其声、如见其人、如临其境的艺术美感，曲艺演员必须具备坚实的说功、唱功、做功，并需具有高超的模仿力。只有当曲艺演员具有了活泼的动人技巧，对人物的喜怒哀乐刻画得惟妙惟肖，对事件的叙述引人入胜，才能博得听众的欣赏。而上述坚实功底之底蕴是来自曲艺演员对现实生活的观察、体验与积累，以及对历史生活的分析、研究和认识。这一点对一个曲艺演员显得尤为重要。

以上是 400 来个曲艺品种艺术特点的不同程度的近似之处，是它们的共性。而 400 多个曲种各自独立存在，自有其个性。不仅如此，同一曲种由于表演者之各有所长，又形成不同的艺术流派，即使是同一流派，也因为表演者的差异各有特色，这就形成了曲坛上百花争艳的繁荣景象。

二、杂技

1. 杂技的历史

杂技是各种技艺表演（如车技、口技、顶碗、走钢丝、狮子舞、魔术等）的统称。

大约在新石器时代，中国的杂技就已经萌芽。原始人在狩猎中形成的劳动技能和自卫攻防中创造的武技与超常体能，在休息和娱乐时，在表现其猎获和胜利的欢快时，被再现为一种自娱游戏的技艺表演，这就形成了最早的杂技艺术。杂技学术界认为中国最早的杂技节目是《飞去来器》。这是用硬木片削制成的十字形猎具，原始部落的猎手们常用这种旋转前进的武器打击飞禽走兽，而在不断抛掷中，他们发现不同的十字交叉，在风力的影响下，能够回旋“来去”，于是它就成了原始部落的氏族盛会中表演的节目。

杂技艺术中的很多节目是生活技能和劳动技术、武术技巧的提炼和艺术化。《飞去来器》这个节目至今在民俗活动中传承着，内蒙古草原上一年一度的“那达慕”盛会上，在赛马、摔跤、角斗等各种技艺竞赛中，就有“飞去来器”的竞赛，它是以投掷的远近和击中目标的准确程度来评定优劣的。杂技演员把猎技的“飞去来器”加以艺术加工，形成一种巧妙神奇的艺术节目，这种节目至今在舞台表演中还深受观众喜爱。由于杂技艺术来源于五花八门、缤纷多姿的现实生活，“杂”成为它的整体特征，故而“杂技”之名就在历史长河中被确定下来。

2. 杂技的类型

杂技大体可以分为力技、形体技巧、要弄技巧、高空节目、马戏与动物戏、幻术六种类型。

（1）力技。狭义的角抵就是指角力，争交相扑之类以力量较量为主的节目，在汉代百戏中占有重要地位。汉画中常可看到人与人，人与兽，兽与兽之间角抵的图像。百戏表演者中有一类为“象人”，研究者认为就是专业的斗兽士。河南南阳一处出土的汉墓画像石中，就有20多处“象人斗牛”、“象人斗虎”、“象人斗犀”等图绘。“载竿”节目中同样显示了表演者的力量，山东安丘汉墓百戏图中的“载竿”一人举竿上面有10人表演，其力量可达千钧。

（2）形体技巧。中国杂技早在汉代就形成以“顶功”为中心的形体技巧，顶功就要求有过硬的腰功、腿功、倒立和跟斗基本功，这种传统一直至今。汉代表现顶功技巧的画像砖石很多，山东嘉祥武氏祠的这两幅就很典型。

（3）要弄技巧。汉代的“跳丸弄剑”、“舞轮”都是经常表演的节目，四川出土的汉画像砖“丸剑乐舞宴饮图”就是很有名的一幅。

（4）高空节目。汉代文献和文物图像中都有高空节目的记载，像撞技、走索和戏车，皆有高空表演，缘竿之技在汉代很盛行，基本有两种类型：一是在平地表演，二是在车上表演前面“百戏图”中戏车上树立双竿双台，表演的少年演员，正从前撞翻跟斗落到后撞的小台上。今天杂技中仍保留此类技巧，“跟斗过车”就是一种。

（5）马戏与动物戏。“马戏”原指人骑在马上所做的表演，现为各种野兽、驯禽表演的统称。最早见于汉代文献，桓宽在他的论著《盐铁论·散不足论篇》中说：“绣衣戏弄，蒲人杂妇，百戏，马戏……”。把马戏与百戏并举，可见当时马戏的兴盛。沂南“百戏图”中，就有三个马戏表演，其中一个还将马装饰成龙形。

汉代马戏除了驾驭本领的显示外，还把武艺、舞蹈等各种民族技艺运用其中，百戏图马戏表演者有的就执戟舞练，有的就舞幢。这与西方的马戏有很大区别。河南嵩山三阙之一的登封少室石阙画像上的两位马戏演员，一在马上倒立，一在马上舞蹈。

山东临淄文庙中汉画像石刻中展示的集体马戏的表演，可与沂南百戏图戏车相映生辉。图中有两匹马，前一匹上有一人，身后尚有一人飞身而至，恰好拉住骑者之手，另一人纵身而起，手挽马尾，后一匹马拉着车，车前方有一人腾空飞翔，车上除御者外，其余人物皆作表演动作，车后还有一人纵身欲上。正是这些技艺为后世马戏和空中飞人等表演提供了艺术基础。

汉画像砖石中还有反映各种驯兽节目的，如驯虎、驯象、驯鹿、驯蛇等。浙江海宁东汉墓画像中的“驯兽斗蛇图”和武氏祠的“水人弄蛇图”，就是明证。

山东济宁东汉墓画像石上部为驯鸟图，下部为驯象图。六人坐于象背，一人立于挺起的象鼻，可见其驯练动物的水平已经甚高。另外还有驯猴、驯鹤、弄雀等形象。汉代的马戏和驯兽节目都达到相当高的水平。

(6) 幻术。汉代是中土与西域甚至西方国家进行幻术艺术交流的时代。当时中国本土的幻术有两大类别，一是由皇家和贵戚支持的大型幻术表演，多以巨大的道具装置和众多演职员共同的表演，如汉武帝的角抵大会中的“鱼龙曼衍”，实际是两个相连接而演出的大型幻术。

3. 中国杂技的特色

中国杂技概括起来有九大特色。

特别重视腰腿顶功的训练是中国杂技的第一个特点。中国杂技自古重视顶功。汉代画像砖石和壁画、陶俑中，有许多拿顶和翻筋斗的形象。中国杂技艺人，即使是表演古代戏法的演员也要有扎实的功夫基础，所谓“文戏武活”，即是指此。没有坚实的功夫，在大褂里卡上上百斤的道具，还要从容自如，翻着筋斗变水变火是不行的。

第二是险中求稳、动中求静，显示了冷静、巧妙、准确的技巧和千锤百炼的硬功夫。如“走钢丝”中种种惊险的表演，都要求“稳”；“晃板”、“晃梯”之类，凳上加凳，人上叠人，但顶上的人必须在动荡不定的基础上求平求静，这必须有极冷静的头脑、高超的技艺与千百次刻苦训练相结合才行，这显示了对势能和平衡的驾驭力量，表现了人类在战胜险阻中的超越精神。

第三是平中求奇。以出神入化的巧妙手法，从无到有，显示人类的创造力量。这个艺术特色在举世惊绝的“古彩戏法”中表现得最为突出。中国戏法与西洋魔术最大的区别就在于西洋魔术讲究运用声光道具，台面上金碧辉煌、铮光锃亮，而中国戏法演员却只要一件长袍，一条薄单，平凡朴实，毫无华彩，然而这一身长袍却要变出千奇百怪的东西，从酒席菜肴至活鱼、活鸟，无奇不有。演员一个跟斗能献出烈火燃烧的铜盆，再一个跟斗又取出硕大无比、有鱼有水的鱼缸。

第四个艺术特色是轻重并举，通灵入化，软硬功夫相辅相成。最能表现这一艺术特色的是“蹬技”节目，蹬技多数是女演员表演，演员躺在特制的方台上，以双足来蹬物体。所蹬物体，几乎包罗万象，从绍兴酒罐、彩缸、瓦钟到桌子、梯子、木柱、木板和喧腾带响的锣鼓等，轻至绢制的花伞，重到一百多斤重的大活人都可以。被蹬物体或飞速旋转，或腾越自如，从光滑的瓷制彩缸到笨重的木制八仙桌子，都可以被蹬得飞旋如轮，只见影子不见物象。

第五是超人的力量和轻捷灵巧的跟斗技艺相结合。《叠罗汉》的底座负重量是惊人的。唐代《载竿》有一人顶十八人的记载。现藏日本，作为国宝级文物的唐代漆画弹弓，弓背上就有一个顶六人的形象。近世的《千斤担》一位老演员手举脚蹬同时举起四副石担和七、八个演员，负重达千斤以上，表现了超人的力量。传统的“拉硬弓”、“耍关刀”都是负重极大的节目。

第六是大量运用生活用具和劳动工具为道具，富于生活气息。碗、盘、坛、盅、绳、鞭、叉、竿、梯、桌、椅、伞、帽等，这些平凡东西，在中国杂技艺人手里，变幻万状，显示了中国杂技与劳动生活的紧密关系，有些节目就是劳动技能和民间游戏结合的产物。如绳技、神鞭等，就是牧民套马、赶车和儿童跳绳的艺术化。

第七是古朴的工艺美术和形体技巧的结合。“耍坛子”、“转碟”等节目把中国的瓷绘艺术与杂技交融在一起。“蹬技”中的花伞和彩单同样给人以传统艺术的美感。

第八是中国杂技有极大的适应性，表演形式、场所多样化。广场、剧场、街巷、客房，多至百人大荟萃，小至一人的现场即席献艺。正是这种广泛的适应性使其能千古犹存。

第九是中国杂技有严密的师承传统，又与姊妹艺术关系密切。中国杂技有严密的内向性，每一种技艺都是代代相传。同时还有地域性，如中国北部的河北省吴桥县就是有名的杂技之乡。杂技艺人尊师重艺，对先辈传下来的技艺，总是千方百计地保存下来，传递下去。

我国非常重视非物质文化遗产的保护，2007 年 6 月 8 日，河北省吴桥县杂技团获得国家文化部颁布的首个“文化遗产日奖”。

三、木偶戏

木偶戏是用木偶来表演故事的戏剧。表演时，演员在幕后一边操纵木偶，一边演唱，并配以音乐。木偶戏在中国古代又称“傀儡戏”。中国木偶戏历史悠久，三国时已有偶人可进行杂技表演，隋代则开始用偶人表演故事。元、明、清以来，木偶戏由城入乡，多种风格、流派形成木偶的造型艺术，也因地域不同，出现多种多样的造型特色，如泉州嘉礼戏、漳州布袋戏、广东杖头、潮州铁枝、合阳线戏、吴桥扁担戏、四川大木偶，花样翻新。或行当齐备（生、旦、净、丑俱全），或工艺精良，或精雕细琢，或旷达写意，风韵各异，出现了江加走、徐子清这样闻名于世的雕刻大师。民国以后，尤其近几十年，木偶戏由民间走向专业化，演出由露天走入剧场，木偶造型逐步现代化，雕绘工艺达到了相当高度，就整体而言，当今中国木偶造型艺术的水平，是与时代同步的。

根据木偶的结构和演员操纵方式等方面的差异，木偶又可分为不同的种类。

1. 杖头木偶

又称托棍木偶，在木偶头部及双手部位各装操纵杆，头部为主杆，双手为侧杆，演员操纵时左手持主杆，右手持侧杆，举起木偶操纵其动作。杖头木偶遍布中国大地的南北东西。各地木偶高差很大，从 8 寸至人高不等。杖头木偶由表演者操纵一根命杆（与头相连）和两根手杆（与手相连）进行表演，有的为三根杆或“托偶”，依手杆位置有内、外操纵之分。头以木雕，内藏机关，使嘴、眼可动；命杆为木、竹制，各派长、短不同，手杆与手、肘相接。“内操纵”者多演传统戏曲剧目，宽袍大袖，便于表演戏曲程式，动作灵活，栩栩如生。“外操纵”多弯把式命杆，负担减轻，表现力增加；纸制偶头转向灵巧，便于控制，机关多样，动作丰富；因手杆在外，身体塑形自由，整体感增强，突破了传统造型的局限，更合人物与时代需要；手的材料不断更新（木—塑料—树脂），手杆逐渐由钢丝替代，“打脚”也出现了“横飞燕”、“大跳”等舞蹈动作。这对剧目的开拓、表演的发展、观众的发掘，意义重大。时至今日，杖头木偶声势依然。

2. 提线木偶

古称“悬丝傀儡”，由偶头、笼腹、四肢、提线和勾牌组成，高约两尺。偶头以樟、椴或柳木雕成，内设机关，五官表情丰富；竹制胸腹，手有文、武之分，舞枪弄棒，笔走龙蛇，把盏挥扇，妙趣横生；脚分赤、靴、旦 3 种，勾牌与关节间有长约 3 尺的提线。近年来，木偶舞台演出区域扩展，泉州木偶剧团提线表演占据整个舞台空间，提线可达 6 尺，难度大，但表现力大增。提线一般为 16 条，据木偶动作需要取舍，合阳线戏基本提线 5 条，做特技时可增加到 30 余条，演来细腻传神，技巧高超。自古及今，备受称赞。

3. 铁枝木偶

流传于粤东、闽西，据说源自皮影戏，潮汕人称“纸影戏”。偶高 1 到 1.5 尺，彩塑泥头，桐木躯干，纸手木足；操纵杆俗称“铁枝”，一主二侧，铁丝竹柄。表演者或坐或立，于偶后操纵，形象规整，结构独特。近年来，又加高了偶身，调整扦位，使其出现了新的发展。

4. 布袋木偶

又称“掌中木偶”、“手套木偶”，偶人身高 0.27 米或 0.40 米，头部中空，颈下缝合布内袋连缀四肢，外着服装，演员的手掌伸入布内袋作为偶人躯干，五指分别撑起头部及左右臂，相互协调操纵偶人做各种动作，偶人双脚可用另一手拨动，或任其自然摆动。布袋木偶以福建漳州、泉州最盛。偶高尺余，由头、中肢和服装组成。它以樟木雕头，机关控制表情和肌肉运动；手分拳、掌，食指入头颈，中指、拇指操纵双手，动作敏捷，准确丰富，构成布袋木偶的主体；有时表演者以一小竹签插入偶袖捻动，丰富了手臂动作，而且他们可以凭借精湛技艺，做出开扇、换衣、舞剑、搏杀、跃窗等高难动作，令人叫绝。布袋木偶剧目丰富，传统、现代、神话、童话，题材众多，新型工艺结构，不胜枚举。

四、皮影戏

皮影戏最早诞生在两千年前的西汉，又称羊皮戏，俗称人头戏，影子戏。发祥于中国陕西，成熟于唐宋时代的秦晋豫，极盛于清代的河北。顾名思义，皮影是采用皮革为材料制成的，出于坚固性和透明性的考虑，又以牛皮和驴皮为佳。上色时主要使用红、黄、青、绿、黑等五种纯色的透明颜料。正是由于这些特殊的材质，使得皮影人物及道具在后背光照耀下投影到布幕上的影子显得瑰丽而晶莹剔透，具有独特的美感。沿袭传统戏曲的习惯，皮影人物被划分为生、旦、净、末、丑五个类别，更加特别的是，每个人物都由头、上身、下身、两腿、两上臂、两下臂和两手十一件连缀组成，表演者通过控制人物脖领前的一根主杆和在两手端处的两根要杆来使人物做出各式各样的动作。在中国，不少地方的戏曲剧种都是从皮影戏中派生出来的，而皮影戏所用的幕影演出道理，以及表演艺术手段，对近代电影的发明和现代电影美术片的发展也起到了重要的先导作用。如今，中国皮影被世界各国的博物馆争相收藏，同时也是中国政府与其他国家领导人相互往来时的馈赠佳品，由此可见，皮影艺术在中国乃至世界上拥有很高的艺术价值。

从清人入关至清末民初，是中国皮影戏艺术的鼎盛时期。很多皮影艺人子承父业，数代相传。无论是从影人造型制作、影戏演技唱腔和流行地域上讲，都达到了历史的巅峰。当时很多官第王府豪门旺族乡绅大户，都以请名师刻制影人、蓄置精工影箱、私养影班为荣。在民间乡村城镇，大大小小的皮影戏班比比皆是，一乡一市有二三十个影班也不足为奇。无论逢年过节、喜庆丰收、祈福拜神、嫁娶宴客、添丁祝寿，都少不了搭台唱影。连本戏（连续剧）要通宵达旦或连演十天半月不止，一个庙会可出现几个影班搭台对擂唱影，热闹非凡，其盛状可想而知。

皮影制作选用年轻、毛色黑的公牛皮，这种牛皮厚薄适中，质坚而柔韧，青中透明。牛皮刮干净、晾至净亮透明时即可制作。先将样稿轻画在牛皮上，然后用各种型号的刀具或刻或凿。之后用透明水色着色，颜色一般不调和，故而纯正绚丽、对比强烈。刻凿、着色完毕后“出水”（即熨平），这是其中最关键也是最难的一关。出水后再晾干，装订组合即可上台表演。

演皮影戏的设备非常轻便，所以戏班流动演出的优势很强。不论在剧场里还是在大厅、广场、庭院以至普通室内，架起影窗布幕和灯箱就能开戏。一个戏班六、七个人和一箱影人就能演四、五十出戏。演出完毕，全部行头装箱就走，辗转十分便捷，所以皮影戏自古就是随军的一种娱乐形式，这也是其广泛流传、普及民间的原因之一。

演皮影戏的操要技巧和唱功，是皮影戏班水平高低的关键。而操要和演唱都是经师父心传口授和长期勤学苦练而成的。在演出时，艺人们都有操纵影人、乐器伴奏合道白配唱同时兼顾的本领。有的高手一人能同时操要七、八个影人。武打场面是紧锣密鼓，影人枪来剑往、上下翻腾，热闹非常。而文场的音乐与唱腔却又是音韵缭绕、优美动听，或激昂或缠绵，有喜有悲、声情并茂，动人心弦。

由于皮影戏中的车船马轿、奇妖怪兽都能上场，飞天入地、隐身变形、喷烟吐火、劈山倒海都能表现，还能配以各种皮影特技操作和声光效果，所以演出大型神话剧的奇幻场面之绝，在百戏中非皮影戏莫属。

第二节　民间游戏

一、游戏的概念

游戏是民间的一种娱乐形式，它广泛地存在于各个层面的各种人群中。游戏的参与是自愿的，但一旦加入进来，就必须受游戏规则的约束，违规者将受到惩罚。人们在游戏中获得心理上的快感。

游戏有着丰富、深刻的文化价值。这种价值首先体现在它公平的规则上。对抗性的游戏分配队员的原则是双方均等，人数、年龄、身体条件等方面都在考虑范围之内。缺乏公正的游戏是无法进行的，受到不公平对待的一方会退出游戏，从而使游戏中断。游戏所体现的自由公正对于整个人类社会具有相当深刻的文化意义。其次，异彩纷呈的游戏形式能够帮助儿童认识世界、认识社会，是儿童认识和体验社会角色的重要途径。那些模仿型的游戏，例如“过家家”、“找朋友”、“打仗”等，可以使儿童在愉快的模仿中，自觉不自觉地形成了他们对成人角色的认同以及个人的生活模式。正如约翰·赫伊哈津所说的那样：“通过游戏，人类社会表达出它对生命和世界的阐释。”再次，一些游戏具有良好的教育功能。幼儿园的老师经常通过游戏教育和培养孩子们的素养。比如“找朋友”可以培养孩子们团结协作的精神；“老鹰抓小鸡”可以培养孩子们相互友爱、保护弱小的精神。

二、民间游戏的概念

民间游戏是指那些在广大民众当中广泛流行，并且成为代代传承的文化传统游戏。民间游戏是现实生活中长期存在的游戏，个人只是被动地接受传统的游戏规则，从而使民间游戏传统得到继续，对于早已存在的民间游戏传统个人不可能产生什么影响。因此，民间游戏的传统力量是非常大的。

民间游戏的传播不是靠文字，也不是靠口头传授，而是靠参加游戏的人通过模仿其他人的行动，通过他人的现场提醒，通过不断的失败迅速理解了游戏的规则，并掌握了在游戏中取胜的方法得以继承的。

娱乐是民间游戏的唯一目的。虽然游戏具备一定的教育功能，但参加游戏的人可不是抱着受教育的目的去参加游戏的，他们参加游戏的目的只有一个，就是享受快乐。小孩子玩游戏是“玩儿”，成人玩游戏也是“玩儿”，在“玩儿”当中，身心得到放松，一天工作所带来的疲劳在“玩儿”中不知不觉地消失。民间游戏的娱乐性能使人们紧张的心情得到缓解，使人们的剩余精力得到发泄，从而促进生理健康和心理健康。

民间游戏具有锻炼身体、培养智力、提高能力的作用。民间游戏中对抗性激烈、运动量巨大的游戏种类对身体的锻炼是不言而喻的，即使是那些运动量不大的游戏也同样具有锻炼身体的价值。智力型游戏可以培养人的智力，一般的身体活动游戏也包含着对于智力的竞赛。像理解规则和合理利用规则取胜也都需要一定的智力。游戏往往包含着对于身体技能的要求。跑、跳、单脚跳、爬高、保持平衡等诸方面的能力无疑都是游戏参加者所必须具备的，否则就会在游戏中失败，同时这些技能在游戏的过程中又得到进一步的提高。

三、民间游戏的类型

民间游戏可以分为儿童游戏和成人游戏，一般介绍游戏的文章和著作主要是介绍儿童游戏，而游客基本上是成年人，导游带领游客参加的也主要是成人的游戏。因而本书也主要介绍各民族的成人类游戏。成人游戏有的是体育比赛性质的，有的是舞蹈表演性质的，既娱人也自娱。

1. 舞狮

每逢元宵佳节或集会庆典，民间都以狮舞前来助兴。这一习俗起源于三国时期，南北朝时开始流行，至今已有一千多年的历史。

舞狮是中国与西域之间文化交流的产物。早在1900年前，波斯通过了丝绸之路同中国进行了双方的商业贸易，同时也促进了两国之间的文化交流。波斯使者还把狮子等动物运到中国，当时中国中原地带不产狮子，但随着接下来的古代中国与西亚、印度等国之间进行友好交往，更多的狮子来到了中国境内。

狮子体型威武，被誉为百兽之王，而中国一般不受狮患所害，因此民间对狮子有了亲切感，把它当成威勇与吉祥的象征，并希望用狮子威猛的形象驱魔赶邪，造成狮形以镇压或以示威武。

中国社会历来以农为本，配合节气变更与农事生活、各种节日或迎神喜典应运而生，在这些节庆中，人们为了所求生活平安详宁，以神或瑞兽来驱鬼娱神演变下来，这种形式便渐渐具有娱乐民间的意义。随着人们对狮子的喜爱，就不满足于立门墩、屋檐、石栏、印章、年画上静止的狮子艺术形象，他们要让狮子活起来，于是他们便创造了模拟狮子行为的舞蹈，再加以改进和发展成为中华民族的一门独特艺术。

今天的舞狮主要分南狮、北狮两种。最初北狮在长江以北较为流行；而南狮则是流行于华南，南洋及海外。近年亦有将二者融合的舞法，主要是用南狮的狮子，北狮的步法，称为“南狮北舞”。

（1）北狮。北狮的造型酷似真狮，狮头较为简单，全身披金黄色毛。舞狮者（一般二人舞一头）的裤子、鞋都会披上毛，未舞看起来已经是惟妙惟肖的狮子。狮头上有红结者为雄狮，有绿结者为雌狮。北狮表现灵活的动作，与南狮着重威猛不同。舞动则是以扑、跌、翻、滚、跳跃、擦痒等动作为主。

北狮一般是雌雄成对出现；由装扮成武士的主人前领。有时一对北狮会配一对小北狮，小狮戏弄大狮，大狮弄儿为乐，尽显天伦。北狮表演较为接近杂耍。配乐方面，以京钹、京锣、京鼓为主。

（2）南狮。南狮又称醒狮，造型较为威猛，舞动时注重马步。南狮主要是靠舞者的动作表现出威猛的狮子形态，一般只会二人舞一头。狮头以戏曲面谱作鉴，色彩艳丽，制造考究；眼帘、嘴都可动。严格来说，南狮的狮头不太像是狮子头，有人甚至认为南狮较为接近年兽。南狮的狮头还有一只角，传闻以前会用铁做，以应付舞狮时经常出现的武斗。传统上，南狮狮头有“刘备”、“关羽”、“张飞”之分。三种狮头，不单颜色、装饰不同，舞法亦根据三个古人的性格而异。

南狮的舞动造型很多，有起势、常态、奋起、疑进、抓痒、迎宝、施礼、惊跃、审视、酣睡、出洞、发威、过山、上楼台等；舞者透过不同的马步，配合狮头动作把各种造型抽象地表现出来。故此南狮讲究的是意在和神似。舞南狮时会配以大锣、大鼓、大钹。狮的舞动要配合音乐的节奏。舞南狮有时还会有一人扮作“大头佛”，手执葵扇带领。

舞狮之前通常还会举行“点睛”仪式。仪式由主礼嘉宾进行，把朱砂涂在狮的眼睛上，象征给予生命。

2. 赛龙舟

赛龙舟，是端午节的主要习俗。相传起源于古时楚国人因舍不得贤臣屈原投江死去，许多人划船追赶拯救。他们争先恐后，追至洞庭湖时不见踪迹。之后每年五月五日划龙舟以纪念之。借划龙舟驱散江中之鱼，以免鱼吃掉屈原的身体。竞渡之习，盛行于吴、越、楚。

其实，“龙舟竞渡”早在战国时代就有了。在急鼓声中划刻成龙形的独木舟，做竞渡游戏，以娱神与乐人，是祭仪中半宗教性、半娱乐性的节目。后来，赛龙舟除纪念屈原之外，在各地人们还赋予了其不同的寓意。

龙船竞渡前，先要请龙、祭神。广东龙舟是祭南海神庙中的南海神；闽、台则往妈祖庙祭拜。有的直接在河边祭龙头，杀鸡滴血于龙头之上，如四川、贵州等个别地区。

湖南汨罗县，竞渡前必先往屈子祠朝庙，将龙头供在祠中神翁祭拜，披红布于龙头上，再安龙头于船上竞渡，既拜龙神，又纪念屈原。在湖北的屈原家乡秭归，也有祭拜屈原的仪式流传。两湖地区，祭屈原与赛龙舟是紧密相关的。可能屈原逝去后，当地人民也曾用魂舟送其灵魂归葬，故有此俗。

浙江地区，是以龙舟竞渡纪念曹娥，民间传说曹娥下江寻找父尸，浙江地区多祭祀之；江苏一带的龙舟竞渡，是纪念伍子胥；广西是纪念马援；福州是纪念阎王王审知。

各种祭祀、纪念之仪式，无非是点香烛、烧纸钱，供以鸡、米、肉、供果、粽子等。如今这些含有迷信色彩的仪式已很少见，但在过去，人们祭祀龙神庙时气氛很严肃，多祈求农业丰收、风调雨顺、去邪祟、攘灾异、事事如意，也保佑划船平安。用人们的话说，“图个吉利”，这表达了人们内心美好的愿望。

正式竞渡开始时，气氛十分热烈。唐代诗人张建封《竞渡歌》中描述：“两岸罗衣扑鼻香，银钗照日如霜刃。鼓声三下红旗开，两龙跃出浮水来。棹影斡波飞万剑，鼓声劈浪鸣千雷。鼓声渐急标将近，两龙望标且如瞬。坡上人呼霹雷惊，竿头彩挂虹霓晕。前船抢水已得标，后船失势空挥挠。”这些诗句淋漓尽致地写出了龙舟竞渡的壮景。妇女们平时是不出门的，如今也争着来看龙船，银钗耀日；鼓声、红旗指挥下的龙舟飞驰而来，棹如飞剑，鼓声如雷；终点插着锦绮彩竿，作为标志。近代的龙舟比赛也大抵相同，不过规程稍严格一些。近年来，国内外都出现了国际龙舟比赛，吸引了各国健儿。

除了比赛速度外，划龙舟还有其他一些玩法。比如龙舟游乡，是指在龙舟竞渡时划着龙舟到附近熟悉的村庄游玩、集会。有时龙舟还有各种花样的划法，具有表演的含义。如广州划龙舟，划舟者将桨叶插入水中，再往上挑，使水花飞溅；船头船尾的人则有节奏地顿足压船，使龙舟起伏如游龙戏水一般。浙江余杭县划龙舟，有时让人把龙尾踩低，使龙头高翘，船头的急浪便从龙嘴中喷吐出来，如龙吞云吐雨一般。

3. 耍龙灯

“耍龙灯”也叫“舞龙”，又称“龙灯舞”，是流行于我国的一种民间舞蹈。

在古代，人们把“龙”作为吉祥的化身，代表着风调雨顺的愿望，因此，用舞龙祈祷神龙的保佑，以求风调雨顺，四季丰收。人们舞起用竹、铁结扎，外用绸缎或布匹制作的彩龙取乐，表现欢快的心情，经过民间艺人不断加工制造，到现在“耍龙灯”已发展成为一种形式完美、具有相当表演技巧和带有浪漫主义色彩的民间舞蹈艺术，深为广大群众所喜闻乐见。

“耍龙灯”的表演，有“单龙戏珠”与“双龙戏珠”两种。龙身由许多节组成，每节间距约五尺左右，第一节称一档。组成龙身的“节”，一般都是单数（如九节、十一节和十三节等)。龙头部分轻重也不同，一般重量约三十多斤。龙珠内点蜡烛的称“龙灯”，不点的称“布龙”。

在耍法上，各地风格不一，各具特色。耍九节的主要侧重于花样技巧，较常见的动作有：蛟龙漫游、龙头钻裆子（穿花)，头尾齐钻，龙摆尾和蛇退皮等。耍龙时，不论表演哪种花样动作，表演者都得用碎步起跑。耍十一、十三节龙的，主要表演蛟龙的动作，就是巨龙追捕着红色的宝珠飞腾跳跃，忽而高耸，似飞冲云端；忽而低下，像入海破浪，蜿蜒腾挪，煞是好看。

农村耍龙灯还有个习惯，就是不仅在本村耍，还到外村表演，到镇上或城市宽阔的街头、广场去“赛演”。每当新春至元宵节期间，在此起彼落的锣鼓声、鞭炮声中，各个民间“舞龙”队大显身手，引得万人空巷。

4. 踩高跷

踩高跷俗称缚柴脚，亦称“高跷”、“踏高跷”、“扎高脚”、“走高腿”。是民间节日在广场玩耍的一种游戏。玩耍者脚上绑着长木跷进行表演，技艺性强，形式活泼多样，由于玩耍者踩跷后比一般人高，便于远近观赏，因此深受群众喜爱。

高跷，所用的材料多为木质，表演有双跷、单跷之分。双跷多绑扎在小腿上，以便展示技艺；单跷则以双手持木跷的顶端，便于上下，动态风趣。其表演又有“文跷”、“武跷”之分，文跷重扮相与扭逗，武跷则强调个人技巧与绝招，各地高跷，都已形成鲜明的地域风格与民族色彩。

山东高跷常叠起三层（二三层无跷）扮演戏曲人物，上层人踩在下层人的肩上照常行进。

京津一带的高跷，玩耍者常表演“单脚跳”、“劈叉”、“过障碍”等高难技巧；有的则用单脚表演从四张高桌上一跃而下等绝技。

东北盛行高跷，并以“辽南高跷”最负盛名，其形式完整，表演规范，开始时先要“搭象”（叠起两层的造型）唱秧歌，寓意“太平有象”，既而跑大场变换队形图案，然后分组表演双人对舞、“扑蝴蝶”、“渔翁钓鱼”以及扮演民间小戏等。

少数民族的高跷，玩耍者均着本民族的服饰，表演别具一格。例如：布依族既有双跷又有单跷（亦称独木跷），两手都持跷端，制作方便，其独木跷尤为儿童所喜爱；白族的“高跷耍马”，玩耍者踩着木跷，身着马形道具表演；维吾尔族“双人高跷”，则把民间对舞融入其中，令人耳目一新。

5. 放风筝

风筝源于春秋时代，至今已有两千余年。相传“墨子为木鸢，三年而成，飞一日而败。”这是说墨子研究试制了三年，终于用木板制成了一只木鸟，但只飞了一天就坏了。墨子制造的这只“木鹞”（或“木鸢”）就是中国最早的风筝，也是世界上最早的风筝。到南北朝，风筝开始成为传递信息的工具。隋唐由于造纸业的发达，民间开始用纸来裱糊风筝。到了宋代，放风筝成为人们喜爱的户外活动。宋人周密的《武林旧事》写道：“清明时节，人们到郊外放风鸢，日暮方归。”“鸢”就指风筝。北宋张择端的《清明上河图》，宋苏汉臣的《百子图》里都有放风筝的生动景象。

据古书记载：“五代李郑于宫中作纸鸢，引线乘风为戏，后于鸢首以竹为笛，使风入竹，声如筝鸣，故名风筝。”故而不能发出声音的叫“纸鸢”，能发出声音的叫“风筝”。

最早的风筝并不是玩具，而是用于军事、通信上的一种工具。《鸿书》上说：“公输班制木鸢以窥宋城。”楚汉相争，韩信曾令人制作大型风筝，并装置竹哨弓弦，于夜间漂浮楚营，使其发出奇怪声音，以瓦解楚军士气。南北朝梁武帝时，侯景围台城，简文尝作纸鸢，飞空告急于外，结果被射落而败，台城沦陷。

唐宋以后风筝渐转化为娱乐用途，开始只在宫廷中放风筝，后来又慢慢流传到民间，百姓在清明节时，将风筝放得高而远，然后将线割断，让风筝带走一年所积之霉气。

现在的风筝无论是制作形式，还是玩法都有了很大的发展。风筝制作最为精致的当数开封，开封风筝大体可分为 6 类。①硬翅类风筝：如大脚燕、蝉等；②软翅类风筝：如鹰、蝴蝶等；③串类风筝：如串雁、巨龙等；④桶形类风筝（或称立体风筝）：如龙亭、火箭等；⑤板子类风筝：如七星、八卦等；⑥无骨架类风筝。其中以龙亭风筝和巨龙风筝最有名气。“巨龙飞腾”大型风筝长 200 余米，头部重 20 千克，腾空后，气势恢弘，动人心魄。近年开封又开发出精美的微型风筝，娇小精美，可放于掌上，令人爱不释手，可收藏，还可放飞。开封风筝已成为中外风筝爱好者收藏欣赏的佳品。四月春风放风筝，是开封市民家家户户都很喜爱的活动。在田野郊外放风筝可以呼吸新鲜空气，锻炼身体，陶冶情操，增强体质，使得我们身体更健康，心情更愉悦。

6. 摔跤

在原始社会，人们为了求得生存，在与自然界的斗争中，在部落之间的冲突中，利用自己的力量、技巧取得食物和进行自卫，从而产生了古代的摔跤。摔跤被普遍认为是世界上历史最悠久的游戏。

蒙古族的“那达慕”是摔跤的盛会。“慕”是蒙语的译音，意为“娱乐、游戏”。蒙古语称摔跤为“博克巴依勒德呼”，称摔跤手为“博克庆”。蒙古族的摔跤有其独特的服装、规则和方法，因此也叫蒙古式摔跤。

摔跤手要身着摔跤服“昭德格”。其坎肩多用香牛皮或鹿皮、驼皮制作，皮坎肩上有镶包，亦称泡钉，以铜或银制作，便于对方抓紧。最引人注目的是，摔跤手的皮坎肩的中央部分饰有精美的图案，图案呈龙形、鸟形、花蔓形、怪兽形，给人以古朴庄重之感，摔跤手身着的套裤用十五、六尺长的白绸子或各色绸料做成，宽大多褶，裤套前面双膝部位绣有别致的图案，呈孔雀羽形、火形、吉祥图形，底色鲜艳，图呈五彩。其足蹬马靴，腰缠一宽皮带或绸腰带，著名摔跤手的脖子上还缀有各色彩条——“江嘎”，这是摔跤手在比赛时获奖的标志。

蒙古族的摔跤有其特点：按蒙古族传统习俗，摔跤运动员不受地区、体重的限制，采用淘汰制，一跤定胜负。参加比赛的摔跤手必须是 2 的乘方数，如 8、16、32、64、128、256、512、1024 等。比赛前先推一位族中的长者对参赛运动员进行编排和配对，蒙古长调“摔跤手歌”唱过 3 遍之后，摔跤手挥舞双臂、跳着鹰舞入场，向主席台行礼，顺时针旋转一圈，然后由裁判员发令，比赛双方握手致意后比赛开始。

摔跤技巧很多，可以用捉、拉、扯、推、压等十三个基本技巧演变出一百多个动作。可互捉对方肩膀，也可互相搂腰，还可以钻入对方的腋下进攻，可抓摔跤衣、腰带、裤带等。蒙古族摔跤的最大特点是不许抱腿。其规则还有不准打脸；不准突然从后背把人拉倒，触及眼睛和耳朵；不许拉头发、踢肚子或膝部以上的任何部位等。

《宦海沉浮录》云："布裤者，专诸角力，胜败以仆地为定。"摔跤选手膝盖以上任何部位着地者为负。

民间游戏是民俗旅游的一大看点，导游应当了解旅游地区都有些什么游戏，这些游戏主要在什么时候开展，怎么玩，有些什么规则等。导游既要会解说游戏，又要能带领游客参与游戏。

第三节　节日习俗

节日习俗是一种综合性的民俗文化，它包含着饮食、服饰、礼仪、禁忌等各方面的文化，从节日喜庆的角度出发，我们把它归于娱乐文化，有关节日饮食、服饰、礼仪、禁忌等方面的习俗在相关章节已有介绍，本节着重于娱乐方面的介绍。

一、节日习俗的特征

1. 周期性

"年年岁岁花相似，岁岁年年人不同。"节日是以年为一个轮回，周而复始，年复一年地进行的，其习俗也相应地周而复始地演绎着它的喜庆。中国最早的由"二十四节气"形成的重要节日有八个，即：立春、立夏、立秋、立冬、春分、夏至、秋分、冬至。这八个节日，恰好周期性地分布在春夏秋冬的四时季节之中。年节对联中的"四时吉庆"、"八节平安"等语，即将传统节日的周期性准确无误地展示出来了。

2. 民族性

中国的五十六个民族都有自己的传统节日，并且形成了独具民族特色的节日习俗。与此相应，由于各民族文化发展的差异以及自成的序列，即使是各民族共同拥有的节日（如春节），其节日内容与形式也都各呈各式，异彩纷呈，尽情地展现出各自的文化风貌。

3. 群众性

节日是全民性的，因而节日的各种习俗也是全民参与的。这种参与形式多种多样，有以家庭为单位参与的，例如春节的守岁；有以小集体的形式参与的，例如社日踏青，重阳登高；有大规模广泛参与的，例如元宵的灯会、舞狮、耍龙灯等。一项习俗如果离开了广大民众的参与也就没有生命而成为历史了，所以节日习俗是根植于群众的。

4. 地域性

俗话说“百里不同风，千里不同俗。”我国地域辽阔，从南到北，从东到西，地理环境、气候条件差异很大，我国民族众多，各民族的社会背景、文化渊源也各不相同，节庆习俗也呈现出鲜明的地域特征。比如同是春节，北方流行吃饺子，南方则是大鱼大肉；同是端午节，南方水乡有龙舟竞赛，北方平原则只有粽子飘香等。

二、节日习俗介绍

我国各民族的节日很多，习俗各异，这里只介绍传统节日的习俗。少数民族的节日习俗是导游专业需要掌握的主要内容，将作重点介绍。

1. 春节

中国农历年的岁首称为春节。是汉族和许多少数民族的共同节日，是中国人民最隆重的传统节日，也是象征着团结、兴旺，对未来寄托新的希望的佳节。

春节的习俗要从腊月迎春开始。主要有：

扫尘　民谚说，腊月二十四，掸尘扫房子。北方叫扫房，南方叫掸尘。室内屋外，房间屋后，彻底进行打扫，衣被用具，洗刷一新，干干净净地迎新春。

门画　据《山海经》记载，唐太宗李世民生病时，梦里常听到鬼哭神嚎之声，以致夜不成眠。这时，大将秦叔宝、尉迟恭二人自告奋勇，全身披挂地站立于宫门两侧，结果宫中果然平安无事，李世民认为两位大将太辛苦了，心中过意不去，遂命画工将他俩人的威武形象绘之在宫门上，称为“门神”。东汉蔡邕《独断》记载，汉代民间已有在门上贴“神荼”、“郁垒”神像的习俗，到宋代演变为木版年画。后来，民间争相仿效，几经演变，形成了自己的独特风格，便是现在的年画了。中国现存最早的年画是宋版《隋朝窈窕呈倾国之芳容图》。

春联　春联是从两千多年前战国时期的“桃梗”演变而来的。《淮南子》上说，桃符（即桃梗）是桃木刻成的。上面刻着灭灾降福的咒语，一年一换。五代后蜀皇帝孟昶在过春节时心血来潮，令人将桃树削片，他提笔在上面题写了联句：“新年纳余庆，佳节号长春”，这就是中国最早的春联了。至于春联这一名称的正式诞生，则在明朝。明朝开国皇帝朱元璋建都金陵后，曾在除夕时下旨：“公卿士庶之家，须写春联一副，以缀新年。”以后，春联得以推广，沿袭至今，过年时，各家各户都要贴春联。

守岁　除夕之夜，全家团聚，吃过年夜饭，围炉闲聊，辞旧迎新，这是我国普遍存在的除夕守岁习俗。

据史料记载，这种习俗最早起源于南北朝。“是夜，禁中爆竹山呼，声闻于外，士庶之家，围炉团坐，达旦不寐。”以后逐渐盛行，到唐朝初期，唐太宗李世民写有“守岁”诗：“寒辞去冬雪，暖带入春风。”

古时，守岁也叫“照虚耗”，人们点起蜡烛或油灯，通宵守夜，象征着把一切邪瘟病疫照跑驱走，期待着新的一年吉祥如意。这种风俗流传至今。

直到今天，我国人民还习惯在除夕之夜守岁，屋外时鸣鞭炮，室内一家人围炉团坐或者看电视，笑语连连。

爆竹　春节燃放爆竹之俗始于汉代。据南梁人宗懔撰写的《荆梦岁时记》记载："正月一日……鸡鸣而起，先于庭前爆竹以辟山妖恶鬼。"古时放爆竹，是将竹子放进火内燃烧，由于竹内空气受热膨胀，便发出"噼噼啪啪"的响声，人们以此避邪驱鬼，祈盼来年吉祥幸福。到了唐宋以后，人们又发明了用火药制成的鞭炮。

拜年　据明朝陆容《菽园杂记》记载，拜年习俗最早流行于明朝京都。朝官往来，不管认识与否都要互拜，百姓则各拜亲友。清代时兴在春节时送"拜盒"，即将贺年帖放在精致美观的饰盒里送给亲友，以示庄重。今日中国民间，"拜年"已成为一种传统习俗，至亲好友和同事之间都会走家串户、登门拜年，互致问候。

2. 元宵节

元宵节是中国的传统节日，所以全国各地都过，大部分地区的习俗是差不多的，但各地也还是有自己的特点。

吃元宵　正月十五吃元宵，元宵作为食品，在我国也由来已久。宋代，民间即流行一种元宵节吃的新奇食品。这种食品，最早叫浮元子，后称元宵，生意人还美其名曰"元宝"。元宵即"汤圆"，以白糖、玫瑰、芝麻、豆沙、黄桂、核桃仁、果仁、枣泥等为馅，用糯米粉包成圆形，可荤可素，风味各异。可汤煮、油炸、蒸食，有团圆美满之意。陕西的汤圆不是包的，而是在糯米粉中"滚"成的，或煮食或油炸，象征生活热热火火，团团圆圆。

观灯　汉明帝永平年间（公元 58—75 年），因明帝提倡佛法，适逢蔡愔从印度求得佛法归来，称印度摩羯陀国每逢正月十五，僧众云集瞻仰佛舍利，是参佛的吉日良辰。汉明帝为了弘扬佛法，下令正月十五夜在宫中和寺院"燃灯表佛"。此后，元宵放灯的习俗就由原来只在宫廷中举行而流传到民间。即每到正月十五，无论士族还是庶民都要挂灯，城乡通宵灯火辉煌。

元宵放灯的习俗，在唐代发展成为盛况空前的灯市，当时的京城长安已是拥有百万人口的世界最大都市，社会富庶。在皇帝的亲自倡导下，元宵灯节办得越来越豪华。中唐以后，已发展成为全民性的狂欢节。唐玄宗时的开元盛世（公元 713—741 年），长安的灯市规模很大，燃灯五万盏，花灯花样繁多，皇帝命人做巨型的灯楼，广达 20 间，高 150 尺，金光璀璨，极为壮观。

宋代，元宵灯会无论在规模和灯饰的奇幻精美都胜过唐代，而且活动更为民间化，民族特色更强。以后历代的元宵灯会不断发展，灯节的时间也越来越长，唐代的灯会是"上元前后各一日"，宋代又在十六之后加了两日，明代则延长到由初八到十八整整十天。

到了清代，满族入主中原，宫廷不再办灯会，民间的灯会却仍然壮观。日期缩短为五天，一直延续到今天。

灯在台湾民间具有光明与添丁的含义，点燃灯火有照亮前程之意，且台语灯与丁谐音代表生男孩，因此往昔元宵节妇女都会刻意在灯下游走，希望“钻灯脚生卵葩”(钻到灯下游走，好生男孩)。

猜灯谜　元宵节要挂起彩灯，燃放焰火，后来有好事者把谜语写在纸条上，贴在五光十色的彩灯上供人猜。因为谜语能启迪智慧又迎合节日气氛，所以响应的人众多，而后猜谜逐渐成为元宵节不可缺少的节目。关于猜灯谜有一个有趣的传说：

相传很久以前，有个财主，人称笑面虎。他见了衣着体面的人，就拼命巴结；见了粗衣烂衫的穷人，就吹胡子瞪眼。有个叫王少的青年，曾因衣服穿得破烂，一次去借粮时，被他赶出大门。王少回去后越想越气，于元宵之夜，扎了一顶大花灯，来到笑面虎家门前。这大花灯上题着一首诗。笑面虎上前观看，只见上面写着：

头尖身细白如银，
称称没有半毫分。
眼睛长到屁股上，
光认衣裳不认人。

笑面虎看罢，气得面红耳赤，暴跳如雷，嚷道：“好小子，胆敢来骂老爷。”便命家丁去抢花灯，王少忙挑起花灯，笑嘻嘻地说：“哎，老爷莫犯猜疑，我这四句诗是个谜，谜底就是‘针’，你想想是不是？这‘针’怎么是对你的呢？莫非是‘针’对你说的，不然你又怎么知道说的是你呢?”笑面虎一想，可不是，只好气得干瞪眼，灰溜溜走了，周围的人都乐得哈哈大笑。这事传开后，越传越远。第二年元宵，人们纷纷仿效，将谜语写在花灯上，供人猜射取乐。所以就叫“灯谜”。以后相沿成习，猜灯谜、打灯虎成了元宵佳节的重要活动内容。

春灯谜语，虽属艺文小道，然上自天文，下至地理，经史辞赋，现代知识，包罗万象，非有一定文化素养，不易猜射；而其奥妙诙奇，足以抒怀遣兴，锻炼思维，启发性灵，是一种益智的娱乐活动。

3. 清明节

清明节古时也叫三月节，在公历四月五日前后，是二十四节气之一。在二十四个节气中，既是节气又是节日的只有清明。

扫墓　清明节是我国传统节日，也是最重要的祭祀节日，是祭祖和扫墓的日子。扫墓俗称上坟，是祭祀死者的一种活动。汉族和一些少数民族大多都是在清明节扫墓。按照旧的习俗，扫墓时，人们要携带酒食果品、纸钱等物品到墓地，将食物供祭在亲人墓前，再将纸钱焚化，为坟墓培上新土，折几枝嫩绿的新枝插在坟上，然后叩头行礼祭拜，最后吃掉酒食回家。唐代诗人杜牧的诗《清明》：“清明时节雨纷纷，路上行人欲断魂。借问酒家何处有？牧童遥指杏花村。”写出了清明节的特殊气氛。直到今天，清明节祭拜祖先，悼念已逝的亲人的习俗仍很盛行。

荡秋千　这是我国古代清明节习俗。秋千，意即揪着皮绳而迁移。它的历史很古老，最早叫千秋，后为了避忌讳，改为秋千。古时的秋千多用树桠枝为架，再拴上彩带做成。后来逐步发展为用两根绳索加上踏板的秋千。打秋千不仅可以增进健康，而且可以培养勇敢精神，至今为人们特别是儿童所喜爱。

蹴鞠　鞠是一种皮球，球皮用皮革做成，球内用毛塞紧。蹴鞠，就是用足去踢球。这是古代清明节时人们喜爱的一种游戏。相传是黄帝发明的，最初目的是用来训练武士。

踏青　又叫春游。古时叫探春、寻春等。三月清明，春回大地，自然界到处呈现一派生机勃勃的景象，正是郊游的大好时光。我国民间长期保持着清明踏青的习惯。

植树　清明前后，春阳照临，春雨飞洒，种植树苗成活率高，成长快。因此，自古以来，我国就有清明植树的习惯。有人还把清明节叫做“植树节”。植树风俗一直流传至今。1979 年，人大常委会规定，每年三月十二日为我国植树节。这对动员全国各族人民积极开展绿化祖国活动，有着十分重要的意义。

放风筝　也是清明时节人们所喜爱的活动。每逢清明时节，人们不仅白天放，夜间也放。夜里在风筝下或风筝拉线上挂上一串串彩色的小灯笼，像闪烁的明星，被称为“神灯”。过去，有的人把风筝放上蓝天后，便剪断牵线，任凭清风把它们送往天涯海角，据说这样能除病消灾，给自己带来好运。

插柳　中国人以清明、七月半和十月朔为三大鬼节，是百鬼出没讨索之时。人们为防止鬼的侵扰迫害，而插柳戴柳。柳在人们的心目中有辟邪的功用。受佛教的影响，人们认为柳可以驱鬼，而称之为“鬼怖木”，观世音以柳枝沾水济度众生。北魏贾思勰《齐民要术》里说：“取柳枝著户上，百鬼不入家。”清明即是鬼节，值此柳条发芽时节，人们自然纷纷插柳戴柳以辟邪。俗话说：“有心栽花花不发，无心插柳柳成荫。”柳树有强大的生命力，柳条插土就活，插到哪里，活到哪里，年年插柳，处处成荫。

4. 端午节

端午节，每年的农历五月初五，本名端五节，又叫端阳节、重五节、重午节、天中节、天长节，“端”是“开端”、“初”的意思。初五可以称为端五。农历以地支纪月，正月建寅，二月为卯，依次类推五月为午，五月初五就叫做端午。从史籍上看，“端午”一词最早见于晋代周处《风土记》：“仲夏端午，烹鹜角黍”。到了唐代，因唐玄宗八月五日生，宋景为了讨好皇帝，避“五”字的讳，将“端五”正式改为“端午”。

赛龙舟 赛龙舟，是端午节的主要习俗。相传古时楚国人因舍不得贤臣屈原投江死去，许多人划船追赶拯救。他们争先恐后，追至洞庭湖时不见踪迹。之后每年五月五日人们便划龙舟以纪念之。

食粽 端午节吃粽子，这是中国人民的又一传统习俗。粽子，又叫“角黍”、“筒粽”，由来已久，花样繁多。每年五月初，中国百姓家家都要浸糯米、洗粽叶、包粽子，其花色品种更为繁多。从馅料看，北方多包小枣；南方则有豆沙、鲜肉、火腿、蛋黄等多种馅料，其中以浙江嘉兴粽子为代表。吃粽子的风俗，千百年来，在中国盛行不衰，而且流传到朝鲜、日本及东南亚诸国。

佩香囊 端午节小孩佩香囊，传说有避邪驱瘟之意，实际是用于襟头点缀装饰。香囊内有朱砂、雄黄、香药，外包以丝布，清香四溢，再以五色丝线弦扣成索，作各种不同形状，结成一串，形形色色，玲珑可爱。

悬艾叶菖蒲 民谚说：“清明插柳，端午插艾”。在端午节，人们把插艾和菖蒲作为重要习俗之一。家家都洒扫庭除，以菖蒲、艾条插于门楣，悬于堂中。并用菖蒲、艾叶、榴花、蒜头、龙船花，制成人形或虎形，称为艾人、艾虎；制成花环、佩饰，美丽芬芳，妇人争相佩戴，用以驱瘴。

5. 中秋节

每年农历八月十五日，是传统的中秋佳节。这时是一年秋季的中期，所以被称为中秋。在中国的农历里，一年分为四季，每季又分为孟、仲、季三个部分，因而中秋也称仲秋。八月十五的月亮比其他几个月的满月更圆、更明亮，所以又叫做“月夕”、“八月节”。此夜，人们仰望天空如玉如盘的朗朗明月，自然会期盼家人团聚。远在他乡的游子，也借此寄托自己对故乡和亲人的思念之情。所以，中秋又称“团圆节”。

赏月 在唐代，中秋赏月、玩月颇为盛行。在宋代，中秋赏月之风更盛，据《东京梦华录》记载：“中秋夜，贵家结饰台榭，民间争占酒楼玩月”。每逢这一日，京城的所有店家、酒楼都要重新装饰门面，牌楼上扎绸挂彩，出售新鲜佳果和精制食品，夜市热闹非凡，百姓们多登上楼台，一些富户人家在自己的楼台亭阁上赏月，并摆上食品或安排家宴，一家团圆，共同赏月叙谈。

明清以后，中秋节赏月风俗依旧，许多地方形成了烧斗香、树中秋、点塔灯、放天灯、走月亮、舞火龙等特殊风俗。

吃月饼 我国城乡群众过中秋都有吃月饼的习俗，俗话中有：“八月十五月正圆，中秋月饼香又甜”。月饼最初是用来祭奉月神的祭品，“月饼”一词，最早见于南宋吴自牧的《梦粱录》中，那时，它也只是像菱花饼一样的饼形食品。后来人们逐渐把中秋赏月与品尝月饼结合在一起，寓意家人团圆。

月饼最初是在家庭制作的，清袁枚在《随园食单》中就记载有月饼的做法。到了近代，有了专门制作月饼的作坊，月饼的制作越来越精细，馅料考究，外型美观，在月饼的外面还印有各种精美的图案，如“嫦娥奔月”、“银河夜月”、“三潭印月”等。以月之圆兆人之团圆，以饼之圆兆人之常生，用月饼寄托思念故乡，思念亲人之情，祈盼丰收、幸福，都成为天下人们的心愿，月饼还被用来当做礼品送亲赠友，联络感情。

燃灯　中秋之夜，天清如水，月明如镜，可谓良辰美景，然而对此人们并未满足，于是便有燃灯以助月色的风俗。在湖广一带有用瓦片叠塔于塔上燃灯的节俗。在江南一带则有制灯船的节俗。在近代中秋燃灯之俗更盛。今人周云锦、何湘妃《闲情试说时节事》一文说：“广东张灯最盛，各家于节前十几天，就用竹条扎灯笼。作果品、鸟兽、鱼虫形及‘庆贺中秋’等字样，上糊色纸绘各种颜色。中秋夜灯内燃烛用绳系于竹竿上，高树于瓦檐或露台上，或用小灯砌成字形或种种形状，挂于家屋高处，俗称‘树中秋’或‘竖中秋’。富贵之家所悬之灯，高可数丈，家人聚于灯下欢饮为乐，平常百姓则竖一旗竿，两只灯笼，也自取其乐。满城灯火不啻琉璃世界。”看来从古至今中秋燃灯之俗其规模似乎仅次于元宵灯节。

中国地缘广大，人口众多，风俗各异，中秋节的过法也是多种多样，并带有浓厚的地方特色。比如江浙一带有观潮的习俗，北京有玩兔儿爷的习俗等。

6. 重阳节

农历九月九日，为传统的重阳节。因为古老的《易经》中把“六”定为阴数，把“九”定为阳数，九月九日，日月并阳，两九相重，故而叫重阳，也叫重九。九九重阳，因为与“久久”同音，九在数字中又是最大数，有长久长寿的含意，况且秋季也是一年收获的黄金季节，重阳佳节，寓意深远，古人认为是个值得庆贺的吉利日子。人们对此节历来有着特殊的感情，唐诗宋词中有不少贺重阳，咏菊花的诗词佳作。

庆祝重阳节的活动多彩浪漫，一般包括出游赏景、登高远眺、观赏菊花、遍插茱萸、吃重阳糕、饮菊花酒等。

登高　在古代，民间在重阳有登高的风俗，故重阳节又叫“登高节”。相传此风俗始于东汉。唐代文人所写的登高诗很多，大多是写重阳节的习俗；杜甫的七律《登高》，就是写重阳登高的名篇。登高所到之处，没有统一的规定，一般是登高山、登高塔。

吃重阳糕　据史料记载，重阳糕又称花糕、菊糕、五色糕，制无定法，较为随意。九月九日天明时，以片糕搭儿女头额，口中念念有词，祝愿子女百事俱高，乃古人九月作糕的本意。讲究的重阳糕要作成九层，像座宝塔，上面还作两只小羊，以符合重阳（羊）之义。有的还在重阳糕上插一小红纸旗，并点蜡烛灯。这大概是用“点灯”、“吃糕”代替“登高”的意思，用小红纸旗代替茱萸。当今的重阳糕，仍无固定品种，各地在重阳节吃的松软糕类都称之为重阳糕。

赏菊并饮菊花酒　重阳节正是一年的金秋时节，菊花盛开，据传赏菊及饮菊花酒，起源于晋朝大诗人陶渊明。陶渊明以隐居出名，以诗出名，以酒出名，也以爱菊出名；后人效之，遂有重阳赏菊之俗。旧时文人士大夫，还将赏菊与宴饮结合，以求和陶渊明更接近。北宋京师开封，重阳赏菊之风盛行，当时的菊花就有很多品种，千姿百态。民间还把农历九月称为“菊月”，在菊花傲霜怒放的重阳节里，观赏菊花成了节日的一项重要内容。清代以后，赏菊之习尤为昌盛，且不限于九月九日，但仍然是重阳节前后最为繁盛。

插茱萸和簪菊花　重阳节插茱萸的风俗，在唐代就已经很普遍。古人认为在重阳节这一天插茱萸可以避难消灾，人们或将茱萸佩戴于臂，或做香袋把茱萸放在里面佩戴，还有将茱萸插在头上的。大多是妇女、儿童佩戴，有些地方，男子也佩戴。重阳节佩戴茱萸，在晋代葛洪《西经杂记》中就有记载。除了佩戴茱萸，人们也有头戴菊花的。唐代就已经如此，历代盛行。清代，北京重阳节的习俗是把菊花枝叶贴在门窗上，“解除凶秽，以招吉祥”，这是头上簪菊的变俗。宋代，还有将彩缯剪成茱萸、菊花来相赠佩戴的。

7. 藏历年

藏历年是西藏民族的传统节日。西藏各地过藏历年的时间不一致，拉萨把藏历一月一日作为新年，他们从藏历十二月就为过年准备，这时家家户户开始在盆中浸泡青稞种子。藏历初一那天，要将长到一二寸的青稞幼苗，摆于佛龛茶几之上，预祝新的一年丰收吉祥。从十二月中旬开始，家家户户准备酥油和白面，并陆续炸卡赛（果子），卡赛种类很多，有耳朵状的“苦过”，有长方形的“那夏”，有勺子形的“宾宾斗豆”，有圆盆状的“不鲁”，有大麻花似的“木冻”等。

新年前夕，每家每户都要准备“切玛”，用木料制作，外面绘有各种花纹图案的五谷斗。斗里面一半装炒熟的麦粒和蚕豆，一半装糌粑面和人参果，斗上面插青稞穗，点缀一些小块酥油。有的人家还用酥油雕塑一个彩色羊头，藏语称为“隆过”。“切玛”主要标志过去一年来的好收成，预祝新的一年风调雨顺，五谷丰登。

藏历十二月二十八、二十九，家家户户要把庭院打扫得干干净净，屋里铺上新卡垫，贴上新年画，二十九日晚饭前，要在打扫干净的灶房正中墙上，用糌粑粉撒上“八吉祥徽”在大门上用石灰、白油漆或糌粑画象征吉祥、永恒的“十”或表示太阳和月亮的图案，或模拟描画青稞麦穗，有的人家还在房梁上画很多白粉点，表示人丁兴旺，粮食满仓。晚上，各家要在橱柜或桌子上摆满“卡赛”，还要吃面疙瘩，藏语叫“古突”。古突是按日期命名的，古即“九”表示二十九，“突”是面糊羹的意思。人们有意地在这些面疙瘩里放各种东西，如白石子、羊毛、辣椒等，当有人吃到这些东西时，人们哄堂大笑，给节日之夜增加了欢乐的气氛。

藏历初一，新年的第一天，早上第一件事，就是各家到河边背回第一桶水——吉祥水。之后，全家上下换上新衣，按老少辈份坐下，然后吃用人参果、酥油、糖做的米饭，即吉祥饭。饭后长辈端来五谷斗，每人依次抓上几粒，向天上撒表示祭神，然后拈一点放进嘴里。这时长辈祝大家“扎西德勒”（吉祥如意），晚辈们回贺“祝您身体健康，永远幸福”，然后喝熬好的“观颠”，即在青稞酒里放少许的青稞面而熬成的面糊羹，在里面还放一些人参果、奶渣等。接着相互敬酒敬茶，这一天各家不出门。

初二开始，亲朋好友彼此走访，拜年祝贺，持续三五天。客人们进门道一声“扎西德勒”，主人立即迎上回敬一声“扎西德勒”，有的还赠送哈达，然后宾主一起进入室内，坐在崭新的卡垫上，主人端来“切玛”。客人依次拈点糌粑面撒向空中，祈敬天神、地神等，之后拈一点放在嘴里，紧接着，主人提着盛满青稞酒的壶，拿着酒碗，笑盈盈地走来，请客人喝酒，为尊重主人，必须三口喝完一杯。如果喝不完，好客的主人则委托亲戚好友唱歌劝酒，歌声一落，客人一定要一饮而尽。

藏历新年期间，在广场或空旷的草地上，男子身穿各色藏袍，妇女戴上耳环、宝石等首饰，大家围成圆圈跳锅庄舞、弦子舞。在六弦琴、钹、锣等乐器的伴奏下，手拉手、人挨人地踏地为节，欢歌而和，孩子们则燃放鞭炮。

8. 泼水节

泼水节是傣族最隆重的节日，也是云南少数民族节日中影响面最大，参加人数最多的节日。泼水节是傣历新年，相当于公历的四月中旬，节日一般持续三至七天。第一天傣语叫“麦日”，与农历的除夕相似；第二天傣语叫“恼日”（空日）；第三天是新年，叫“叭网玛”，竟为岁首，人们把这一天视为最美好，最吉祥的日子。每逢节日，都要进行泼水、丢包、划龙舟、放高升、拜佛、赶摆等活动。

节日清晨，傣族男女老少就穿上节日盛装，挑着清水，先到佛寺浴佛，然后就开始互相泼水，互祝吉祥、幸福、健康。人们一边翩翩起舞，一边呼喊“水！水！水!”鼓锣之声响彻云霄，祝福的水花到处飞溅，场面真是十分壮观。

泼水节期间，傣族青年喜欢到林间空地做丢包游戏。花包用漂亮的花布做成，内装棉纸、棉子等，四角和中心缀以五条花穗，是爱情的信物，青年男女通过丢包、接包，互相结识。当姑娘有意识地让小伙子接不着输了以后，小伙子便将准备好的礼物送给姑娘，双双离开众人到僻静处谈情说爱去了。

泼水节期间还要进行划龙舟比赛。比赛在澜沧江上举行。一组组披红挂绿的龙舟在“嘡嘡嘡”的锣声中和“嗨嗨嗨”的呼喊和哨子声中，劈波斩浪，奋勇向前，把成千上万的中外游客吸引到澜沧江边，为节日增添了许多紧张和欢乐的气氛。

放高升和孔明灯也是傣族地区特有的活动。人们在节前就搭好高射架，届时将自制的土火箭点燃，让它尖啸着飞上蓝天。高升飞得越高越远的寨子，人们越觉得光彩、吉祥。优胜者还将获奖。入夜，人们又在广场空地上将灯烛点燃，放到自制的大“气球”内，利用热空气的浮力，把一盏盏“孔明灯”放飞上天，以此来纪念古代的圣贤孔明。

此外，放河船、跳象脚鼓舞和孔雀舞、斗鸡等，也是泼水节期间的活动内容。近几年来，还增加了民俗考察、经贸洽谈等内容，使泼水节的活动更加丰富多彩。泼水节每年在西双版纳州和德宏州同时举行。各地游客均可从昆明乘飞机直达。1961 年 4 月 13 日，周恩来总理曾参加过西双版纳的泼水节。从此以后，泼水节的规模越来越大，每年都有数以万计的中外游客参加泼水节。

9. 火把节

火把节是彝、白、纳西、基诺、拉祜等民族的古老而重要传统节日，有着深厚的民俗文化内涵，蜚声海内外，被称为“东方的狂欢节”。不同的民族举行火把节的时间也不同。下面介绍彝族的火把节习俗，彝族分布在四川的梁山和云南楚雄等地，不同地方的彝族人过火把节的习俗又不一样，这里选介各地一些有特色的习俗。

彝族人在每年的农历六月二十四日这天过火把节，火把节活动一般三至五天。彝族认为过火把节是要长出的谷穗像火把一样粗壮。后人以此祭火驱家中田中鬼邪，以保人畜平安。节庆期间，各族男女青年点燃松木制成的火把，到村寨田间活动，边走边把松香撒向火把照天祈年，除秽求吉。

云南双柏县者柯盲村彝族的祭祀。先由毕摩唱彝族先民迁徙词，唱完后由一草人（即身披草衣的人）高举象征男性生殖器的模型来到人群聚集的地方唱《哭母调》。唱词内容包括母亲生儿育女的功德及对母亲的怀念等，全部《哭母调》要唱一整天，草人边唱边舞。屋子外面，长老也唱《哭母调》，长老领唱，群众合唱，一边挥舞火把一边唱，唱一句，舞一下火把。

唱完《哭母调》就举行驱鬼仪式，将蒸熟的鬼头馒头丢给大家。

然后持火把上山，到半山腰烧一堆火，大家围着火跳舞，青年男女对唱山歌。

到达山顶，举行烧草人仪式，草人代表始祖，彝语叫“一博”，“一”意为天，“博”意为地。毕摩说“一”代表“天父”，“博”代表“地母”。所以“一博”就是祖先。烧草人的用意是“火化归天”，“火化返祖”，意即草人火化之后，便又重新回到祖先那里。烧草人必须在太阳未落时烧，过去是烧真人，草衣未必就烧死，现在是假托，扮草人的人烧掉草衣，在草堆点燃前从草堆中钻出，人们看不出人已经跑掉，现在的烧草人实际只是一种象征行为。烧掉草人之后，人们即从火堆上跳来跳去，表示驱邪。

四川凉山彝族的“选美”。“选美”自古以来一直是彝族传统火把节中最重要和最具有特色的活动内容。已延续上千年的彝族传统民间“选美”活动要求十分严格，美丽的彝家姑娘盛装打扮，手持黄伞，围着草坪上的火堆缓缓舞步表演“朵乐荷”，评委们都是村寨里德高望重的老人。他们的评选既挑剔又自然，既要看姑娘的身材容貌，又要看她们的穿着打扮；还要看她们平时对待父母长辈的孝顺之心；更重要的是根据她们平时的道德品行和勤劳声誉来判断。经过严格的挑选，最后选出大家公认的美女。

各地火把节的传统项目有斗牛、赛马、斗羊、摔跤、斗鸡、爬油杆、抢羊、射击、赛歌、选美、赛衣、老鹰捉小鸡、跳“朵乐荷”舞、耍火把、打情火等，各式各样的节目精彩纷呈，高潮迭起。3天的时间里，游客不但可以欣赏到精彩的节目，看花了眼睛，还能品尝到独特的彝家佳肴，荞馍、磨糌粑面、砣砣肉等让人回味无穷的美食。

10. 三月街

三月街，是白族人民的传统佳节，每年在大理县的中和峰麓，中溪河畔的空旷地上举行。每到三月街期间，远至千里，近到邻县的商人群众，从四面八方赶来参加交易。市场商品，从药材到食品、家具、牲畜，应有尽有，它是滇西商品交易的最大聚集地。

据说，很久以前，有一个暴君，奢望长生不老，听信一个侍从的话，每天吃一对人的眼球，这给当地白族人带来深重的灾难。当时有个充满神奇威力的勇士，为了给白族人民除魔灭害，在三月的一天，巧施妙计，把暴君骗到苍山的中和峰麓，唤来神狗咬断了暴君的咽喉，喝干了他的血液，消灭了这个魔王，为白族人民除了祸害。为了纪念这个勇士和白族人民得救的大好日子，人们每年在农历三月十五至二十日，聚集在苍山脚下，欢歌乐舞。年复一年，便形成了一年一度的“三月街”。现在“三月街”期间，除了交流物资，还表演民族歌舞、体育等活动。特别是参加赛马会的各族骑手，云集苍山脚下，扬鞭策马，腾云驾雾似的向洱海边奔去，其情景煞是壮观。

视野拓展

戏曲行当

戏曲行当也就是戏曲角色。戏曲角色名称的由来，历来众说纷纭。一个比较普遍的说法是：“生、旦、净、丑”是用“反喻”取名的，这其实是个很老的传说，早在杂剧、传奇流行的时代就有了。不过，就在此说正盛时已有人指出其谬。如明代文学家祝枝山的《猬谈》中说：“生、净、旦、末等名，有谓反其事而称，又或托之唐庄宗，皆谬云也。生即男子，旦曰装旦色，净曰净儿，末曰末泥，孤乃官人，即其土音，何义理之有?”这就明明白白地否定了戏曲角色“反喻”的说法。

先说“生”。祝枝山说：“生即男子。”说得简单，却合情合理。先生、后生、儒生以及张生、李生等，其中“生”的本来含义不都是对男性的称谓吗？有人可能觉得这太简单、普通了，硬要去考证其中的奥秘，结果就生发出一些牵强附会的说法。

再说“旦”。人们常想弄明白为什么舞台上的女性要称“旦”？戏剧史家周贻白认为，“旦”字是由“姐”字演变而来。顺序是先有“姐”，由“姐”讹为“妲”（宋杂剧中有《老孤遣妲》、《双卖妲》、《褴哮店休妲》，“妲”皆“姐”之讹），再由“妲”简笔为“旦”（金元院本中有《旦判孤》、《酸孤旦》，原来的《老孤遣妲》成了《老孤遣旦》，见周贻白《中国戏曲论集》）。“妲”历来是对女性的称谓，既然“旦”即“妲”之讹，那么“旦角”专演女性也就很好理解了。

再说“净”。元人柯丹丘认为“净”即“靓”之讹。他解释说：“傅粉墨献笑供谄者，粉白黛绿，古谓之靓装，今俗讹为净。”“净”用脸谱，确是粉白黛绿，符合“靓”的含义，柯丹丘的说法是可靠的。

说到“丑”，其实不用解释，无非是相对于“俊”来说的。人们不是常说“丑扮”、“俊扮”吗？“丑角”扮演的人物虽不全是坏人，但大都需在鼻梁上抹一块白粉，其形象毕竟是丑的。

京剧行当又称角色，主要可分为生、旦、净、末、丑五大行当。

(1) 生行简称“生”。生行分为须生（老生）、红生、小生、武生、娃娃生等。为京剧中的重要行当之一。

须生（老生）：即中年以上的剧中人，口戴胡子（髯口），因性格与身份的不同，可分为安（唱）工老生（如扮演帝王、官僚、文人等），靠把老生（如扮演武将），衰派老生（如扮演穷困潦倒之人等）。

红生：为勾红脸的须生，如扮演关羽、赵匡胤等。

小生：指演剧中的翎子生（带雉翎的大将，王侯等），纱帽生（官生）、扇子生（书生）、穷生（穷酸文人）等。

武生：为戏中的武打角色，穿厚底靴的叫长靠（墩子）武生，穿薄底靴的称短打（撇子）武生。

(2) 旦行简称“旦”。旦行分青衣、花旦、武旦、刀马旦、老旦、贴旦、闺旦等角色。旦角全为女性。

青衣：以唱为主，扮演贤妻良母型角色。

花旦：亦叫花衫，以服装花艳为特色，以演皇后、公主、贵夫人、女将、小贩、村姑等角色为主。

武旦、刀马旦：为演武功见长的女性。

老旦：用本嗓子演唱，多为中老年妇女。

(3) 净行简称“净”，亦叫花脸。净角指脸画彩图的花脸角色，看来并不干净，故反其意为“净”。净行分如下几种角色：以唱为主的铜锤花脸与黑头花脸；以工架为主的架子花脸，如大将、和尚、绿林好汉及武花脸与摔打花脸等。铜锤花脸称正净，架子花脸叫副净、武工花脸名武净，武二花脸言红净，在表演风格上均有不同的特色。

(4) 末行简称“末”。该行当多为中年以上的男性。实际末行专司引戏职能，如打头出场者，反其义而称为“末”的。

(5) 丑行简称“丑”。剧中丑行勾脸，而勾画“三花脸”，面谱与花脸有很大区别。丑行又分文丑、武丑。文丑中又分为方巾丑（文人，儒生）；武丑，专演跌、打、翻、扑等武技角色。根据动物属相，丑属牛，牛性笨，丑为笨的代名词。但舞台上的武丑亦叫开口跳，而能说能跳，表演出活泼伶俐，善演武功武技的角色，此与牛的丑笨性又完全不同。

思考与练习

1. 收集整理当地的民间曲艺资料，在班上解说、表演。

2. 你家乡过春节（或其他传统节日）有哪些不同于教材上所介绍的习俗？请收集整理制成电子文档发至教师的邮箱。

第四章 服饰文化

学习目标

中国古代服饰礼仪最突出的文化特征，就是服饰已不仅仅是服饰，而成为中国礼制社会的一种标志，历史地看中国古代服饰礼仪，已成为中国传统文化不可缺少的一种形态。

服饰作为一种文化形态，贯穿了中国古代各个时期的历史。从服饰的演变中可以看出历史的变迁、经济的发展和中国文化审美意识的嬗变。无论是商的“威严庄重”，周的“秩序井然”，战国的“清新”，汉的“凝重”，还是六朝的“清瘦”，唐的“丰满华丽”，宋的“理性美”，元的“粗壮豪放”，明的“敦厚繁丽”，清的“纤巧”，无不体现出中国古人的审美设计倾向和思想内涵。时至今日，我国各民族的传统服饰与现代服饰相互交融，交相辉映，仍异彩纷呈，令世人称羡不已。随着文化旅游热的兴起，我国各民族内涵十分丰富的服饰文化具有非常高的旅游价值。学习和了解我国各民族的服饰文化是对一个优秀导游的基本要求。通过本章的学习，大家主要达到以下目标：

1. 了解服饰的一些基本概念，熟悉我国历代服饰的审美特征。

2. 了解并能解说相关景区有关少数民族的服饰特征

第一节 中国历代服饰文化

一、服饰概述

服装的产生是为了御寒保暖、遮羞和防止野兽的侵袭，之后才逐步产生了审美观念，才在服装上配以饰品，形成服饰。服饰的产生和服饰民俗的形成和人类居住的环境，人们的生产、生活方式及文化传统关系密切。寒带地区的服装比之热带地区的服装就要复杂一些。

服饰民俗的内容复杂，不同的服饰款式，在不同的地区，民族和个人本身，都体现出不同的含义，这就形成了不同的类型，并由此形成不同的服饰民俗。我国有56个民族，服饰各异。但是，无论服饰的样式及民俗多么复杂，最原始的样式也只有“围”、“披”、“套”三种简单的形式。“围”即将兽皮或布围在腰部，后发展成裙，“披”将兽皮或布披于肩背，后发展成为披肩、斗篷。“套”是开洞套头的整片衣服。人们发明了针线和缝合技术以后，才发明了制袖、裤等筒状衣物。具体到每个人的衣着，总是分布于人体的各个部位。因此，可将服饰分为头衣、体衣、足衣和装饰四大部分。

(1) 头衣，是古称谓。我国古代贵族与平民的头衣区别十分严格，一般贵族戴冠、弁、冕，平民戴帻。男子二十岁行加冠礼，表示从此已成人。

(2) 体衣，包括平常所说的上衣和下衣。上衣有长短之分，长及腰者为短襦。将上衣与下衣连为一体，长及踝部者，称为深衣。短衣为平民所穿，统治阶级以深衣为常服。上衣由衣领、衣襟、后身、衣袖、腰带等构成。衣领常见的是交领，另一种是直领。衣襟，又称衽。古代将衣襟右掩的称左衽，认为是异服，即蛮夷之服。现代我国各民族中流行的上衣，包括长袍，多为左衽。蒙古族长袍为左衽，藏族长袍为右衽。此外，在汉族及少数民族地区，还流行对襟上衣。衣袖是上衣的主要部件，古代流行长而宽大的衣袖，宗教法衣及藏族长袍和衬衣保持了这种古老衣袖的特色。

下衣，古代有裳、绔。裳指裙子，古代男女皆可穿用。绔，即今之裤子。古代的绔，无前后裆，只有两条裤筒。还有短裤，古人称犊鼻裈。

(3) 足衣，指鞋袜。鞋，古人曰履，今曰鞋。履是草鞋。木制的鞋称为木履。穿鞋之前还要穿袜子或用布包脚。

(4) 装饰可分为头饰、衣饰及鞋饰。头饰除发型变化外，还佩戴各种首饰，如插花戴簪，戴耳环等。头饰除美观外，还有特定的含义。衣饰，一般多为领口、袖口、襟沿、下摆加边。腰带制作讲究，除可系扎上衣外，还可佩戴各种饰物。鞋的装饰主要是在鞋面上绣以各种花卉和图案，既美观，又实用。

视野拓展一

三寸金莲

一些学者经研究指出，中国古代女子缠足兴起于北宋，五代以前中国女子是不缠足的。宋代诗人苏东坡曾专门做《菩萨蛮》一词，咏叹缠足：“涂香莫惜莲承步，长愁罗袜凌波去；只见舞回风，都无行处踪。偷立宫样稳，并立双趺困；纤妙说应难，须从掌上看。”这也可称之为中国诗词史上专咏缠足的第一首词。应该看到，缠足诗的写作是以缠足习俗的出现为依存条件的，这说明，宋代确已出现缠足习俗。到南宋时，妇女缠足已比较多见，甚至南宋末年时，“小脚”已成为妇女的通称。但在南宋时代，妇女缠足还并不普及，缠足者主要限于上层社会，在社会观念上缠足尚未达到人人接受的地步。同时，缠足的风俗是由北方传到南方的，大约是在宋室南迁之时。

宋代的缠足与后世的三寸金莲有所区别。据史籍记载，宋代的缠足是把脚裹得“纤直”但不弓弯，当时称为“快上马”。所用鞋子被称为“错到底”，其鞋底尖锐，由二色合成。目前这种缠足鞋的实物已在考古中有所发现。从考古发现的实物推测，穿这种鞋所缠裹出来的小脚要比后来的大。

蒙古贵族入主中原建元之后，他们本来不缠足，但并不反对汉人的缠足习惯，相反还持赞赏的态度。这样，使得元代的缠足之风继续发展，元代末年甚至出现了以不缠足为耻的观念。元代妇女缠足继续向纤小的方向发展，但这时不缠足者仍很多，特别是在南方江浙、岭南地区。明代，妇女缠足之风进入兴盛时期，并在各地迅速发展。明末张献忠进占四川时，大刖妇女小脚，及至堆积成山，名曰金莲峰，可见四川地区妇女缠足之盛。这时期，对裹足的形状也有了一定的要求，女子小脚不但要小，要缩至三寸，而且还要弓，要裹成角黍形状等种种讲究。

满清统治者入主中原后，起初极力反对汉人的缠足风俗，一再下令禁止女子缠足。但此时缠足之风已是难以停止了，到康熙七年（1668 年）只好罢禁。这件事，一度被人们渲染为“男降女不服”——清兵入关，有“剃发令”，在武力高压下，汉族男子最后不得不屈服执行，故而男子剃发，被视为向清廷屈服的象征。与此同时，女子缠足虽也同样为清廷下令停止，但后来并未达到禁止的目的，故而有“男降女不降”之说。由此可见缠足之风的根深蒂固。也正因为此，妇女缠足在清代可谓到了登峰造极的地步，社会各阶层的女子，不论贫富贵贱，都纷纷缠足。甚至远在西北、西南的一些少数民族也染上了缠足习俗。与此同时，女子小脚受到了前所未有的崇拜与关注。这一时期，脚的形状、大小成了评判女子美与丑的重要标准，作为一个女人，是否缠足，缠得如何，将会直接影响到她个人的终身大事。在当时，社会各阶层的人娶妻，都以女子大脚为耻，小脚为荣。“三寸金莲”之说深入人心，甚至还有裹至不到三寸的，以致出现女子因脚太小行动不便，进进出出均要他人抱的“抱小姐”，而且这样的女子在当时还挺受欢迎的。

过去的女孩一般在五六岁时开始缠足，其方法是用长布条将拇趾以外的四个脚指连同脚掌折断弯向脚心，形成“笋”形的“三寸金莲”。其惨其痛，可想而知，这样做一般大都是在长辈的逼迫下进行的。母亲或祖母不顾孩子的眼泪与喊叫，以尽到她们的责任，并以此保证孩子未来的婚姻生活。

这种人为的伤残行为之所以能广为流行，是因为它以人工的方式营造出了一种独特的“女性美”。在五代之前，即有诗文称赞女性小脚之美，五代之后缠过的小脚更是被誉为“金莲”、“香钩”、“步步生莲花”等。文人们甚至总结出了小脚的“四美”（形、质、姿、神）、“三美”（肥、软、秀）。到清朝，缠足之风大盛，汉族女子没有不缠足的。

这种审美心理事实上包含了浓厚的性意识，清朝文人李渔在其《闲情偶寄》中甚至公然声称，缠足的最高目的是为了满足男人的性欲。由于小脚“香艳欲绝”，玩弄起来足以使人“魂销千古”，他竟将小脚的玩法归纳出了48种之多，如闻、吸、舔、咬、搔、脱、捏、推等。在古典名著《金瓶梅》中就有“罗袜一弯，金莲三寸，是砌坑时破土的锹锄”之类的说法。甚至穿在小脚上的绣鞋也被赋予了性的内涵。清朝时，一位中国留学生被日本海关官员要求解释为什么携带一些小巧的编织绣鞋，这位学生有点害羞地说他希望在他空闲时间能欣赏到他爱人的“脚”。

除此以外，缠足似乎还有另一个目的。由于脚小不便于行走，让女人缠了足就可以防止“红杏出墙”。如同古代埃及的男人不给妻子鞋穿；中世纪的欧洲男人为女人制作了贞操带。而实际上，在贫穷落后的中国，除了少数的富裕人家的女子外，大多数小脚女人不得不为生计而奔波，她们付出的艰辛，要远远超过一个天足的女人。

缠足作为一种习俗，也造成了另外一些习俗的形成，如古时候山西大同的赛脚会，就是女人们在农历六月初六这天，向人们展示自己的小脚，以博得好评为荣。

缠足，在历史上也曾被禁止过。清康熙帝曾明令禁止，太平天国也曾颁布过类似法令。直到清末，海禁大开，在外来的文化和先进的知识分子不断呼吁声中，缠足的风气才非常缓慢地走向灭亡。特别是辛亥革命后，从城市到乡村缠足才逐渐被废除。今天，我们还可以看到一些有一双被称为“解放脚”或“半裹脚”的妇女，而那些真正的“三寸金莲”已越来越少见了。

缠足这一习俗。体现了中国古代独特的审美标准和男尊女卑的社会结构。它的消亡，显示了妇女的解放和地位的提高，也标志了中国已从传统走向现代。

三寸金莲属于古代的审美习俗，它源于“女子以脚小为美”的观念。女子到了一定年龄，用布带把双足紧紧缠裹，最终构成尖弯瘦小、状如菱角的锥形。双足缠好后，再穿上绸缎或布面的绣花的尖形小鞋（弓鞋），此即为“三寸金莲”。实际上，“三寸金莲”仅属于书面用语，日常语言中常用的则是“小脚”（南方），或“小脚儿”（北方）。

有些文章或报道把女子缠足后所穿的小鞋（弓鞋）也称作“三寸金莲”，这是不对的。“三寸金莲”实际上就是经过缠裹后的尖形小脚，但由于这样的尖形小脚又是时刻不离所穿的弓鞋的（睡觉时换上睡鞋，也是一种软面小鞋），所以也可以把“三寸金莲”看作是尖形小脚与弓鞋的复合体，但无论如何，单纯把弓鞋称作“三寸金莲”显然是概念上的错误。也有人把缠足女子所穿的弓鞋称作“莲鞋”，这也是不对的。“莲鞋”这一称谓仅仅是现代某些个人的叫法。自五代起至清末的大量的书中并无这样称谓的记载，所以并不公认，故而这样的称谓也应摒弃，而以“弓鞋”、“绣履”或“弓鞋绣履”为正名。在日常用语中则称之为“小鞋”或“小脚鞋”（见图4－1）。

图4－1　小脚鞋

视野拓展二

肚　兜

古代女子的内衣最早被称为“亵衣”。“亵”意为“轻浮、不庄重”，可见古人对内衣的心态是回避和隐讳的。中国内衣的历史源远流长，最早的史料见于汉朝。

古代女子内衣蕴藏着不尽的昔日情怀，“前圆后方，前短后长”，这是应和天地人合一的传统理念；过腰、胸、肩等分别系带，是为了在流动中达到不同的“塑身修形”效果。袋口的拼接处，必须绣上小幅图案来遮住线的结点，保持画面完整，这便是所谓“出境生情”，且汇聚了绣、缝、贴、补、缀、盘、滚等几十种工艺，用以表达不同的主题。可惜有些工艺今天已经失传。

《红楼梦》六十五回写尤三姐“松松挽着头发，大红袄子半掩半开，露着葱绿抹胸，一痕雪脯”和贾珍、贾琏两个牛黄狗宝喝花酒，洋洋洒脱、嬉笑怒骂，把两个不知耻的男人耍了个够。可等她日思夜想了五年的柳湘莲冷脸出现时，她泪如雨下却连一句辩解的话也说不出来，唯有一死表明心迹，可怜“揉碎桃花红满地，玉山倾倒再难扶”。

肚兜是民间的传统内衣。近代由于社会的演变，西方机织品的引进，城市百姓首先改肚兜为衬衫、背心。但时至今天，偏僻地带尚有穿肚兜的遗习，不过只为幼儿制作，为成人所做的似乎不多见了。在传统社会中，肚兜是妇女们对情人、丈夫或对新生儿表达情感，发挥才华的民艺品，因而很多民间传统吉祥纹样和表现情爱及企求生殖的符号，都在贴身的肚兜上尽情抒发。

肚兜的艺术以刺绣为主，也有贴补花纹的。由于它包括缝、绣、剪裁、造型及色彩构成，所以肚兜属于民间妇女艺术中的综合表现部分。妇女只为情人、丈夫或儿子绣肚兜；她们自用的肚兜一般只以纯色（多为红色）布料做成，略加花边装饰而已。绣给情人的肚兜多以戏曲、神话、传说中之爱情故事为题材以示意；为儿童绣的则以虎、虎吃五毒、莲（连）生贵子等护生、繁衍主题为内容。

二、我国传统服装历代的演变

1. 原始社会服饰（距今六七千年前的新石器时代——公元前 21 世纪）

关于中国服饰历史源流，古书典籍中留下了种种传说。中国服饰的源头可以上溯到原始社会旧石器时代晚期。上古传说把衣服的发明归功于黄帝。《易经》说：“黄帝、尧、舜垂衣裳而天下治。”实际上，衣服的出现要早得多。我们在周口店的山洞里就发现了骨针，从而可以知道 1 万 8 千年前的山顶洞人已经穿衣服了。在 6000 年前的仰韶文化遗址中，发现过每平方厘米经纬各有 10 根的粗麻布印痕。在 4000 年前的良渚文化遗址中，发现过每平方厘米经纬各有 20～30 根的细葛布和每平方厘米经纬各有 40～50 根的绢。保护生命，掩体抗寒，装饰自身，都在原始社会成为服装主要的功用。

2. 商周服饰（约公元前 17 世纪—前 770 年）

商周时代是奴隶社会的兴盛时期，衣服的基本形制是上衣下裳，奠定了中国服装的基本形制，“衣裳”成为服装的通称。《说文解字》说：“上曰衣，下曰裳。”下身穿的裳实际上是裙，而不是裤。金文中常见有周天子赏赐给臣下“赤芾”的记录。“赤芾”是一块红色的布，系在腰间垂于腹前，是贵族的服饰和身份的标志，后世称为蔽膝（见图 4－2）。华夏族的习俗是束发的，发髻要用笄别住，成年女子加簪梳髻时在髻上横贯一枝长 15～16 厘米长骨簪，或用象牙美玉做成双笄，顶端雕刻鸳鸯或凤凰为饰，两两相对插在头上，颈上挂一串杂色闪光玉石珠管项链。商末著名美女妲己，大致就这么打扮。

图 4－2　商周服饰

3. 春秋时期胡服的出现（公元前 770 年—公元前 221 年）

春秋战国时期周王室衰微，五霸七雄等诸侯国各自为政，学术界“百家争鸣”的空气对当时文化学术发展有极大的推动作用，也促进服饰出现百花齐放的局面，服装方面最重要的变化是深衣的广泛流行和胡服的出现。春秋战国时期的战争促进了汉族宽衣博带、长裙长袍服装的改革。赵武灵王为了军队的战斗力，冲破阻力，下令全国穿游牧民族的短衣长裤，学习骑射，终于使赵国强盛起来。这是中国历史上第一次服装改革，胡服从此盛行。伴随胡服也传来了带钩，它是用于结束革带的，由于它比革带的扎结方式更加便捷，因而很快就流行起来。

“胡”是个模糊用语，在不同的历史时期，有时专指匈奴，有时泛指从东北到西北诸游牧民族，有时甚至还要更宽泛一些。因此，胡服是指我国北方游牧民族的服装，他们为了游牧骑马的需要，多穿窄袖短衣、长裤和靴子。沈括说：“中国衣冠，自北齐以来，乃全用胡服。”一个“全”字，或者把话说得有点过分，但胡服对汉族服饰的发展确实影响极其巨大。

4. 传统冠服制在汉代的确立（公元前 202 年—公元 220 年）

汉代深衣仍很流行，汉代是传统冠服制的确立时期。汉代的裤是开裆的，裤，古称绔。《说文》：“绔，胫衣也。”《释名・释衣服》：“绔，跨也，两股各跨别也。”由此可见，当时的绔是开裆的，外罩以裳或深衣。后虽然出现满裆裤，但开裆裤仍长期存在。《礼记》曰：“衣不帛襦袴。”这是因为襦和袴都是内衣，儒家崇尚俭朴，认为不应该用丝绸来裁制内衣。而到了六朝时，那些世家子弟居然用白色的丝绸来做裤子，所以被称为“纨绔子弟”。在宋初的《盘车图》中，还能见到这种穿法。连裆的短裤，叫做裈。裈短如牛鼻，俗称犊鼻裤。司马相如带卓文君回到成都，就穿着犊鼻裤当垆涤器，以羞辱卓王孙。

5. 魏晋南北朝时期胡服的流行（220—589 年）

魏晋南北朝时期，是我国古代服装史上又一个大转变的时期。由于大量少数民族进入中原地区，胡服成为社会上司空见惯的装束，一般平民百姓的服装，受胡服的影响最为强烈。他们将胡服中窄袖紧身、圆领、开衩等因素吸收到原有的服饰中来。汉族贵族也在胡服的基础上加以变化，方法是将其长度加长，加大袖口和裤口，改左衽为右衽。但礼服仍然是传统的汉族礼服形式。由于受少数民族服装的影响，妇女的服装由宽衣博带变为窄袖紧身，并继续发展了汉末以来的“上俭下丰”趋势，即上衣变得短小，而裙腰越来越高，加之下着厚底的重台履，突出体现了女性下体的长度，给人以修长之美感（见图 4 - 3）。

图 4 - 3　魏晋胡服

6. 隋唐时期服装的转变时期（589—960 年）

隋唐时期，由于政治和经济的稳定和繁荣，使其能上承历史服饰之源头，下启后世服饰制度之经道，所以，这一时期成为我国古代服饰制度发展的重要历史时期。男子的常服为幞头、袍衫、穿长靿靴。但此时的袍衫与前朝略有不同，式样为圆领、右衽、窄袖、领袖裾无缘边。此外，还有襕袍衫和缺胯袍衫等式样。这种袍衫主要是受胡服影响，并且与汉族的生活习惯和礼仪特点相结合，形成了这时期袍衫的风格。唐

图 4-4 隋唐女服

代女装主要是衫、裙和帔（见图 4-4）；帔就是披在肩上的长围巾。还有特别的短袖半臂衫，是套穿在长衫外面。唐代初期的妇女还喜欢穿徂领的小袖衣、条纹裤、绣鞋等西域式的服装，她们的头上还戴着“幂离”、“帷帽”。唐初盛行窄袖衫襦和长裙，肩上披有类似长围巾的披帛。盛唐时，还流行一种袒胸大袖衫襦，为贵族妇女的服装。其特点是不著内衣，裙腰高至乳房之上，以大带系结，从而袒露胸部。大袖衫襦的对襟，以纱罗等轻薄制品为面料。所谓“绮罗纤缕见肌肤”，正是对这种服装的真实写照。这与当时的思想开放有密切关系。唐代妇女以体态丰腴为美，因而服装也渐趋宽大。此外，当时妇女还盛行胡服和女着男装。隋唐的女装，以红、紫、黄、绿四种颜色最受欢迎。

7. 宋代的服装趋于保守（960—1279 年）

宋代的服饰，大体沿袭唐制，但在服装式样和名称上略有差异。宋代的缺胯袍衫式样有广袖大身和窄袖紧身两种。穿褙子和半臂的习惯极为普遍，但都不能作为礼服穿用。总的来说，宋代的服饰比较拘谨保守，色彩也不及以前鲜艳，给人以质朴、洁净、淡雅之感，这与当时的社会状况，尤其是程朱理学的影响，有密切关系。

8. 辽、金、元时期的服饰既沿袭汉人的礼服制度，又具有本民族的特色（约 960—1368 年）

辽、金、元时期的服饰有一个共同的特点，既沿袭汉唐和宋代的礼服制度，又具有本民族的特色。辽金男子的服饰多为圆领、袖的缺胯袍，着长统靴或尖头靴，下穿裤，腰间束带。元代男子的服饰有汉族的圆领、交领袍，也有本民族的质孙服，其形制与深衣类似，衣袖窄瘦，下裳较短，衣长至膝下，在腰间有无数褶裥，形如现今的百褶裙，在腰部还加有横襴。领型有右衽交领、方领和盘领。下穿小口裤，脚穿络缝靴。服色以白、蓝、赭为主。此外，元代服饰在质料上发生了较大变化，由于棉花的广泛种植，棉布成为服饰材料的主要品种。

9. 明代的服装继承前代（1368—1644 年）

明代的服饰，大体上沿袭唐制，但宋元服装形式中的某些式样也有保留。朱元璋统一天下，明代开始整体上大致恢复汉人衣冠，从唐代吸收了胡人习惯以后，发展出的汉人衣冠。

明代的男装，大人多穿青布直身的宽大长衣，头上戴四方平定巾，一般平民穿短衣，裹头巾。这个时候出现了一种六瓣、八瓣布片缝合的小帽，看起来很像剖成半边的西瓜。本来是仆役所戴的，但是因为戴起来很方便，所以就普遍流行起来。这就是清代“瓜皮小帽”的前身。

明代的贵妇多是穿红色大袖的袍子，一般妇女只能穿桃红、紫绿及一些浅淡的颜色。平日常穿的是短衫长裙，腰上系着绸带，裙子宽大，样式很多，像百褶裙、凤尾裙、月华裙等。

10. 清代服装对近代影响较大（1644—1911年）

清朝是我国服装史上改变最大的一个时代，清代是个满汉文化交融的时代，尤其是服装文化，也是在进入中国后，保留原有服装传统最多的非汉族王朝。乾隆时期制定了详细的冠服制度，并图示说明，以后子孙也能“永守勿愆”。平日所戴的便帽就是瓜皮小帽，颜色是外面黑，里面红。满族妇女穿的旗袍，早期是宽宽大大的，后来才变成了有腰身，在旗袍外面再加上一件“坎肩”（背心）。她们的鞋子也很特别，是一种花盆式的高底鞋。至于汉族妇女的服饰，则和明代差不多。清代男子服饰可分为三种：汉族传统服装；满族民族服装；外来西洋服装。长袍马褂，早先是富贵人家才穿的服饰，到后来普遍了，变成全国的一般服饰，清代袍的式样，是在汉族传统基础上加以变化，并吸取满族服装特点。一般袖子比较窄瘦，礼服是箭袖，又称马蹄袖。袍身用钮扣系结。右衽大襟，圆领口。皇室的袍有前后左右四开衩，而士庶男子只能在左右开衩。马褂是清朝特有的服装。多为圆领，有对襟、大襟、琵琶襟等式样，有长袖、短袖、大袖、窄袖之分，但均为平袖口。男子平日所戴的便帽就是瓜皮小帽，颜色是外面黑，里面红。

11. 近现代服饰（1840—1949年）

1840年以后，西洋文化侵透着中国本土文化，许多沿海大城市，尤其是上海这样的大都会，因华洋杂居，得西方风气之先，服饰也开始发生潜在的变革。早期，服装式样变异甚少，民间仍然是长袍马褂为男子服饰；女子则上袄下裙。之后，商业贸易日渐昌盛，洋货大量倾入，羽纱、呢绒、洋绸、花布等充斥市场，使传统的服饰穿着有所变动。外国衣料因价廉渐为人所欢迎，费工费时，工艺考究的滚、镶、嵌、绣等传统手工艺渐为衰落，西方缝纫方式开始流行起来。尤其是女性的时装，由于缝纫精致、款式合乎时代潮流，影响尤大。风行于本世纪二十年代的旗袍，脱胎于清代满族妇女服装，是由汉族妇女在穿着中吸收西洋服装样式不断改进而定型的。当时尚无专业服装研究中心，服装式样的变化经过千家万户，在时代风尚的影响下不断变化。从20世纪20年代至40年代末，中国旗袍风行了二十多年，款式几经变化，如领子的高低、袖子的短长、开衩的高低，使旗袍彻底摆脱了老式样，改变了中国妇女长期以来束胸驼背的旧貌，让女性体态与曲线美充分显示出来，正适合当时的风尚，为女性解放立了大功。青布旗袍最为当时的女学生所欢迎，一时不胫而走，全国仿效，几乎成了20世纪20年代后期中国新女性的典型装扮。值得一提的是，当时作为领导服装潮流的十里洋场中摩登女郎、交际名媛、影剧明星等，在旗袍式样上的标新立异，也促进了它的发展，其中如交际花唐英等人最早在上海创办的云裳时装公司便是。自20世纪 30 年代起，旗袍几乎成了中国妇女的标准服装，民间妇女、学生、工人、达官显贵的太太，无不穿着。旗袍甚至成了交际场合和外交活动的礼服。后来，旗袍还传至国外，为他国女子效仿穿着。

第二节 中国少数民族服饰文化

我国是一个多民族国家，少数民族服饰尤其灿烂多彩，据有关调查，仅云南省内的少数民族服饰就有 1200 多种，中华民族的历史本来就是多民族不断融合的历史，正是各民族各种文化的长期交融，大大促进了中华服饰的发展，大大丰富了中华服饰的内容，正是这种风格迥异的各民族服饰，组成了中华服饰绚丽的艺术长廊。

一、少数民族服饰文化特点

中华各民族的形成，经历了至少两千多年的分化或融合过程。从我国古代典籍中早已出现的“夏”、“戎”、“狄”、“荆蛮”、“夷”、“诸濮”、“百越”等族别名称来看，我国早在秦代以前就已是一个多民族的国家，而秦王朝封建专制制度的建立，使这样一个多民族国家高度统一在中央政权之下。正因此，我国各民族的文化都有长期发展的历史传统，包括服饰文化在内。从现实的情况来考察，我国少数民族的服饰文化具有下列四个方面的一般性特征。

（1）我国少数民族种类繁多，分布广阔，且广大少数民族地区长期以来交通不便，互相交流困难，因而民族服饰多姿多彩，服饰文化内涵丰富，有取之不尽的服饰资源。

我国 55 种少数民族，居住在全国两千多个县中的百分之七十的县，分布广阔。在这些少数民族中，有些民族又具有众多的支系，如苗族分为红苗、黑苗、白苗、青苗、花苗五大类，其中的花苗又包括了大头苗、独角苗、蒙纱苗、花脚苗等，皆以不同的服饰划分。这样一来，不但不同的民族具有不同的服饰，仅是同一民族内也因支系的不同而具有不同的服饰，使得我国少数民族的服饰显得格外丰富。

我国少数民族服饰无论从质料、色彩来看，也无论从式样、搭配来看，都是十分丰富的。有着 25 个少数民族的云南省举行民族艺术节，数千人的少数民族文艺队伍也就是数千人的少数民族服饰表演队。昆明民族歌舞团以“日月风火”为题的民族服饰抒怀舞会，分“春日生辉”、“夏月溶溶”、“秋风送爽”、“冬火熊熊”四个场景展示了三百套民族服饰，其品种之多、款式之奇、色彩之艳、花样之繁令人惊赞。短短的一个半小时表演，令人信服地证明：云南不但是歌舞的海洋，也是少数民族服饰的海洋。而这，正是多民族中国的一个缩影。

（2）由于自然环境的差异和民族风俗习惯、审美情趣的不同，中国少数民族服饰显示出北方和南方、山区和草原的巨大差别，表现出不同的风格和特点。

中国的自然条件南北迥异；北方严寒多风雪，森林草原宽阔，分布在其间的北方少数民族多靠狩猎畜牧为生；南方温热多雨，山地高岭相间，生活在其间的少数民族多从事农耕。不同的自然环境、生产方式和生活方式，造成了不同的民族性格和民族心理，也造成了不同的服饰风格和服饰特点。生活在高原草场并从事畜牧业的蒙古、藏、哈萨克、柯尔克孜、塔吉克、裕固、土等少数民族，穿着多取之于牲畜皮毛，用羊皮缝制的衣、裤、大氅多为光板，有的在衣领、袖口、衣襟、下摆镶以色布或细毛皮。藏族和柯尔克孜族用珍贵裘皮镶边的长袍和裙子显得雍容厚实。哈萨克族的“库普”是用驼毛絮里的大衣，十分轻暖。他们服装的风格是宽袍大袖、厚实庄重。南方少数民族地区宜于植麻种棉；自织麻布和土布是衣裙的主要用料。所用工具多十分简陋，但织物精美，花纹奇丽。因天气湿热，需要坦胸露腿，衣裙也就多短窄轻薄，其风格多生动活泼，式样繁多，各不雷同。总之，风格的多种多样，不同的特点十分突出，构成了中国少数民族服饰文化的另一个特点。

(3) 由于各种历史的、地理的、政治的、经济的原因，中国少数民族直到20世纪中期仍处于不同的社会发展阶段和相应的生产力水平上，由此而带来的差异十分深刻，至今仍未能完全克服，因而少数民族服饰中所表现出来的文化内容具有明显的层次性。

中国少数民族由于各种历史的、地理的、政治的、经济的原因，解放前，有的已经具有了明显的资本主义萌芽，有的却仍停留在原始公社末期，表现了社会发展的极不平衡。在这方面，被民族学者称为“一部活的社会发展史”的云南省，可以作为一个典型的代表。解放前，在云南25个少数民族中，白、回和部分彝族中资本主义因素已经有了相当发展；广大的壮、哈尼、纳西、白、彝等民族都已进入了封建地主制；傣族进入了封建领主制；小凉山彝族是比较典型的奴隶制；而相当一部分少数民族如基诺、布朗、景颇、独龙、怒、部分傈僳族、佤族等却仍然停留在原始公社末期；至今，永宁纳西族（摩梭人）仍保留着母系制残余。在别的少数民族聚居省区，这种情况也不同程度地存在，只不过不像云南省这样完整和典型而已。这样，少数民族服饰所反映出来的文化内容也就具有层次性。同时，这一层次性还决定了少数民族服饰文化的层次性。有的人有一种误解，好像凡是少数民族服饰中的特色之处都具有“原始性”，都是原始文化的具体表现，是明显地不合乎事实的。对少数民族服饰的层次性，应根据实际情况作出具体分析。

(4) 中国少数民族服饰面临着社会全面现代化进程的冲击和改革的要求，一些传统服饰已经发生变化。

改革开放以来，全国人民的生活方式带来了很大的变化，商品经济的发展给原来封闭落后的少数民族山区注入了活力并传来了多方面的信息，其中也包括许多现代新潮时装的信息。在这种情况下，中国少数民族服饰文化正面临着巨大的冲击。由于某些少数民族服装用料多，装饰烦琐，工艺复杂，制作困难，穿着不便，难于洗涤，不少少数民族地区的青年人已改穿汉族服装，个别地区甚至已经见不到民族服装。针对这一情况，一方面要积极而紧迫地抢救少数民族服饰资源，以免出现某些富有特色的民族服饰文化的消失；同时，还要主动地，有目的、有组织、有计划地引导少数民族群众进行服饰改革，组织一些专家学者和服装设计师在广泛听取本民族群众意见的基础上设计出新的民族服装，在保持基本的民族用饰特点的前提下力求大方、美观、简洁、适用，便于生产生活，便于今后组织大规模机器生产，以适应现代化建设的需要。可以说，这既是现阶段中国少数民族服饰文化所急需解决的问题，也是现阶段中国少数民族服饰文化的一个特点。

二、藏族服饰

藏族服饰无论男女至今保留完整，不同的地域，有着不同的服饰，特点是长袖、宽腰、大襟。妇女冬穿长袖长袍，夏着无袖长袍，内穿各种颜色与花纹的衬衣，腰前系一块彩色花纹的围裙。

藏族广布西藏、四川、青海、甘肃、云南等地，服饰多姿多彩、男装雄健豪放，女装典雅潇洒，尤以珠宝金玉作佩饰，形成高原妇女特有的风格。

藏袍是藏族的主要服装款式，种类很多，从衣服质地上可分锦缎、皮面、氆氇、素布等、藏袍花纹装饰很讲究，过去僧官不同品级，严格区分纹饰，藏袍较长，一般都比身高还长，穿时要把下部上提，下摆离脚面有三四十公分高、扎上腰带。藏袍可分牧区皮袍、色袖袍、农区为氆氇袍，式样可分长袖皮袍，工布宽肩无袖、无袖女长袍和加珞花领氆氇袍，男女穿的衬衫有大襟和对襟两种，男衬衫高领女式多翻领，女衫的袖子要比其他衣袖长40公分左右。跳舞时放下袖子，袖子在空中翩翩起舞，非常优美。

帮典即围裙，是藏族特有的装束，是已婚妇女必备的装饰品，帮典颜色，或艳丽强烈，或素雅娴静。

藏帽式样繁多，质地不一。有金花帽、氆氇帽等一二十种。藏靴是藏族服饰的重要特征之一，常见的有“松巴拉木”花靴，靴底是棉线皮革做的。

头饰佩饰在藏装中占有重要位置，佩饰以腰部的佩褂最有特色，饰品多与古代生息生产有关，讲究的还镶以金银珠宝、头饰的质地有铜、银、金质雕镂器物和玉、珊瑚、珍珠等珍宝。藏族同胞特别喜爱“哈达”，把它看做是最珍贵的礼物。“哈达”是雪白的织品，一般宽约二三十厘米、长约一至两米，用纱或丝绸织成，每有喜庆之事，或远客来临，或拜会尊长、或远行送别，都要献哈达以示敬意。

三、满族服饰

清代满族基本都编入八旗，有旗人之称，故这种满族男女老少四季皆宜的服装被人们称为旗袍，式样分男女两种。清初男子旗袍为圆领、大襟、箭袖（马蹄袖），四面开衩，系扣袢，腰中束带。四面开衩是为了骑射自如，箭袖是为射箭方便，又可御寒保护手背。冬季在棉袍外往往套一件长到肚脐、四面开衩、对襟的短褂，俗称马褂（满语鄂多赫）。亦有外套一马甲（俗称坎肩）者。清末，由四开衩改为左右两开衩，箭袖多改为平袖。女式旗袍基本与男袍同，只是在领口、前襟、袖口等处镶饰花边，天寒时则外加马褂或马甲于袍外。民国年间，女式旗袍多改为胸襟宽松、腰身微紧、臀部稍宽、下摆略收的式样，这种贴身合体的旗袍，更能显示出妇女端庄典雅及身段之美。20 世纪 50 年代末，男式旗袍在满族聚居区才逐渐废弃，而女式旗袍不但满族妇女至今喜爱，而且其他民族妇女也多穿着。

马蹄袖是清代满族男女旗袍之袖式，亦称箭袖。清初，满族男子所服旗袍，袖口较窄，袖端多加一长可露指的半圆型兽皮（后改布质），因其状酷似马蹄而名之马蹄袖。优点是征战、打猎时射箭方便，可御寒保护手背。清中期以后，该袖式的服装渐从便服转为礼服，便服多为平袖，礼服仍为马蹄袖。平时多卷起，在办公事、喜庆节日、拜见上司、叩见长辈时，必须先左后右地放下马蹄袖，才可行拜见礼。亦有将马蹄袖用钮扣系于便服袖口以为礼服之用者。满族妇女礼服亦多为马蹄袖式。民国年间，逐渐不用。

窝龙带也是满族传统服饰，亦称马甲，实为无袖的马褂。有领，衣长及腹，多为两侧开衩，在领、襟等边缘处饰以各色花纹。有对襟、大襟、琵琶襟等式和棉、皮、夹、纱之分。内蒙古的满族男子多喜琵琶襟式坎肩，其式是将衣襟缝成弧形，即襟从领口至右肩处贴胸而下，但不到底，而又左转至肚脐处，以致下襟缺一小截，其式是为上下马方便之故。女式坎肩多为对襟式，对襟下端多为如意头式，衣缘多镶以艳丽花边。清代该服饰窄小，多穿于旗袍内，清末以来尚宽大，多套于旗袍外。因其美观实用，至今在科尔沁右翼前旗满族屯满族乡及喀喇沁旗十家满族乡仍有年长者穿着。

乌拉是满族传统的防寒靴鞋之一，以猪、牛、鹿等兽皮缝制而成。形状为前尖后圆，鞋帮贯以六个鞋耳，鞋口近脚处垫以衬布，并用一细皮带联结靴耳。鞋较宽大，穿用时须在鞋中充垫“东北三宝”之一的乌拉草。由于乌拉质柔量轻，行动自如，既可防寒，又利于军事征战及狩猎生活，故得以沿用下来，至今在内蒙古呼伦贝尔市的一些偏僻山村还可见到。

四、蒙古族服饰

首饰、长袍、腰带和靴子是蒙古族服饰的四个主要部分，妇女头上的装饰多用玛瑙、珍珠、金银制成。男子穿长袍和围腰，妇女衣袖上绣有花边图案，上衣高领，仍与蒙古族相似。妇女喜欢穿三件长短不一的衣服，第一件为贴身衣，袖长至腕，第二件外衣，袖长至肘，第三件为无领对襟坎肩，钉有直排闪光纽扣，格外醒目。

五、苗族银饰与蜡染

苗族的银饰是苗族民族文化的综合载体。它一方面可以显示家庭的富有和财产，另一方面则具有耐人寻味的文化含义，苗族银饰作为民族的标志，它起到维系苗族某个社区和某些群体的重要作用。国内苗族主要分布于云南、贵州、海南和湖南西部等地区，在同一民族同一支系中，人们往往佩戴同样的银饰，银饰成为族群的识别符号。银饰作为崇拜物，它把同一祖先的子孙紧紧地凝聚在一起；作为婚姻标志，它给人们的婚恋生活带来良好的秩序；作为巫术器物，它从心理上给人们提供生活的安全感。因此，苗族银饰已不是单纯的装饰品，而是根植于苗族社会生活中的文化载体。苗族众多的分支和不同的地域产生并形成了苗族多样化的银饰文化。

银饰在苗族民间服饰中占有重要的地位。在苗族服饰尤其是女性服装中，银饰是一种较为普遍并广泛使用的高级饰品。有专家总结，苗族银饰体现出三个方面的艺术属性和审美特色——以大为美，以重为美，以多为美。凡是盛大节日必有群众的盛装银饰相伴。在苗族人们的心目中，银子属于金银财宝。我国其他的少数民族那里，银饰也往往是每个家庭必备的装饰物，家里的银饰越多，份量越重，就表明该户人家的经济状况越好；银因其产量丰富、色泽好、易于加工，在民间广为采用，成为大众化的最佳选择，这也使得银饰的制作技艺达到了相当高的水平；在民间传说银有试毒防毒功能，所以有银制的防毒筷。苗族笃信银器能驱邪逐魔，民间还传说银子可以避邪除妖，所以成为一种广受欢迎的饰品材料。如云南纳西族的七星披肩，除了刺绣图案外，常用银制的北斗七星装饰；云南基诺族妇女胸前的围兜上饰有银币、银钮、银牌，景颇族的服饰里也有大量的银饰，形状各异，成为服饰的核心所在。贵州黔东南地区，苗族人民在盛大节日时，有的穿上重达几十斤的银饰，表达出浓重的节日气氛；藏族人民喜爱携带精美的藏银饰品和藏刀，湘西苗族和土家族婴儿帽子上装饰银饰菩萨和罗汉像等。由于银饰产生的普遍性及广泛性，再经由漫长的历史发展，形成了一门独特的民间工艺，体现在工艺精细、纹样丰富、造型独特、功能复杂等各个方面，与民间工艺、民俗生活、节日庆典互相交融，形成各具特色的银饰文化。

中国的染织工艺早在西周时期（公元前 11 世纪—公元前 771 年）已得到较大的发展。根据《礼记》等文献记载，丝、染色当时都设有专官主管，楚国还设有主持生产靛青的“蓝尹”工官。足见当时的丝织、染色工艺已颇具规模。蜡染古时候称为蜡缬，是用蜡把花纹点绘在麻、丝、棉、毛等织物上，然后放入染料缸中浸染，有蜡的地方染不上颜色，除去蜡即现出美丽的花纹。这是我国古老的防染工艺，历史已很悠久。

蜡染是我国苗族古老而独特的手工绘染艺术，起源于秦汉，盛行于隋唐（公元581—907 年）。这里有着取之不尽的艺术源泉，一代传一代，可以说，从我国的染织技术开创时，蜡染就作为最古老的手工艺，称之为中华民族古文明的一部分。

我国古代发现的蜡染文物，有新疆于田屋于来克古城遗址出土的北朝（公元386—581年）蓝色蜡缬毛织物蓝色蜡缬棉织品及新疆吐鲁番阿斯塔那北区墓葬出土的西凉（公元400—421年）蓝色缬绢和唐代（公元618—907年）的几种蜡缬绢、蜡缬纱；还有敦煌莫高窟130窟第一层壁画下发现的唐代废置的大量蜡缬残幡。这批遗存的蜡染实物中，北朝的和西凉的蜡缬织品都是深蓝色地现白花，纹样光洁清晰，古朴典雅；唐代的蜡缬绢和蜡缬纱的地子，有棕、绛、黄、赭等色，大部分是白色花纹。

蜡染工艺在我国西南少数民族地区世代相传，尤其是贵州少数民族地区，继承和发扬了传统的蜡染工艺，而且流行很广，已成为少数民族妇女生活中不可缺少的一种艺术。这里的少数民族以蜡染作主要装饰的有黄平、重安江一带和丹寨县的苗族妇女，她们的头巾、围腰、衣服、裙子、绑腿，绑腿，都是蜡染制成，其他如伞套、枕巾，饭篮盖帕、包袱、书包、背带等也都使用蜡染；安顺、普定一带的苗族妇女把蜡染花纹装饰在衣袖、衣襟和衣服前后摆的边缘，她们背孩子的蜡染背带，点染得精巧细致，除蓝白二色外，有的还加染上红、黄、绿等色，成为明快富丽的多色蜡染。

贵州各少数民族的蜡染各有特色，例如苗族的蜡染图案有的还沿用古代铜鼓的花纹和民间传说中的题材，有的是日常生活中接触的花、鸟、虫、鱼；而布依族则喜用几何图案。各民族的蜡染都有独特的风格。

蜡染之乡是中国贵州安顺。安顺是中国著名的旅游城市，境内有黄果树瀑布、龙宫、屯堡文化（天龙镇、云峰八寨等）、天星桥、花江大峡谷等众多著名景点。安顺有“滇之喉、黔之腹，粤蜀之唇齿”的赞誉，地理位置重要，交通方便，更是“商业甲于全省”。安顺于1992年成功举办了首届蜡染艺术节，吸引了来自国内外的众多宾客，自此蜡染艺术走向全国，走向世界。安顺有大量的蜡染作坊、工厂，涌现出洪福远等一批知名的蜡染艺人。安顺的蜡染在继承传统的同时也在不断创新。

六、土家族织锦技艺

土家织锦的工艺原始而复杂。土家织锦在织造上，沿袭斜织机的腰机式（把经线拴在腰上），眼看背面，手织正面，这就必须对纹样及色彩有娴熟的记忆和表现能力。传统的挑织方法，使经纬线浮沉均匀，结实耐用，光泽持久不败。

土家语“西兰卡普”是一种土家织锦。在土家语里，“西兰”是铺盖的意思，“卡普”是花的意思，“西兰卡普”即土家族人的花铺盖。人们往往在“花铺盖”前冠以“土”字，以标示出这项民间工艺所包含的土家族民族特点。土花铺盖是受到土家族人民的珍爱，视之为智慧、技艺的结晶，被称作“土家之花”。按照土家族习惯，过去土家姑娘出嫁时，都要在织布的机台上制作美丽的“西兰卡普”，即土花铺盖。西兰卡普的特点是构图大方，织工精巧，花样丰富，色彩鲜明，热烈而古朴。

西兰卡普在土家族人民生活中有着实用的、礼俗的和审美的三方面的意义，不仅以经久耐用著称，而且是土家族婚俗中的主要嫁妆，客观上是女家经济地位的标志和女儿有无教养的凭证，在受人观赏的嫁妆行列和任人品评的新房陈设中格外引人注目。因此，土家妹子出嫁时都有自己亲手编织的土花被面，新娘父母以精美的土花铺盖陪嫁为荣，娶媳之家也以此来推测新娘针线活的巧拙贤愚。

图 4-5 土家族织锦

西兰卡普的编织者绝大多数都是些从 10 余岁左右到 20 来岁的青年女子，她们正处于爱情萌芽及对未来满怀着希望和幻想的年代，特地从深山里找回红花、栀子、姜黄、洞洞树、五倍子等野生植物，制成染料，将自纺的棉纱染出各种颜色，稍有空闲就坐在木机旁挑花刺绣，在木机上的纬线里填上彩色纱线或丝线，织出别出心裁的图案花样（见图 4-5）。

七、花瑶服饰

湖南省隆回县北虎形山一带，聚居着瑶族一支仅六千余人的小小宗支，人称“花瑶”。她们至今仍保持着代代相承而又独具个性的民族服饰和淳朴、粗犷的民风。她们的服饰奇特、复杂、精美而讲究。从头到脚都是花的世界，几乎所有亮丽抢眼的色彩，都在她们娇美的身上展现，花瑶的服饰堪称中国少数民族服饰中的一绝。

她们的腰带，是用五颜六色的布料拼接而成，长达十几米，圈圈相间、间隔均匀，排列十分有序。这简直就是人间少有的色彩集合！最让花瑶妹子骄傲的，是美丽的花筒裙。筒裙叠拢在前面的两片，色彩火辣、艳美；而拼合在臀围后面的两个大片，却用白线在靛蓝色的粗纱土布上，挑绣出各种精美、素丽的图案。而后，用一条红色布边做下摆，将前艳后素的裙片大胆地连为一体，格外新奇、亮眼。其他随身饰物的色彩，也是当仁不让。一块红艳艳或黄灿灿的方巾，对折一滚，扎在腰后便是个可大可小的腰包；四角扎拢来，则变成个能挎能提的包袱。

她们的传统外衣是镶了红布边、缀着红布扣的黛蓝色无领对襟长衫，内穿一件袖口绣有彩色花边的白色无领衬衣，袖口外露。着装方式奇特、繁缛而有趣。每逢农闲的时节，妹子们就三三两两聚集到堂屋里、屋檐下、山溪旁、岩头上，一起挑绣花裙。她们个个心灵手巧，见什么就绣什么，绣什么就像什么，再复杂的花纹都无须描图、打稿和放样。

盘头巾的精美花带，就靠灵巧的双手和脚指头的配合，用红黄两色毛线编织而成。亮丽的头巾，是用一两百米长的彩色花带盘缠而成。状若葵花、大过斗篷，前面微微翘起，火红火红煞是好看，随着她们俏美的身影，闪动在山野，宛如束束耀眼的山花。

她们的服饰奇特、复杂、精美而讲究。从头到脚都是花的世界，几乎所有亮丽抢眼的色彩，都在她们娇美的身上展现，花瑶的服饰堪称中国少数民族服饰中的一绝。随着社会的进步，瑶山的生活节奏也在加快。每天盘头巾太麻烦了，聪明的妹子别出心裁，先用竹篾织个头巾形状的骨架，再用针把花带依次有序地编满上下两面，外沿缀一圈花边和彩珠，后面再垂下两束长长的五彩须穗。出门时往头上一戴，同样漂亮，进屋摘下就挂在壁上，又可洗可晒，方便多了！

思考与练习

1. 中国传统服饰的确立是从什么时候开始？此后又经过了几次大的变革？

2. 少数民族服饰有哪些基本特征？

3. 少数民族服饰的识别训练：教师 PPT（或视频）展示收集到的各少数民族的服饰，由学生辨识，并进行解说。

第五章 婚姻文化

学习目标

婚姻是一定社会制度所承认的男女两性的结合，是人类繁衍后代的文明形式，是社会高度理性化发展的产物。“洞房花烛夜”是人生的最大喜事，因而受到特别的重视，在长期的演绎中，我国各民族形成了各自的婚庆习俗，这些婚庆习俗是婚姻文化中一道靓丽的风景。通过本章学习，大家主要达到以下目标：

1. 了解我国婚姻家庭的历史演变和婚姻形式。
2. 了解传统婚礼习俗。
3. 了解主要旅游景区少数民族的婚俗。

第一节 婚姻家庭的沿革

1. 原始群婚阶段

在古时，正在形成中的原始人类的两性关系，没有习俗规定的限制，人们过着群体生活。马克思在其《摩尔根〈古代社会〉一书摘要》中说：最古时过着群团的生活，实行杂乱的性交。两性关系带有刚从猿类脱胎过来的习惯，以小群体方式生活，无所谓婚姻家庭，有着毫无节制的性交关系，处于杂乱无序的群婚状态之中。《淮南子·本经训》：“男女群居杂处无二别。”《列子·汤问》：“男女杂游，不聘不媒。”“游”，指男女两性间的自由结合，“媒”，乃是婚姻的中介人角色，“聘”，则是两性结合所经过的社会程序。因而原始群婚之早期阶段，兄弟姐妹、上下辈之间的婚配是毫无限制的。《吕氏春秋》云：“昔太古无尝君矣，其民聚生群处，知母不知父，无亲戚兄弟夫妻男女之别，无上下长幼之道。”《管子·君巨篇》也云：“古者未有夫妻匹配之道。”

2. 血缘婚

旧石器时代早期，人类开始有了最初的婚姻规则。在共同生活的集团内部实行血缘婚。它是人类婚姻史上第二种婚姻制度类型，也叫班辈婚、兄妹婚。恩格斯说："在这里，婚姻集团是按辈份来划分的，在家族范围以内的所有祖父与祖母，都互为夫妻。他们的子女，即父亲和母亲，也是如此；同样的，后者的子女，构成第三个共同夫妻圈子。"在这种婚姻制度下，凡属同辈的男女均互称兄弟姐妹，亦互为婚姻，由此产生了血缘家庭，这是婚姻关系的第一个进步，排除了父母与子女间的婚配关系。

3. 族外婚

在旧石器中、晚期，血缘集团分化成较小的团体——部落，通婚在两个部落之间进行，即实行一个部落的男子与另一个部落的女子互相集体通婚的外婚制群婚，形成了普那路亚家庭，并产生了氏族制度。这是婚姻关系的第二个进步，排除了兄弟和姐妹间的两性关系。

4. 对偶婚

随着社会生产力的发展，通婚范围缩小，到中石器时代至新石器时代，在母系氏族社会晚期，出现了对偶婚，即一男一女共同生活。马克思说："在普那路亚家族制下，便多少有了一男一女结成配偶过同居生活的事实，而这是社会状况的诸条件引起的，每个男子在其若干妻子中，有一个是主妻，反过来说女子也是如此，因而有了向对偶婚过渡的倾向。"人是感情动物，这就决定了他（她）在众多可能的对象中，会有所偏好，有所选择。选择的结果，便是对偶婚的产生，它是普那路亚向一夫一妻制的过渡形式。但是，对偶婚的结合并不牢固，容易离散。初时男子走访女方，后来从妻居，并由此产生了对偶家庭。这是婚姻关系的第三个进步，对偶家庭增添了前所未有的新因素，子女在有确认的亲生母亲之外，又有了确认的生身父亲。

5. 一夫一妻制

新石器时代晚期至金石并用时代，父系氏族制代替了母系氏族制，对偶婚向一夫一妻制过渡。妻子从夫居，男子把自己的财产传给亲生的子女，出现了一夫一妻制家庭。《共产党宣言》称："任何一个时代的统治思想，始终都不过是统治阶级的思想。"在中国，随着私有制的产生，财产继承，包括王位继承，都需要有个亲疏远近，商朝早期，王位继承大都是兄终弟及，无弟传子，汤至南庚，弟死后传兄之子。商朝中期，阳甲至于祖甲，兄终弟及，弟死后传弟之子。商朝晚期，祖甲之后，父死子继完全代替兄终弟及。一句话，一夫一妻制确立后，父死子继的继承法确立，婚姻制度，遂成为一切宗法制度的根源。《家庭、私有制和国家的起源》一书中说："一夫一妻制从一开始就具有了它的特殊性质，使它成了只是对妇女而不是对男子的一夫一妻制。"这一点，在中国传统的父系社会里，得到了充分的证明，所以，所谓的一夫一妻，在中国，只能叫一妻一夫，或者一夫多妻。

第二节　婚姻形式

中华人民共和国成立前，中国各民族虽已普遍过渡到一夫一妻制家庭，但同时还不同程度地残留着先前诸种婚姻形式。

1. 抢婚

在母系氏族社会向父系氏族社会过渡或妻方居住向夫方居住过渡的时期，即两性关系被限制在家族内部班辈之间的同时，家族之外又有抢亲制作为补充。女子在古代，被视作财产，部落战争，家族械斗，导致女人被抢来抢去。女人被抢来后，氏族首领把她们当做战利品赏赐给部下。解放前夕，在一些少数民族中，像云南的景颇族、傣族、阿昌族、傈僳族都不同程度地保留着抢婚的习俗。不过，由原来真抢，变为模拟性、象征性的婚礼仪式，抢婚前，男女双方事先约定好地点、时间。男方抢亲者携带刀和铜钱来抢夺姑娘，姑娘佯装呼救，女方亲友按预定方案上前营救，男方扔下一些铜钱，带着姑娘假装逃走。事后再议定聘金举行婚礼。

2. 不落夫家

这是我国南方许多少数民族普遍存在的一种婚姻习俗，它是原始社会中从妻居婚向从夫居婚转变的残余。新娘在举行结婚仪式后，即返回娘家。每逢农忙、节日或夫家办婚丧等事，由夫家派人接妻子到夫家居住数日或半月，再由夫家送回娘家。妻子留住夫家时，夫家对她以客人相待，只让她参加一些一般劳动或象征性劳动。妻子在娘家居住的时间通常是一两年至七八年，女子通常是在怀孕以后，或虽未怀孕但年龄已大，才到夫家定居。这样才算是正式建立了一夫一妻制的小家庭，称为成家。

3. 从妻居

这是母系氏族制繁荣时期流行的一种婚姻居住形式。男子迁往妻方氏族公社居住，双方共同生活在一个共产制的经济单位之中。这种婚姻是暂时的结合，夫妻并未组成独立的经济单位，因而无论结合还是离异都十分容易。到了父系氏族制时代，虽然从妻居逐渐过渡到从夫居，但其残余一直保留下来。解放前，我国部分拉祜族地区盛行从妻居，从结婚之日起，男子带上生活用具、生产工具及家畜去女家，男子上门的期限，一般为一至三年，有的长达十五年，还有的终生上门。

4. 转房婚

其又称收继婚、升房婚、转亲婚、叔嫂婚。一般而言，转房婚是指父亲死后某一特定的儿子收娶其后母，或者兄长死后弟弟收娶其嫂，或者弟弟死后兄长收娶其弟媳。据民族学家考证，这种婚俗起源于原始社会时期掠夺婚时人们所拥有的财产嗣承观念。原始社会，部落战争较多，掠夺来的妇女自然是财产，一旦男人死去，女人也要被以财产的形式转让给本部落其他男子。但是随着家庭的出现，私有制的产生，这种转让，范围逐渐缩小，最后固定在家族范围之内，也就是说，转让给与死者具有血缘关系的人。转房婚俗出现于原始社会母系氏族后期，在许多民族中广泛流行。匈奴、鲜卑、突厥、契丹等族都有这种风俗。例如汉代的解忧公主嫁给乌孙王岑辄，岑辄死，其堂弟翁归靡即位为国王，继娶解忧，生三男两女。翁归靡死，岑辄之子泥靡即位为国王，公主解忧又嫁泥靡，生一男。王昭君在老单于死后，也转嫁给了老单于的儿子小单于，并且还生了两个女儿。

5. 姑舅表婚

即堂兄妹、表兄妹之间的婚配关系。这种婚配关系是从原始社会母系社会的族外婚发展而来，到了父系氏族社会，转变为姑舅表婚。1949年以前，汉族一些地区还以姑舅表兄弟姊妹为理想配偶。白、彝、侗、布依、傈僳、佤、苗、瑶、土家等民族也盛行此婚俗。其中苗、瑶、土家等民族一般实行单方面的姑舅表婚，即舅家有优先娶外甥女作儿媳的权利，通常是把舅舅家娶外甥女作媳妇当作是姑姑当年出嫁的一种补偿。土家族有“姑妈女，顺手娶”、“舅舅要，隔河叫”的说法。苗族也有“还姑娘”的习俗。中华人民共和国成立后，为了保证子孙后代的健康，提高人口的质量，《婚姻法》规定禁止直系血亲和三代以内的旁系血亲通婚。

6. 一夫多妻

它是随着私有制的发展，男子在生产中起主导作用和掌握了社会财富的结果。是对偶婚向一夫一妻制过渡的产物，并一直存在于阶级社会中。一夫多妻制从未普遍通行，只是富人和显贵人物的特权，平民中偶亦有之。

7. 一妻多夫

这种婚姻家庭形式是在对偶婚向一夫一妻制过渡时产生的。一妻多夫通常有兄弟共妻和朋友共妻两种形式，而以兄弟共妻居多。兄弟共妻主要是为了家庭财产不被分散而不受社会歧视。解放前，西藏某些地区的“差巴”阶层中曾残存着这种制度。“差巴”是农奴阶级中地位优越的阶层，拥有一些家庭财产，害怕因分家而导致家庭财产的分散和社会地位的下降。因此，在一个家庭中兄弟几人同娶一个妻子便成为“差巴”阶层的主要婚姻形式。

8. 交换婚

这是中国历史上很典型的一种婚姻形式。它是指两个不同姓的家族通过协议，互换异性子女互为配偶的婚姻方法。一家男子娶另一家女子，必须以一女嫁到对方家作为交换条件。中国古代，从上到下，交换婚广为流行。比如西周时姬、姜两姓世代为婚。汉武帝娶卫青之姐卫子夫为皇后，卫青则娶武帝姐平阳公主为妻，汉梁荒王刘嘉娶任宝姐妹，而任宝则以刘嘉之妹刘园子为妻。当然，贵族之间的这种交换，其初衷乃是出于政治目的，扩大政治资源。

9. 入赘婚

入赘婚在中国这样一个夫权社会，是很另类的一种婚姻形式，其特点是：男方到女方家入户，俗称倒插门。儿女生下来，还要姓女方家的姓。在中国，尤其在农村，男人是不愿意入赘的，而男人之所以选择这种方式，主要的是出于经济原因，家穷，掏不出彩礼，娶不起媳妇。二是心理原因，自家兄弟多，卖出去一个也无所谓。三是性格原因，男人老实巴交或者另一个极端——好吃懒做游手好闲。而女方要招上门女婿，则主要是没有男丁，怕绝后。

10. 童养媳

童养媳是中国颇有特色的一种传统婚俗。它是指有儿子的家庭，抱养人家的童女为养女，等到儿子与养女达到结婚年龄，使他们完婚成亲，俗称圆房。童养媳风俗在我国古已有之，《三国志》载："该沮国女，至10岁，婚家即迎之长养为媳。"宋代之后，这一风俗便开始盛行。盛行的原因，还在于它的经济性。贫家生女，养不起，即送小康人家，可以换得几斗米谷。而男方呢，既不用掏太多的聘礼，又可以招得一个廉价的劳动力。

11. 典妻婚

所谓的典妻，也叫租妻，历史上广泛流行于浙江、福建、甘肃、辽宁和山西。辽宁叫搭伙，甘肃曰僦妻，在山西被称作挂帐，百姓也有叫"拉边套"的，出租妻子是一种更经济的婚俗形式，简而言之，就是丈夫把妻子出租给需要老婆的人。时间长的叫做典妻，时间短的称租妻。《全国风俗大观》记述："贫苦之家蓄妻不得温饱，可以租之于人，共订合同，半载或一年、三年，以本夫之需索，以定时期之长短。期满则退回而已。"租妻习俗在宋元时代就已流行，沿至明清。冯梦龙《寿宁待志》载："或有急需，典卖其妻，不以为讳。或赁与他人生子。岁仅一金，三周而满，满则归迎。典夫之宽限更券酬直如初。亦有久假不归遂书卖券者"。"左联"作家柔石的小说《为奴隶的母亲》就是描写民国初年浙东农村典妻悲剧的。

12. 聘娶婚

聘娶婚，是指男子以财物作聘礼而娶妻，女子因聘礼而出嫁。《礼记·曲礼》说："非受币，不交不亲。"意思是说，没有"币"作为聘礼，男方是不能与女方交亲的。长期以来，民间社会最流行的婚姻形式当是聘娶婚，其特征有二：它是父母包办的婚姻，父母在这场婚姻中，可能不去考虑子女的爱情、性格与审美取向，考虑更多的是双方家庭的利害关系甚至是自己的审美口味；它又是一种买卖婚姻。

13. 鬼婚

又叫冥婚，阴婚，即幽冥世界的婚姻。起源很早，至少在先秦时期就已流传开来。名目很多，冥配，配骨，幽婚，圆坟。《周礼》有关于冥婚的记载："禁迁葬者，与嫁殇者"。"迁葬"，郑玄注："谓生时非夫妇，死者葬同穴，迁之使相从也。"孔颖达进一步解释为“迁葬，谓成人鳏寡，生时非夫妇，死乃嫁之”。意思是说，人成年后还没有结婚就死亡的，往往施行迁葬，即冥婚仪式。古代中国注重成年礼，男子 20 岁而冠，女子 15 岁而笈，都算是成年了，但如果无婚，死后不能享受祭祀。鬼婚双方的亲家俗称鬼亲家，但并不是等他们做鬼后才做亲家的，而是跟真正的亲家一样互相来往着。旧时早婚现象比较严重，鬼婚同样如此，比如曹操之子曹冲，13 岁时就死了，曹操便将他和甄氏之女合葬。鬼婚的仪式一如生者，彩礼什么的一样不可或缺。唯一不同的是，把闹洞房这一项改作了圆坟，也就是把双方亡人的尸柩迁葬于一起。

第三节　婚嫁礼俗

婚姻作为人生大事，其礼俗相当繁杂，汉族古代的婚礼程序分为“六礼”，“六礼”经《唐律》、《明律》以法律的形式规定后，各代基本都按“六礼”行事。“六礼”指纳采、问名、纳吉、纳征、请期、亲迎六个程序。民间的婚俗在“六礼”的基础上各地都增添了具有地方色彩的礼俗。

1. 纳采

纳采，就是男家请媒人向女家说明缔结婚姻的请求，相当于后来的提亲、说媒。旧时婚姻是一种包办婚姻，青年男女没有自主权，一切全凭父母之命，媒妁之言。即便有男女二人自己相爱的，男青年也不能自己去提亲，而是要先禀告父母，征得父母同意后，再请媒人去提亲。媒人在传统婚姻中发挥着很大的作用。“天上无云不下雨，地上无媒不成亲。”媒人可以主动“揽活”，为男女双方牵线搭桥，也可以是“受人之托，成人之事”。

尽管是婚礼的第一个步骤，纳采也是要携带礼品的。旧时用雁，所以这个仪式也叫“奠雁”。据《白虎通·嫁娶》中推测：“贽用雁者，取其随时而南北，不失其节……又是随阳之鸟，妻从夫之意也，又取飞成行，止成列，明嫁娶之礼，长幼有序，不相逾越也。”雁是侯鸟，冬天飞往南方，夏季生活在北方，来去有时，纳采用雁又等于是告诉女方“男大当婚，女大当嫁”，应当像雁那样适时选择其所在。

【相亲】这是“六礼”中没有但许多地方都流行的礼俗。旧时男女授受不亲，女子更是“大门不出，二门不迈”，身处深闺，难睹芳容，在经媒人说合后，男方一般会提出去女方家看一看的要求，这种在媒人的带领下到女方家里作初次访问的活动就称之为相亲。相亲的日子由男方提出，由媒人决定时间并通知男女双方，双方都应做好准备，男方要带一些礼物，礼不在多，表表心意而已。作为主角的男女双方二人都应尽力收拾打扮得端庄漂亮，以获得对方的好感。如果男方被女方父母留下款待，说明他已得到女方父母及她本人的认可。反之，则说明婚事即将告吹。女方也可以去男方家“拜访”，这在有的地方叫“看当”，女子本人不能去，只能由父母去。若女方父母不愿意接受款待，执意告辞，说明婚事难成，此时男方当然不可费力强留。女方父母通过察看男方家庭情况，欣然接受邀请，结局则是皆大欢喜。

2. 问名

纳采完了，就要请媒人持帖去问女方的姓名及其生辰八字，以便回去占卜吉凶，相当于后世的“请八字”。古人阴阳信仰观念极重，有五行相生相克之说，又有属相相冲相合之说。一事不合，便没有成功的希望。除了命相（八字），问名还包括问清女子为谁氏所生，是亲生还是收养，是正室还是继室所生。“八字”请回来之后，要烧香供在正厅神佛祖先牌位之前放三天。假如在这三天期间，家里发生吵架、失窃、摔坏东西及其他意想不到的灾变事故，就都被认为是不吉之兆，那这门亲事就不必谈了。反之如果在这三天期间，男女双方家中都没有发生任何意外事故，就认为是出于神佛和祖先的保佑，乃是大吉之兆，这门婚事就可以继续谈下去。

3. 纳吉

俗称“批八字”，也叫“合婚”。婚姻能否成立，这是最为紧要的一关。即便其他方面都不错，但只要“八字”不合，婚事只能告吹。所谓八字，是根据天地人合一的原理，把男女出生的时间按天干地支排列一下，看是否相生相克。为了便于记忆，人们又用十二种动物与十二地支相配，形成了人的十二属相（生肖），由属相的合与不合就可以判定婚姻是否相宜。关于属相的合与不合，民间流行有许多的俗谣，相合的如“青羊黄狗古来有，红马黄羊寿命长，黑鼠黄牛两兴旺，青牛黑猪喜洋洋，龙鸡更久长”、“蛇盘兔，必定富；猴嫁鸡，好夫妻”。不合的如“子鼠见羊万年愁，不叫白马见青牛，虎见巳蛇如刀割，兔子见龙不长久，酉鸡不与犬相见，亥猪不可见猿猴”。纳吉之后，“婚姻了之事于是定”。

【订婚】这也是六礼中没有，但在农村却十分流行的一道程序，也叫小聘、文定。举行订婚礼，有戴戒指的仪式。送定时，男家六人或十二人（双数）亲至女家送礼，女家将聘礼奉置于神龛祖先案头前供拜。由将嫁女儿捧甜茶上厅，一一介绍与之见面。男家人饮茶后各送“太茶瓯”之红包于茶杯上，随后女复出，坐在相堂中央之椅上（双脚另置一矮几表示高贵；出嫁面向外，招夫面向内），由男家尊长挂戴戒指。戒指有金铜两个（铜与同音同，喻夫妇同心），以红线系结，以示夫妻姻缘。戒指戴完后，请男家人入席，则订婚礼成。

4. 纳征

相当于现在的送聘礼，也叫过礼、下彩礼。北方叫“过大礼”或“完聘”、“大聘”。《仪礼·士婚礼》载：“征，成也，使使者纳币以成婚礼。”纳征一般定于新娘正式过门的前一天。当男家去女家送聘礼时必须选择偶数的吉日，送的礼物也必须成双成对。纳征之后，就意味着婚姻的缔结。

5. 请期

即由男家占卜择定结婚的吉日良辰，让媒人告知女家，征求女家的同意。结婚是人生大事，必须慎重对待，以求趋吉避凶。婚期的选择，一般请算命先生占卜推算黄道吉日。占卜的中心仍然是八字与属相，嫁娶的月份一定不能犯男女双方属相的忌讳，否则就是“犯月”。民间一般选择双月双日，如二月二、四月八、六月六等。

6. 亲迎

这是婚礼的最后一道程序，它是请期获女家允许后而进行的，由新郎亲自迎娶新娘。在迎亲队伍到来之前，女方有许多准备要做，一般包括以下内容：开脸，即用丝线绞去脸上的汗毛，使脸部光洁明净；上盖头，由一个“好命人”（父母兄弟姐妹俱全的人）给新娘梳好头之后，再插上象征女子成年的发簪，戴上“盖头”；食姐妹席，也就是与姐妹的惜别宴。迎娶新娘，汉唐时用车，至宋代才流行起人们所熟知的花轿。迎亲的队伍包括吹鼓乐队。新郎骑着马，头戴官帽，胸佩大红花。新娘进门后便是拜堂成亲。迎亲过程中的礼俗丰富多彩，因地域的不同而体现出不同的特色。

男女成婚后，还有不少的婚后礼俗。

认大小　婚后次日，新娘要拜见公婆，拜公婆时男家的其他人亦在堂，由新娘子辨认、识记。首先要叩拜祖先，之后再给公婆行三叩首礼。对于平辈只是一揖，唯独对于大姑子则叩首，称“高见礼”。受礼的长辈可以给新婚夫妇一些首饰、衣料、化妆品等作为礼品。

回门　在婚典的第二天或第三天，新郎新娘回到女家，女家设宴款待宾客。新郎也要像新娘在男家认大小一样，拜见尊长，辨认大小。

第四节　少数民族的婚俗

一、择偶习俗

相比于汉族由父母包办的封闭式婚姻，少数民族的婚姻要开放一些，青年男女可以自由选择自己所爱的人。而民间的节日集会，各种喜庆场合，都为青年男女提供了谈情说爱，选择配偶的机会。各民族的青年男女们也创造了颇具自己民族特色的择偶形式。

游方　旧称“摇马郎”，是黔东南、黔南苗族青年男女公开的社交和娱乐活动。苗族青年男女往往通过游方这种方式，交结朋友，选择伴侣。

《黄平州志》上曾有这样的记载：“……吹笙间以山歌，木叶两相勾引于深沟密菁，促膝私语，谓之‘摇阿妹’，又谓‘摇马郎’。”苗族有同姓同宗不婚的习俗，有的地方同姓不同宗也可通婚。为了方便青年男女社交，每一个苗寨都有供青年男女谈情说爱的场所，叫“游方坡”，或“游方坪”。节日一到，母亲为女儿做花衣，父亲存钱打首饰，把女儿打扮起来去游方。男青年往往要爬山涉水几十里，甚至上百里，主动到游方坡去游方——用吹口哨、木叶、夜箫、芦笙或唱山歌等信号邀请女青年出门。有的地方平时夜间也可以游方。姑娘们身着崭新的衣裙，头戴银首饰，颈配银项圈，用以表示自己的富有，并以自己美丽的容貌和姿态，吸引小伙子的爱慕。他们在游方坡见面后，小伙子十分礼貌地和姑娘打招呼，称赞姑娘的美貌，然后通过对山歌互相介绍。夜幕降临后，小伙子吹起芦笙，姑娘在芦笙的伴奏下翩翩起舞。舞步随着舞曲变换，进、退、回、旋，整齐而优美，多样而和谐，时而强健有力，时而轻盈舒缓。尤其在月光下，悠扬的芦笙伴着优美的舞姿，蒙蒙眬眬，像到了另一个天地，特别富有诗情画意。可以说苗族青年男女的恋爱是在舞蹈和对歌中进行的。

深夜后，男女青年围着火塘对唱。这时候的对歌往往是小伙子用歌声赞美姑娘的美丽、聪明等，抒发爱的情意，把一切赞美的语言都拿出来。姑娘也可以“海誓山盟”，表达出非他不嫁的决心。

通过多次的游方后，双方互相了解后，小伙子便到女方父母家中走访。这时，姑娘对小伙子表现出特殊的爱慕，女方父母杀鸡宰鸭，取出美酒款待。晚上男女二人又互唱山歌，这时的山歌情深意切，即景生情，现编现唱，随口对唱，订立婚约，交换信物。

苗族游方活动是很讲礼貌的，毫无粗鄙、浪荡的行为，体现了高尚的情操和品德。

青年找伴侣很自由，但结婚必须征得父母的同意，父母不同意，婚姻很难成立。至今黔东南民间仍存在着“还娘头”的习俗，即舅家有娶外甥女的优先权。

赶表 布依语叫“浪冒浪哨”。是布依族青年男女寻觅配偶，交流感情的一种社交活动。“赶表”多选择在喜事和农闲赶场天进行。赶表时，男女青年聚于传统的山坡处集体对歌，还可以通过吹木叶和勒尤来表达自己的爱慕之情。如果青年男女双方都觉得有必要进一步交往，就预约好下次赶表的时间和地点，如果姑娘不同意，可婉言谢绝。黔南一带的少女在对歌时，将绣制的糠包甩给属意的小伙子，邀至林间单独对歌和叙情，以至互赠信物，然后由男方父母央媒行聘成婚。赶表歌有“情歌”、“苦歌”、“逃婚歌”、“告状歌”之分，歌词有九言、七言、五言、四言。赶表的双方必须互相尊敬，行为规矩，语言文明。

走坡 “走坡”是仫佬族青年人的社交活动。青年男女通过走坡选择自己的意中人，节日更是走坡的好季节。“走坡”多在春、秋农闲时节举行。春季走坡选在春节至元宵节的一段时间，秋季走坡选在中秋节前后的一个圩期里。走坡活动，古有惯例，不必发通知、出布告，坡会的日期和场所，群众心中早已有数。届时，青年男女身穿节日盛装，女的花枝招展，男的潇洒大方，成群结队，由各村各寨云集到坡场来。唱歌传情，互唱互答，有邀请歌、盘问歌等，增进彼此的了解。如果男女双方有情有意，便接唱倾诉爱慕之情的“谈情歌”；如双方感情进一步加深，进而即唱“初结歌”，表示初步认定对方为自己的意中人。对歌结束时，要唱“惜别歌”、“相约歌”，表示年轻恋人依依惜别、难分难舍，盼望再相见的心情，并互赠信物，男方送女方月饼称“同年饼”，女方送男方同年鞋，又称“鸳鸯鞋”，意为成双成对，共结同心。最著名的走坡地点是位于广西罗城东门、乔头、小长安三乡交界的花源洞和四把乡龙潭边的新印坡。

行歌坐月 “行歌坐月”是侗族男女青年的集体社交和娱乐活动。流行于南部侗族地区。各地名称不一，或称“走寨”（对小伙子而言）、“坐夜”（对姑娘而言），或称“坐歌堂”，习惯上合称“行歌坐月”或“行歌坐夜”，一般在农闲时进行。当夜幕降临，小伙子们便拿着自制的牛腿琴、琵琶等乐器，三五成群，走村串巷，到本寨或别的村寨去找姑娘。几个姑娘则聚集在某一家一边纺纱绣花，一边等待小伙子们来访。届时，大家围坐于火塘四周，或对唱情歌，或男的弹奏牛腿琴、琵琶，女子吟唱。如醉如痴，互诉衷肠，互表情意。在不同的季节要唱不同内容的歌，在问答式的对唱中，谁见识广、懂礼多，谁就会受到青睐。其人数或多或少，也往往时离时合，对象也没什么限制，男女均可结交多个异性，可以走很多的歌堂。在长期的交往过程中，大家互相了解，也在暗中寻找自己的意中人。当某对男女情投意合时，便可互相邀约，增加往来，建立正式的恋爱关系。

丢包 丢包，傣语称为“端麻管”，是集娱乐与传情求爱于一体的活动。汉文史籍上有记载说：“丢包为沿边游戏之一，亦为促成婚姻之媒介，来场者均为未字之女郎，自制花团，其大如桔，外皮用颜色之布，内装棉花绷子。”这段记载，说明沿边傣族的丢包活动，早已成为传情求爱的一种形式。每当傣历新年（泼水节）来临之际，各村各寨的未婚女子，便买来花布、丝线、花边，缝制花包。时下的花包，呈四角棱形，仍是大小如桔，外皮用多色花布拼缝，内填棉子，角上缀有约五寸长短的丝线束或花边，安有一条一尺多长的提绳，供丢包时握绳甩掷。丢包之日，未婚男女青年在寨旁的草坪上或椿树下集中，分别列阵各站一边，含情脉脉地相互对视片刻，女青年便手握花包提绳轻甩几圈，再“嗖”地向男青年甩去。见花包飞来，男青年争相抢接，接住的自然欢呼雀跃，接不住的便得给丢包的姑娘送些礼物或礼钱。男青年得到花包以后，也仿效女青年的模样，轻甩几圈花包，再“嗖”地掷出，让女青年抢接。未接住包的姑娘，得将一朵鲜花献给掷包的小伙子。经过几番试探性的抛掷之后，心有灵犀的男女便结对对丢。这时的花包已成为传递感情的使者，带着情与爱飞向对方。两人对丢一段时间以后，便悄然离开丢包场所，或隐于林木之中，或溪泉岸畔倾心交谈，最终坠入爱河，变为情侣。那小小的花包，不知为多少妙龄女子牵线，为多少多情小伙子搭桥，使一对又一对有情之人结为终生伴侣，共度恩爱人生。

情卦 “情卦”是藏族男女青年表达爱情的方式。“情卦”藏语叫“日梦祷”，虽然占卦是一种方术，但藏族青年的“情卦”却带有更多的游戏色彩，是以爱情为内容的猜心思游戏。凡参加“情卦”的男女青年，每人拿出一件最能代表自己心思的小物件放在一人手中。掌管物件的人将所有的小物件在手里摇晃后，暗中取出一件，让大家猜。于是其他青年便猜测物件属谁所有，并针对物主爱情上的处境唱出一串有趣的情歌。如果物主已经选中了心上人，但却羞于开口，就要用含蓄的歌词唱出来。如果物主虽然选中了意中人，但是对方早与别人私定终身，大家可以用含蓄的歌词来取笑他（她）。歌声结束后，掌管物件的人将手松开，看物件是谁的，刚才唱的歌就是谁爱情上的预卜。

藏族青年交往恋爱还有另外一种形式，就是“抢帽子”。如果一个小伙子看上一位姑娘，他便会找机会接近她，然后趁机将她的帽子抢走。过了几天，小伙子会回来找姑娘，将帽子还给她。如果姑娘愉快地接过帽子，就说明姑娘也爱上了小伙子。如果姑娘不肯接受帽子，就表明姑娘不爱这个小伙子。

二、婚礼习俗

不同的民族，其婚礼习俗是不一样的，下面简介一些少数民族的婚俗。

（一）藏族的婚礼

西藏，是中国藏族的发祥地和聚居地。除西藏之外，青海、甘肃、四川、云南的许多地区也都有藏族居住。在幅员辽阔的藏族地区，由于受各地自然环境和生产生活方式的影响，婚礼仪式的差异往往是很大的。

1. 西藏地区藏族的婚礼

结婚这天，新郎盛装打扮，由亲友陪同，骑马前往岳父家迎娶新娘，女家备盛宴款待。

新娘从天明到迎亲队伍到来，应一直哭唱抒情长歌《娥妮》。女方请来的歌手在迎亲队伍到来之后唱《哭嫁歌》。新娘拜过父母后，手握十双崭新的筷子，每向外走几步，便向后丢一双。有的地方把最后一双别入新人马鞍，象征男女两家兴旺，不愁吃穿。新娘上马，送嫁女哭唱起《送嫁歌》。

迎亲归来，路上行人会站立在路旁祝贺，新娘把糖果撒向路旁。

新娘到来前男家必须在离家不远的路旁设迎亲路席。新郎新娘到男家时，男家门前已燃起了一堆火。新娘下马后，绕火堆三圈，然后走进帐篷。古俗认为，走过火堆的新娘从此便成为男家的正式家庭成员。进门后，一位吉祥人用柏枝蘸清水洒向新郎新娘，祝福新婚吉祥。男方接亲的女眷要向新娘献上一桶牛奶，象征牧业兴旺，婆婆赠给新娘一把钥匙，表示交予财权。结婚仪式在帐篷里举行，新郎新娘并排坐在毛毯上，各自用双手紧紧地捂着脸，低着头。主婚人祝福新郎新娘新婚幸福愉快，吉祥如意。前来贺喜的宾客向新婚夫妇祝贺，并将雪白的哈达献给新人。新郎的父母代替新人接受礼物并向每位宾客道谢。

按习俗，人们祝福结束后，要吃一顿象征性的饭，即吃一种用多样佐料煮成的面条，香美的面条意味着新郎新娘互敬互爱，白头偕老。然后，宾客便进入筵席，唱起悠扬的祝酒歌。

新娘还要献给婆婆“九毛救拉”，即新娘出嫁前制做的一件长盘袄，表示对长辈的尊敬和体贴。

当老人们喝酒时，年轻人便跳起了优美的舞蹈。新郎新娘敬罢酒后，也加入舞蹈的行列，婚礼舞会进入高潮。深夜，宴罢舞止，一对新人带着大家的祝福进入洞房。

2. 甘肃天祝地区藏族的婚礼

当系着五彩丝絮和羊毛的定亲酒，将男女两家的婚姻联系在一起的时候，结婚的准备实际上已经开始。清晨，哭哭啼啼的新娘，在亲人和乡亲们的簇拥下走出大门，上马起程。送亲的人数不多（习惯上一般是八人），新娘的祖父、外祖母、舅舅、叔叔、哥哥、媒人、送亲婶子等，作为婚宴的参加者是必须参与送亲的。要是这些成员中缺少一个，必须临时请一人补齐。俗话说：“藏人的酒席不是任何人都吃得了的。”意思是说，凡是作为送亲者的喜客，不单要通晓世故人情，善于辞令，而且还必须是歌唱能手。他们在男家的婚宴上，要与成百的唱家、说客、喝家（有一定酒量的人）打交道，要为女方家争体面，不能给自己的部落丢脸。所以这些人都是挑了又挑，选了又选的精兵强将。他们能说会唱，八面逢源。就连送亲客的穿戴和坐骑也十分讲究，显得军容整齐。他们骑着一色的枣红马（不骑花马和白马），戴着狐皮帽子，穿着氆氇藏袍，脚蹬马靴，腰挎银饰佩刀，显得气宇轩昂，威风凛凛。女方家的送亲客还要在怀里揣个小酒壶，灌上半斤或一斤白酒。当他们一爬上送亲的马背，便酒壶不离手，酒曲不离口，逗得沿途的群众争着瞧热闹。

送亲的路上沿途还会遇到“哲嘎娃”（婚礼助兴者）们敬酒，最后一站，是男方家派来的哲嘎娃，他们是受主人的委托前来接风的。这是婚礼的一个转折点，往往东客（迎亲者，由男方派出）和喜客（女方派出的送亲者）的唇枪舌战就从这里开始。男方家设哲嘎娃迎亲，是一种礼貌。如果不设哲嘎娃，送亲者一气之下，也许要带着新娘折回去。即使不折回，闹到男方家，那就令人不快了。哲嘎娃的另一个任务是负责向送亲者转达主人对婚礼的安排。转达完了骑马溜走。如果迟一步，送亲的人就会抢他的帽子，以便在婚宴上当做笑料大肆宣扬。因此，男方家都选精干的小伙子承担这一任务。送亲的队伍到了男家，负责迎亲的两位妇女，一人手捧哈达，一人尾随其后，赶忙走来。他们要冲进马群去接新娘的马缰绳，但马缰绳却握在新娘哥哥的手中。这缰绳被新娘的哥哥团成团，握在手心里，只露出一点点绳头，让迎亲娘来接。机警的接亲妇女会乘其不备，一把抓住缰绳头。这时只要将哈达搭在新娘的马鞍桥上，接亲就算成功。如果接亲者没有抢到缰绳头，而是握在缰绳的中间，送亲者的马鞭子就会抽下来。接亲的妇女难免要受点皮肉之苦。如果再让送亲者把哈达抢去，那就十分麻烦，迎亲者因此而要求情陪礼，备受奚落。所以婚礼仪式上的两位接亲娘，必须由手脚麻利的妇女担任。这一仪式完了，送亲者才纷纷下马。但其中有一人不肯下马，那是新娘的舅舅。原来这是一种古俗。当舅舅送外甥女（新娘）到婆家时，婆家要回赠舅舅一匹马。当然现在并没人送马给舅舅，最多给几块糖顶替。但男方家对这位舅舅绝不能怠慢，并且要小心伺候。如果稍有不周，得罪了他，他会把喜宴搅得乱七八糟。

如上仪式过后，新娘下马，由送亲婶子扶着朝男方家大门走去。送亲的人们唱着酒曲，迎亲的人们也唱着酒曲向送亲者敬酒。到了大门口，婆婆在那里迎接新娘。进门时要举行“换帽子”的仪礼。婆婆摘下新娘头上的狐皮帽，换上四块瓦的毡帽。到这时，新娘才真正成了婆家的人。迎亲仪式也暂时告一段落。紧接着，更加盛大的婚礼宴会开始了。

3. 川西嘉绒藏族的婚礼

结婚那天的清晨，新娘在最亲近的几位亲戚的陪同下，由哥哥背出寨子的大门。新娘来到新郎的村寨时，寨口已有许多乡邻在翘首盼望。新娘的舅舅用柏树枝蘸着净水（称圣水）敬天、敬地、敬山神。到了夫家，一道难题摆在新郎面前，因为新娘和伴娘的装束完全一样，红头巾盖着她俩的脸，到底哪个是新娘哪个是伴娘，要由新郎自己来认。新郎凭自己送给新娘的信物手镯、戒指认出了真正的新娘，于是红头巾揭开，新娘与参加婚礼的乡亲们见面。嘉绒藏族的婚礼由新娘的舅父主持，嘉绒藏族的婚礼是隆重的，也是神圣的，婚礼自始至终村寨里载歌载舞整日彻夜。但是最奇特的是在婚礼的这天，新娘不能和新郎同居，只能由伴娘陪伴着，连和新郎说一句话甚至碰根指头的机会都没有。第二天还要回娘家去，在娘家过上一段日子以后再到婆家，这样，夫妻生活才真正开始。第二天，新娘舅舅带着自己的外甥女要离开新郎寨子的时候，新郎寨子的乡邻们，特别是青年男女，会夹道恭送。道路两旁，两位青年牵着一根红绸，横拦着回去的道路，这叫“拦红”，同时有人上前给离去的新娘的家人额头上抹上白面粉，让他们钻过红绸。嘉绒藏族十分崇尚白色，互相涂抹白面粉是对亲人、乡邻和生活的祝福。

（二）蒙古族的婚礼

蒙古族世代生活在广袤辽阔的草原上，居住分散，娶妻或嫁女都要到很远的地方去，女儿出嫁后不知道何年何月才能与父母兄妹再见面，因此娶亲成了男婚女嫁的喜事和亲人分别的悲伤事。这种情感的抒发当然要通过歌唱去表达，于是产生了婚礼歌。经过漫长的演变，一种专门在婚礼上担当唱歌角色的半职业性的婚礼祝词家就产生了，男方的称为“贺勒莫沁”，女方的称为“嫂子”。而婚礼歌的演唱和内容也日渐丰富和完善，形成了相对固定的程序。尽管蒙古族分布祖国的北部和西部边疆，各地区的婚俗不大一样，但婚礼歌却贯穿着各地婚礼习俗的全过程。

婚礼（蒙语称“好力牧”）是由喇嘛或长辈选定良辰吉日，隆重举行的结婚庆典。牧区婚礼一般持续三四天。到了娶亲这天，男方家要举行一个宴会，送娶亲队伍上路，娶亲队伍一般都是夜间或天亮前出发，也有白天出发的，根据新娘家的路途远近而定。草原的夜晚总是宁静、空旷的，本来就稀少的村落显得更为分散和遥远。为了驱散沿途的寂寞，又不至互相走失，便放开嗓门，一路奔驰，一路高歌……新娘上接亲车之前，要举行告别仪式。新郎新娘首先跪拜火神。跪拜结束后，新娘不能主动上车，而是哭着和父母依依不舍。此时，祝颂人前来用诗歌的形式劝告新娘。

母亲端过一碗鲜奶，一边安慰一边让她喝，但姑娘不能全喝，只喝一点儿，表示姑娘给娘家留口福。随后母亲把剩下的奶往上洒向四面八方。这时新郎过来把新娘推进大篷车里，接送新娘的队伍离新郎家不远时，便要停下来休息。这时新郎和伴郎先回去报信，然后新郎换骑快马，领着迎亲人马前来迎接。

蒙古族婚礼是诗歌更是戏剧。参演的不仅是新娘新郎、伴娘婚亲，而是整个民族。蒙古族婚礼所不同的是重礼不重财。礼是礼路、规矩，用的象征物和道具很多，充满戏剧性和虚拟的问答，洋溢着种种诗意和浪漫气息。精神生活绝对大于物质生活，或者说把生活艺术化了。似乎整个民族还停留在可爱的童年。在举行婚礼时又似乎回到古代，把这个民族的传说、历史，一些稀奇古怪、鲜为人知的习俗又重演了一遍。许多民族昨天已消失的淳朴古俗，这个民族今天还完整地保留着。

蒙古族很注重婚礼仪式，尽管地区不同，形式各有差异，但都非常隆重、热闹。牧区的婚俗更有特色，娶亲回到男方家，新郎新娘不下马车，先绕蒙古包转三圈，然后，新郎新娘双双穿过旺火，接受火神的洗礼，表示爱情的纯真、坚贞不渝和新生活的兴旺。新郎新娘进入蒙古包，首先拜祭佛灶，然后拜见父母和亲友，礼毕再梳头改装。婚宴上摆羊背子或全羊席，各种奶食品、糖果应有尽有。献哈达、敬酒、唱歌、跳舞，常常是通宵达旦，热闹非凡。

（三）满族的婚礼

满族婚礼，严格地按照一定的程序进行。这些程序包括了看门户、放定、下大茶、换盅、问话（或送日子）、开剪、打下处、过箱柜、插车、劝性、拜北斗、拖宝瓶（或抱煤壶）、坐福（或坐帐篷）、念哈力巴经、分大小、回门等。这些婚礼程序，是在漫长的社会发展中逐渐形成的。后来，随着社会的发展，扬弃了一些封建迷信成分，趋于简洁和实际。

满族青年男女到了成婚年龄时，由媒人从中说合成婚。说合之后，男女两家要互相看望，意在互相了解，这叫“看门户”。如果男女两家都满意，男家送给女家一些定礼叫“放定”。正式送聘礼叫“下大茶”，聘礼包括衣服、首饰、银两、酒、猪头等，送到后，女家将其一一陈列在祖先神案前，两亲家跪于地上，互相斟酒叫“换盅”。男家选定娶亲日期，通报女家叫“问话”。女家选吉日到男家，将备好的彩礼等陈列于祖先的神案前，两亲家再次跪拜并奠酒祝贺，叫“开剪”。这一切仪式完毕后，才正式迎娶新娘。

满族的婚礼一般举行三天。第一天，新娘离开娘家前，要向祖先神佛托妈妈叩头告别，并祈祷佛托妈妈保佑。然后由一位送亲婆陪同，乘迎亲彩车到男家去。新娘乘坐的彩车到男家时，不立即举行婚礼，

要暂时在男方家事先选好的一家人家住下来，叫“打下处”。随新娘送来的嫁妆都要抬到男家去，放在男家门前，这就是所谓的“过箱柜”。

第二天天亮前，新娘又一次登上彩车，由自己的哥哥护送前往男家。同时，新郎由一位傧相陪同，带领迎亲车前去迎亲。途中两车相遇，车厢紧靠，这时新娘换上婚礼盛装，由她的哥哥将她从送亲车上抱到迎亲车上。这是一种交换仪式，俗称“插车”。到了男方家门口，如果时辰不到，新娘不能下车，只能在车中静候，这叫“劝性”，意思是要新娘善于忍耐。新娘下车时，头顶红布盖头，前后心各悬一面明镜，脚踩红毡，走到天地桌前，和新郎一起朝北方礼拜，俗称“拜北斗”。这时，院子中早已搭好一座帐篷，新娘来到帐篷前，新郎用秤杆挑去盖头。放在帐篷顶上，然后递给新娘两个盛有米和钱的锡壶，让新娘抱于怀中，这就叫“抱宝瓶”。同时还递给新娘一束栗子木，也让她抱住。新娘进门时要迈过放在门坎上的马鞍、火盆，然后上床入座，这叫“坐福”。

正午时分，举行合婚礼。院子里摆放一个神案，神案上供一副猪肘子。碗里放三个酒盅和一把尖刀。新郎面向南跪下。这时有人用满语念诵《哈力巴经》，向新郎新娘祝福。《哈力巴经》分三节，每念完一节，便用刀切一块肉抛向天空，同时往地上洒一壶酒。满族的合婚仪式庄严而热烈，看热闹的人欢笑相庆。傍晚日落前，新娘的小姑和小叔拉新娘下床，出门看日光。晚上新婚的夫妇就睡在帐篷里。不过临睡前还要举行一道仪式，即新郎背一个背包，绕帐篷三圈，一边绕一边问新娘：“留不留宿呀?”新娘如回答可以留宿，新郎就入内。如果不应答，那就得再绕三圈。新郎进入帐篷后，夫妻共饮交杯酒，吃合喜面，婚礼就算结束了。

（四）维吾尔族的婚礼

维吾尔族信仰伊斯兰教，婚礼按照传统习惯分两天举行。在一般情况下，男女相爱，在举行过定婚礼，登记领取结婚证书后，商定结婚日期，到时男方即可娶亲。婚礼虽然比较简单，但隆重而热烈。

婚礼的第一天，在女家举行。这一天，新郎由伴郎陪同亲自到女家去迎亲。到了女家，男女客人分两厢站定，阿訇和伊玛木（均为宗教职业者）出面念诵《古兰经》，并主持婚礼。阿訇先问新娘：“某某，你情愿嫁给某某为妻吗?”由于害羞，新娘总是低头不答，性急的伙伴在一旁催促。等了好久，阿訇又一次问她：“某某，你情愿嫁给某某为妻吗?”新娘仍不回答。阿訇第三次再问新娘，新娘这才低着头羞怯地回答：

“我情愿。”这时阿訇又问新郎：“某某，你情愿娶某某为妻吗？”新郎虽然也觉得不好意思，但心情迫不及待，所以总是在阿訇第一次问他时，就爽快地回答：“我情愿。”阿訇高兴地点头，立即念诵《古兰经》，为新人祝福，勉励他们互敬互爱，尊老爱幼。接着，按照维吾尔族的传统礼节，阿訇拿出两块蘸着盐水的烤馕，给新郎新娘每人一块，让他们当众吃下。这种馕虽然咸得发苦，但它象征新婚夫妇愿意同甘共苦，白头偕老。在场的亲友们都向新郎新娘祝贺，并跳起欢乐的舞蹈。舞毕，宾主入座就餐，女家的婚礼就算结束了。

下午，新娘穿上鲜艳的花裙，戴上项链，头蒙红纱巾，在一群姑娘的簇拥下走出家门。这时女方的歌手们以新娘母亲的口吻唱起《劝嫁歌》：

年青无知的小羊羔啊，我的孩子！
说话比蜜还甜的女儿啊，我的孩子！
你还不到十五岁啊，我的孩子！
爹妈打骂也不出门的女儿啊，我的孩子！
我黑眼睛的小海狸啊，
如今你要离我而去，我的孩子！
我的翅膀折断了，我的孩子！
我的美丽的小雏鹰，
如今你要离我而去，我的孩子！

歌毕，新郎新娘分别乘坐彩车或骑马向男方家进发。一路上，同来迎亲的小伙子们打起手鼓，摇起“撒巴依”，弹起“热瓦甫”，吹吹打打，唱着喜歌走在迎亲队伍的前头。沿途的乡亲们可以在半路上拦驾，达时新郎将右手放在胸前，频频施礼，同时给围观的孩子们撒喜糖。有时迎亲队伍还要停下来就地歌舞一番，这也是维吾尔族婚礼的仪式之一。

新娘来到男方家门口，按照维吾尔族的古老风俗，门口早已点燃起一堆神火，这火是用来辟邪的。客人们分别勾起一点火，在新娘头上绕三圈，新娘向客人们分送礼品，然后绕火堆转一圈，才可登堂入室进入洞房。这可能是维吾尔族古老的原始宗教中的拜火仪式的残留。如今这一仪式已不多见，迎接新娘的则是鲜红的地毯或毛毡。

第二天是婚礼的高潮——揭盖头仪式。这一天同样是在欢宴中度过的。喜筵开始时，男女双方的至爱亲朋必须用冲壶洗手，然后依次围坐在地毯或毡子上。客人面前洁白的饭单上摆满了喜糖、葡萄干、杏干、大枣、花生和糕点。主人用具有民族特色的烤馕、抓饭和羊肉招待客人。抓饭是维吾尔族独特的食品，用大米、羊肉、胡萝卜、洋葱、清油混合焖煮而成，色香味俱佳。维吾尔族吃抓饭不用筷子，也不用勺子，用手来抓，故名“抓饭”。人们边吃边谈，异常兴奋。小伙子们更是情不自禁地弹起“都塔尔”，引吭高歌，跳起欢乐的维吾尔族舞蹈。饭后，年长的客人们告别离去，只有青年男女们留下，等待为新娘揭盖头。揭盖头时，男女双方的主要客人必须在场。女方客人在左，男方客人在右，同作“都瓦”（祈祷）。这时男方有一客人（一般是妙龄少女），突然从人群中跑出来，轻巧敏捷地将新娘头上的面纱揭去，新娘的真容显露，整个新房便欢腾起来。这时欢乐的歌舞开始了，一对对青年男女，在手鼓和热瓦甫的伴奏下，踩着鼓点，合着乐曲，跳起传统的“刀郎舞”。新郎新娘在大家的邀请下，步入会场，轻举舞步，巧转腰肢。所有在场的人也都纷纷参加一直欢歌曼舞到夜阑更深，方才尽兴而归。为期两天的婚礼这时便宣告结束。

（五）傣族的婚礼

1. 婚前的自由社交

傣族青年男女在婚前有相当充分的社交自由。青年男女通过对歌恋爱选择情侣。赶街、做赕（傣语，意为用物品献佛）、纺线（一种拜佛活动）、舂米、嫁娶以及各种节庆活动，都是傣族青年互相接触和谈情说爱的好机会。“情书”也是傣家青年人表达感情的一种含蓄、委婉的方式。很早以前，人们把情诗刻在贝叶上，并刻上一对相依相偎的凤凰。如果姑娘不喜欢这个小伙子，便回信婉言谢绝。如果姑娘喜欢这个小伙子，便画一只凤凰回赠。傣族青年男女恋爱虽有自由，但正式订婚和结婚必须经过说媒和送彩礼。尤其是封建领主时期还要受到等级婚制的约束。

2. 等级婚制

1949 年以前，傣族地区有着严格的等级婚制，不同等级的人不能建立婚姻关系。西双版纳的召片领（傣语，意为广大工地之王）、召勐（傣语，意为土司）和主要属官，属于贵族通婚集团。德宏等地土司之间才能通婚，属官和属官之间方可通婚。在贵族内部也有城市和乡村的差别，生活在农村的贵族男子不能同生活在城里的贵族女子通婚。这种严格的等级婚姻制度，使傣族统治阶级形成比较固定的互婚集团，一个是西双版纳的召片领和召勐、孟连土司之间的互婚集团，另一个是德宏和耿马、孟定等土司家族的互婚集团。由于严格的限制，统治集团家族内婚和近亲通婚的现象较为普遍，除同胞兄弟姊妹不能通婚外，堂表兄弟姐妹之间皆可通婚，甚至不同辈分之间也可以通婚。有时，统治阶级男子娶民家女子为妾，但她们的地位十分低下，她们所生的子女没有财产继承权，甚至不能与家庭同姓。统治阶级不仅在内部实行严格的等级婚制，在农民内部之间也实行婚姻限制。召片领严禁负责养马的农奴的男子与非养马的农奴的女子通婚，因为如果这些男子从妻居，就无人为他们照看马匹。也有的等级低的农民与等级高的女子通婚，但必须缴纳一定数量的钱，才能得到允许。

3. 婚姻仪式

青年男女恋爱成熟后，男方要请一位有威望的长者或亲朋好友去女方家说亲，女方父母和家族长同意之后，亲事就算定下来了，媒人即通知男方准备订亲的礼物，双方商定结婚的日期。

傣族“开门节”（阳历10月15日）后，才能举行婚礼，傣族结婚，男方、女方两家都要举行隆重的婚礼。傣族历史上有“从妻居”的习俗，所以婚礼大都在女方家先举行。婚礼十分热闹而隆重。婚礼开始前，新婚夫妇要先到佛寺拜佛，祈求吉祥幸福，白头到老。之后，在女方家竹楼上举行婚礼，双双并坐在婚礼桌前，接受德高望重的长者的祝福。桌上摆着送给女方的衣服、筒裙、银器、长刀、煮熟的鸡、米酒、糯米饭、红糖、芭蕉、盐巴、白线等。祝福后，新人要去抢酒盅里的槟榔叶，据说谁先抢到谁就会在将来的家庭居于主导地位。之后，婚礼主持人要为男左女右跪在面前的新人拴线，从男方左肩一直围到女方右肩，再拿起两束白线，分别拴在新郎、新娘的手腕上。白线象征纯洁，拴线意味着把他们的心拴在一起，婚礼仪式就算结束了。之后，便开始婚宴，在赞哈（歌手）的歌声中，开怀畅饮，人们不时发出“水、水、水”的欢呼，频频举杯向新人祝福。

（六）苗族的婚礼

苗族主要聚居在贵州、云南、湖南等省，由于历史上的长期隔离，各地形成了不同的婚俗。

湘西苗族姑娘初次外出结交男朋友苗语称“讲链讲规”或“溜比溜苟”，直接翻译就是“放鹰放鹞”和“采果摘籽”。小伙子结交姑娘叫“帮链帮规”或“溜背溜喜”，直接翻译就是“打鹰打鹞”和“攀花摘卉”。

湘西苗族青年幽会也有暗号和密码，这就是“草标”。双方只要看到草标，就知道各自的行踪。初相会时，女方如先到达约会地点，必先在约会地点的路口留下一个草标。这个草标的含义只有赴约会的情人知道，有如密码一般的神奇功力。不过，也有一般人都能看懂的草标。一把草上结个疙瘩，疙瘩结在草尖上，草根朝幽会的方向，则暗示一方先到，示意对方快来。后者看到这个草标，必须留下一个草标，疙瘩结在草的中部。这后面一个草标暗示过路者，山中有情人幽会，请走大路。行人见了这样的草标，一般都会避开，以免撞见别人的幽会。

居住在云南南部的苗族，青年男女中有一种打毽活动，十分有趣。毽子就是中国民间都用来踢的那种，打毽的板和乒乓球拍差不多。男女青年在打毽活动中，输的一方要让赢的一方“揉耳朵”，不许反抗，但可以跑。如果输赢双方的男女没有情意，纯属比赛，那赢者会使劲揉对方的耳朵，直到对方耳朵发烫为止。如果对打的男女相互有爱慕之意，输者会主动让赢者揉耳朵，而赢者是不会使劲揉的，而是红着脸轻轻摸一下对方的耳朵。也有的人一输就跑，赢者假装追赶，两人一直跑到无人的场所，倾诉衷肠。

在传统的踩花山节期间，云南金平苗族青年到了花山场上，好心的主人早已为青年们准备好了几套“土电话”，它是用竹筒蒙上油纸、将线从中穿过而成的。男女在“土电话”上，用对歌的形式表达自己的感情，询问对方的情况。唱到兴起，小伙子会将“话筒”交给一边的伙伴应付，自己跑去偷看姑娘的模样。如果相互不中意，对歌到此为止。如果双方都满意，继续对唱，约定下一次见面的地点。

广西融水一带的苗族青年，盛行“种花生”这个交往活动。走寨时，小伙子们向姑娘发出邀请，确定时间地点之后，姑娘们就会按照时间来到小伙子的村寨，他们带着农具和肥料，上山种花生，期间男女青年谈笑风生，边劳动边对唱山歌，互相接触试探。花生种子播下后，等苗长高时，双方又要组织一次施肥除草活动，其实是为了创造一次见面机会，这时大家开始物色对象谈恋爱。第三次是秋收花生时，大家相邀收花生并聚餐，相好的在一起讲悄悄话，还没有对象的赶紧抓住这最后一次机会。

苗族的婚姻一般分包办婚姻和自由婚姻两种。包办婚姻为父母媒妁说合，媒人往往是由与对方认识或是对方亲戚的人担任。待女方探明男方的情况，征求女儿的意见后，由媒人再来时说明是否同意。若女方同意，则议定“礼金”，订婚日期；男方则准备物品去女方家，女方家备酒肉招待，称为“吃新酒”。男家客人离去时，女方送鸡、糯米饭及送给来人每人一根“花椒布”腰带。

婚期大多是由男家择定后委媒人于事前几个月通知女家。婚期临近，女方全村或全姓的姑娘们，大家共同聚餐，以示送别新娘，称为“朋友饭”。出嫁当天，女家需派出三种送亲人：一是新娘的朋友，为13～16岁的未婚姑娘，需盛装同新娘前往；二是新娘的亲兄弟和家族中的中、青年男子9～15人，与新娘同去同返；三是有3～4个15岁左右的男子，护送新娘到男方村寨附近。新娘到婆家短住几天就转回娘家，直到来年二月才到夫家，反复两三年后，才举行“煮饭”仪式。从今以后，她就不能再接触娘家的锅灶了，再也不能住到娘家了。

苗族的自由恋爱十分普遍，在自由恋爱过程中，双方相亲相爱，定下婚约，到了结婚这一天，却由父母来决定。

在苗族婚礼中还有高唱酒歌的习俗。婚事喜庆里，苗家的酒歌往往要成套地唱。苗族在婚事礼仪中所唱的酒歌，唱完一套需用八九小时，有时是通宵达旦地唱。在婚礼中，男女双方都得选派唱酒歌的歌手，选上的歌手称歌郎。每套酒歌共分九部分：第一部分为拦路歌（也称拦门歌），当男方歌郎来到女方山寨时，女方聚众歌郎在山寨的路口迎唱的歌，即叫拦路歌。男方要巧妙地和女方的歌郎对歌，一一解答了对方请问的内容，才被放行进山寨。第二部分叫“十切”，即男女双方歌郎各唱十段歌，内容反映出双方所在村寨的风土人情。第三部分叫“公爷进地”，主要唱出男女双方祖先的渊源所在和迁徙历程。第四部分叫“结亲路”，唱出男女双方古老婚姻礼仪的形成及其形态。第五部分叫“三代根基”，即男女双方歌郎叙唱新婚夫妇父辈、祖父辈、曾祖父辈三代的基本情况，以加深两个姻亲家族的相互了解。第六部分叫“凤亲”，歌郎用歌声介绍男女双方结婚前的恋爱经历，比如他们是如何相识的，类似代新郎汇报恋爱经过。第七部分叫“过定”，代表男女双方长辈对新婚夫妇唱出期望和祝福。第八部分叫“谢主家”，由男方歌郎代表男方向女方亲家致谢。第九部分叫“龙船歌”，是整套酒歌的高潮，双方歌郎要用对唱的形式比输赢，并边对唱边由双方歌郎扯腊鸭，唱赢者即得腊鸭。

酒歌唱毕双方歌郎退出歌堂，新婚夫妇入洞房成亲。

（七）壮族的婚礼

壮族婚姻的基本形态是一夫一妻制。各支系都普遍实行氏族外婚，但同姓不同宗可以通婚。“土人”家族在四代以外即认为没有宗亲关系，可以通婚。舅表姨表可婚，姑表不婚。“侬人”氏族外婚多行单线姑舅表婚，姑母之子与舅父之女可婚，但严禁舅父之子与姑母之女通婚。历史上，壮族曾普遍实行早婚，根据有关地方志书记载：“侬人，多早婚”，婚姻形式基本实行自由恋爱和父母包办的双轨制。男女青年婚前有社交自由，但双方即便情投意合，也需征得父母同意后才能结婚。自由婚姻的主要方式是男女青年通过唱山歌择偶。此种方式当地谓之“唱流”或“赶风流”。长期以来，在壮族婚姻生活中已成为一种制度，直至解放前后，广南一带壮区仍然十分盛行。壮族男女通常在十二三岁起就须学会唱几首山歌，到十七八岁时，必须能学会即情歌。唱山歌地点有着严格规定，无论在僻静的山村，或街日闹市，都必须是大家所公认或任何人都能看见的地方。时间则根据当地农业生产季节而定。各地每年举行次数不一。“沙人”每年多在正月第一个大街日和二、三月举行。“侬人”于每年栽秧前收割后举行。届期，未婚男女和已婚但未“坐家”女子各携带米花糖、花糯米饭以及小手巾、小镜子等物品，在固定场地对唱山歌。倘若某一小伙子爱上某一姑娘，集体对唱阶段便可竭力向她投送秋波，若姑娘也有爱慕之意，双方即以山歌一问一答自成一对。对唱完毕，可坐下互相宴请，互赠随身携带的小件物品，以后逢节日并可邀约定期相会。通过唱山歌结交的情友，日后即便情投意合，男方也要聘请媒人作形式上的求婚。

媒人说婚通常要进行若干次，第一、二次去女家，若女方父母亦有意，则以便饭招待。如此往返三五次，即可议定亲事，并以“合八字”订婚。订婚礼金很重，一般须送与女子全套银制饰物。父母包办婚姻，在壮族中亦占有一定地位，男女通常在十三四岁、有的早在七八岁就被双方父母“合八字”定了终身。壮族社会普遍保留着结婚后、生育前“不落夫家”的婚姻习俗。女子婚后第三日即回娘家长住，待怀孕后才正式到夫家生活，此时即称“坐家”或“落夫家”。其实，此乃母权制向父权制过渡的一种风俗遗留。已婚女子在“不坐家”期间，社会观念仍认为是姑娘，有权与青年男子对唱山歌和进行其他自由社交。但若与其他男子发生性关系以至怀孕，如被发现，须由“寨老”调处，对通奸男子进行处罚，处罚方法通常是以五尺红布挂于门上，表示为原夫“接红”；同时赔偿原夫部分礼金，以示歉意。此种情况，多不离婚，甚至原夫父母竟为其子解嘲，劝其子无须介意。如通奸男子将女子拐去，原夫有权邀亲友追究，拐骗者必须向原夫退赔全部礼金。已婚女子“不落夫家”时间一般以是否怀孕生子为限，若三五年仍不孕，而且弟妹已长大结婚，这时即便不孕也得“落夫家”，反之则行改嫁。壮族有招赘习俗，招赘女家通常要派媒人到男家说媒，从妻居男子改与女家姓。夫死妻子可以改嫁，也可以转房。但转房仅限于兄死弟无妻而嫂转为弟妻。

广西平原地区壮族的婚礼受封建礼教的影响较深。男女青年订婚后，择吉日举行婚礼。出嫁前十天左右，新娘的好友帮其赶制嫁妆，编唱哭嫁歌。出嫁头一天深夜鸡叫头遍时，举行梳头仪式，即新娘的舅舅为其举行象征性梳头，并致祝词。然后新娘哭嫁，倾诉父母的养育之恩。新娘到来时，新郎早已在门槛旁迎候，新人进门后，鞭炮齐鸣，鼓乐齐奏，新婚夫妇拜堂成亲。新娘过门后的当天便与新郎合房，共度良宵。三天之后，新娘才可以回门。

（八）回族的婚礼

回族婚礼大致可分为求婚、订婚、结婚三个阶段。

求婚阶段有两种人起着重要作用，一是媒人，一是男女双方的舅舅。按照回族的习俗，做媒人是成人之美，义不容辞。只要有人去请，便会应承，而且不辞劳苦。舅舅是主婚人，在婚姻缔结过程中，首先要征求舅舅的同意。经媒人多次说合，男女双方有了了解之后，媒人和男方的舅舅带着礼品到女方家相亲。在这一过程中，不但女方父母相女婿，而且要特意安排一个机会，让男女双方见面。如果女方家肯收下男方所赠送的礼品，即表示双方相中了对方。然后再由媒人和双方家长约定日子，准备订婚。

定婚时，男方要给女方准备一些礼品，如衣服、鞋袜、首饰、化妆品等。还要带上茶叶和一些钱。定婚仪式在女方家举行。如果没有意外情况，送完定婚礼后，即商定聘礼数目，互道“色两目”后，就不能再反悔。女方也给男方回赠一些礼物，如衣服、帽子等。此后，男方要按约如数送齐彩礼。每逢节日和喜庆之日，如“古尔邦节”、“开斋节”或女方家有重大事情，男方要主动到女方家看望或帮忙，表示对女方的尊重。

结婚要请阿訇赞圣证婚，“赞圣”就是赞美安拉促成了这一对青年的美满婚姻，并由阿訇向新郎、新娘讲授伊斯兰教常识，要求男女双方遵守“依玛尼”（信德），背诵清真言，问他们各自的“经名”（宗教名字），若无经名便由阿訇为他们命名，看新郎是否已送新娘“迈赫尔”（礼物），因为礼物是夫妻恩爱的象征。然后由阿訇正式主持“尼卡哈”证婚仪式。这种“尼卡哈”仪式很简单，阿訇诵读《古兰经》中的有关章节，向新郎新娘提出问题，要求他们一一回答。阿訇还要向新郎新娘讲经，讲经的主要内容是：现在你们成家了，要知道自已肩上的担子；对父母要尊敬、赡养；夫妻之间要互敬、互爱、互助；要搞好家庭和邻里之间的关系；要诚实、勤劳、勤俭持家；对人要有礼貌，不做违法之事，不受非分之礼等。讲完经之后，带领新郎新娘做“都瓦（祈祷）”，表示对真主的感谢，这样婚姻就算是合法的了。其后还要举行扒果活动，由阿訇事先把象征长生不老的长生果、早生贵子的枣子、表示富贵的金属小钱及花生、水果粮、米花、核桃等吉祥物放置桌上，抓三把置于新郎事先准备的帕布中（有的地方撒在新郎内衣里），再交给新娘。待客人走后，夫妻共享，表示夫妻恩爱，同甘共苦，白头偕老，也是阿訇对新婚夫妇的良好祝愿。

婚礼结束，可根据家庭经济状况，举办较丰盛饭菜待客，开宴前得请阿訇（或师傅）“光道口”，后前来祝贺的亲朋好友才能开始就餐，但禁止喝酒（近代受汉族影响，很多都在师傅阿訇走后饮酒狂欢）。晚间一般也闹洞房，但不过分。

（九）彝族的婚礼

彝族是一个分布很广，支系众多的民族。青年男女结婚因地区各异而有差别。下面介绍居住在云南大理州境内和四川凉山彝族的婚礼情况。

云南大理的彝族青年男女结婚一般都有相好、说亲、合婚、定婚、娶亲、结婚等几个过程。

在举行婚礼的头一天，男方要请人把一定数额的食品送到女方家，若是路程远的则要提前送去。第二天，亲戚朋友、乡邻到男女双方家帮助清扫庭院，铺松毛，备办宴客的食物和用具。彝族群众婚礼要举行三天，第一天，新郎在鼓手和大号师傅吹奏庆婚乐声中，举行献天地、敬祖宗、拜父母、拜姑舅和本家亲戚的仪式，并且在举行拜堂仪式时新郎要给亲友果品、食物，亲友们回赠金银首饰、钱财、衣服等物，以示祝贺。第二天，新郎到女家娶新娘，根据路程远近来决定往返时间。

在出发前，都要举行献祖仪式，然后备 6 匹马，在鼓号声中去迎亲。到女方家后，在一位上辈人的指点下，把带来的服饰摆在女方家祖堂前，然后请阿闭念经文，并由他领着新郎去敬天地、献祖宗、拜父母。然后由女方父母给新郎右手系上红绸丝带，而后设宴招待迎亲的人们，席散后新郎由媒人领着叩拜女方舅舅、叔叔等长辈，收拾嫁妆后，便接新娘。这时的新娘脸遮红绸子，胸佩明镜，由哥哥背出门上马，然后便鸣放爆竹欢送迎亲的队伍返程。有的地方彝族因迎亲路程远，娶亲人便把男方为女方准备的衣物用具背到女方家，到晚上女方父母请歌手来唱“娶亲歌”或“送亲歌”，唱到一样拿出一样，如果歌手唱错了，娶亲的人把东西拿出来跟歌手嬉戏一番，把东西不给新郎新娘，笑着装进自己包里。而歌手唱准的东西娶亲人拿不出来，他同样会受到歌手的嬉戏，歌手会用簸箕在娶亲人头上打三下，在这欢歌交接声中，由于唱与拿的差错，引得人们哄堂大笑，充满喜庆气氛。

迎亲的队伍刚进村，男方家门口早已有人在迎候。由长辈念“两朵彩云相结合，新郎新娘下马来”的道喜之类的词句，有的地方还要请歌手唱“迎亲歌”。新郎新娘进门后进行完拜天、敬地、敬诸神等活动后，争相进屋开堂门，据说谁先开门，今后就让谁当家。然后在洞房内还要献祖拜床，喝交杯蜂蜜甜茶，并向双方父母献敬糖或茶。

彝族婚礼上的宴席，除用猪、羊肉及其他食品加工的菜饭外，在南涧地区彝族群众婚礼上宴请宾客时还有一道独特的菜，当地群众称之为“跳菜”。这“跳菜”就是当人们入席坐齐后，在一声“上菜”声中，大号、吹呐、锣鼓齐鸣，只见一对对上菜的人，有的手持摆满菜肴的托盘，有的把盛满菜肴的托盘顶在头上，从厨房里一步一步地跳着欢快的舞步把菜肴敬献上。上菜人不时地变换着舞姿，有的用头顶，有的用手臂抬，脚踏舞步，边舞边敬献菜饭，菜点滴不洒，使人赞叹不已，无不钦佩这种杂技与舞蹈集于一身的“跳菜”。宴请宾客完毕，男女双方亲友按辈分就座进晚餐，新郎新娘和陪郎、表兄妹们坐一席，席上的菜用红线串连着，新娘新郎须备刀带剪使用，否则处处受难，逗人笑闹。晚上，要举行闹房庆贺。在巍山彝族回族自治县东山寨彝族群众中，新婚晚上有叫花子闹新房的习俗，即由三位男青年一人装新郎，一人装少妇；一人装未婚姑娘，相互取笑说闹，然后由装新郎的领路，带着男女青年连同亲友们打歌到通宵。因此，新婚之夜新娘和陪娘同睡。第三天新娘酬客，首先向宾朋端送洗脸水，送糖果，然后又酬谢陪郎、陪娘和相帮的亲朋好友，以及歌手，并向他们赠礼品送糖果。早饭后双双回门，回门要当天返回。若路途远的，则绕房一圈，可在娘家过夜，三天过后夫妻方可同房。有的地方结婚后，新娘不落夫家，待新娘有“喜”之后，经男方多次请求，才落夫家开始夫妻生活。

四川凉山彝族的婚礼实行同姓不婚的原则，即使实行异姓通婚，还有若干限制。除有许多限制外，他们也尽力避免和有严重的遗传病史的家庭联姻，而是争取和智力体力俱佳的家庭联姻。凉山彝族的姑舅表婚，即姑舅两家，一家有儿另一家有女，如果表兄妹两个年龄和其他方面都还合适，就要优先考虑。

按照习俗，婚事要有媒人说合，彝语称媒人为“拉嘎”，大多是由男子充任。如果某一家看上另外一家的姑娘，这家就会聘请一位非常信得过的亲戚或朋友当“拉嘎”到姑娘家去提亲，通过“拉嘎”的介绍说合，双方都觉得满意的话，就择一吉日订婚。订婚，首先是男方家到女方家，过一段时间后，姑娘家也同样来到男方家举行订婚仪式。然后双方根据各种因素协商订下举行婚礼的大概时间，这样一桩婚事就算定下来了。

凉山彝族的婚礼，至今仍保留着古老的传统和迷人的色彩。泼水、抹黑脸等方式使整个婚礼都充满着欢乐风趣和幽默。人们常把婚礼中的“抢”、“背”、“瞧”誉为三绝。“不背不抢的身不贵，背去的媳妇值千金”。往往一对情侣的婚礼过程，又成为青年男女斗智交友的良机。在婚礼的嬉笑打闹中，又孕育着一对对新的情侣。

思考与练习

1. 我国婚姻家庭的历史演变大致情形如何？
2. 传统婚礼习俗“六礼”的具体内容是什么？

第六章　民居文化

学习目标

中国几千年文明史体现在民居建设方面是璀璨和博大精深的，无论是皇家建筑、贵族庭院、富贾豪宅，还是民间房舍，都昭显着深厚的文化底蕴，与自然景观鬼斧神工相结合，造就了无与伦比的神奇。通过本章的学习，大家主要达到以下目标：

1. 掌握影响中国民居建造的因素和中国民居的类型。

2. 掌握风格各异的中国民居的典型代表的特征。

第一节　中国民居概况

一、影响中国民居建造的因素

中国地域辽阔，地形复杂多样，气候变化很大，是影响中国民居建造的首要因素。

东北地区属于冷湿性季风气候，冬季寒冷而漫长，有的地方长达8个月，积雪时间较长，最厚达50厘米。所以，东北的民居普遍比较低矮，窗户开得也小，在大雪的覆盖下，东北的民居就像一首凝重的乐曲。

而西南则为亚热带季风气候，其主要气候特点是气温高、雨水丰、夏热冬干、夏短冬长、雨热同季，大部分地区长年无雪。所以，西南的民居普遍较高，宽敞、通风性能良好、光线充足。观赏西南地区的民居，就像欣赏一首清新舒缓的民乐。

地形的差异也使中国民居演奏出不同的曲调。山区地形复杂，有的民居建在山脚，依山傍水；有的在山腰，依山势而建，显得自然和谐。平原地势平坦，村庄规划整齐有序。

构造材料和方法不一样是中国民居演奏出不同乐曲的第二个因素。山区多木材，山区的房屋多用木材建造，像侗族、土家族的吊脚楼。在云南西双版纳，傣族人的屋前屋后，山坡上到处是凤尾竹，竹子成了傣家人建房子的唯一材料。那一幢幢高低不一的屋顶起伏绵延，多像一个个灵动的音符啊！汉族民居以土筑或砖砌为主，木材只做梁、门、窗等。那砖瓦、琉璃构造的错落有致、钩心斗角，演奏着让人心魄悸动的乐曲。

防御要求是改变民居旋律的第三个因素。先民们为了防止盗匪的袭扰，除了有时把房屋建在地势险要之处外，在房屋的构造上也费尽了心思。参观过福建的客家土楼，你就会明白，那些客家人为什么开始时把土楼建成方形的，后来有改为八角形、圆形的道理了。圆形的房屋没有死角，便于观察各个方向的来敌。站在高处鸟瞰客家土楼，那方形、圆形、八角形和椭圆形的土楼就像乐谱上的一个个音符。除了防盗贼，还要防地震、防风沙。四川理县有一座几百年的石楼，经历了三次 7.0 级以上的大地震，2008 年 5 月的汶川 8.0 级大地震，许多现代建筑都坍塌了，而这座石楼却安然无恙。

宗教信仰是影响中国民居建造的第四个因素。中国民居常以家族为单位，一个家族的房屋建造体现了严格的家族等级制度。堂屋是体现家族威望的门面，建得高大、宽敞，陈列着列祖列宗的牌位，议事、会客均在此进行。一间堂屋就像一首低沉的让人感觉森严的曲子。福建客家土楼的心脏——祖宗祠堂，是族长聚集各户家长议事的地方。逢年过节，全族的每家都挑着各种供品，到这里祭祀祖先。男女娶亲，须在祠堂拜天地祭祖先，宴宾客。闺女出嫁，向列祖辞行后方可罩上盖头，踏着象征团圆的大圆匾出阁。老人谢世，祠堂成了举哀发丧的灵堂。就这样，一座祠堂将全族融洽地凝聚在一起，共享天伦之乐。宗教信仰是多方面的，也体现在房屋建造的其他方面，这需要仔细地观察、琢磨。

二、中国民居建造的原则

所谓中国民居建造的原则，就是中国民居建造时普遍遵循的规律，有了这些原则，中国民居这首凝固了的音乐才不会杂乱无章。

坐北朝南是中国民居建造的首要原则。早在原始社会，中国先民就按照坐北朝南的方向修建村落房屋，考古发现的绝大多数房屋都是大门朝南。建房选择坐北朝南是有一定的科学道理的。首先是采光好。我国位于北半球，绝大部分处在北温带，太阳多从东偏南升起，从西边落下。冬季，太阳高度角较小，住宅的门、窗朝南，可使更多斜射的太阳光线进入室内，从而提高室内温度。而在夏季，太阳高度角增大，太阳从门、窗射入的光线相对就少，从而能保持室内有一定的凉意。其次，可以避风。中国的地势决定了其气候为季节型。冬天有西伯利亚的寒流，夏天有太平洋的凉风，一年四季风向变换不定。房屋朝南，盛夏季节可避开下午最热时的直射阳光，隆冬季节又可避开西北寒风，起到防寒、保暖的作用。当然，古时候的人不明白这些科学道理，他们依据的是阴阳、五行、八卦和风水。五行以木为东，火为南，金为西，水为北，土为中；八卦以离为南，坎为北，震为东，兑为西。历法以甲乙为东，丙丁为南，庚辛为西，壬癸为北。以地支的子为北，午为南。风水称东方为青龙，西方为白虎，南方为朱雀，北方为玄武。（俗称“左青龙，右白虎，前朱雀，后玄武。”）其中又以相生、相克、相冲、相刑以及地气等为理论依据。总言之，坐北朝南原则是先民们对自然现象的正确认识，顺应天道，得山川之灵气，受日月之光华，颐养身体，陶冶情操，地灵人杰。

一首曲子有变奏，才有跌宕起伏。当山形水势使住房不便于坐北朝南时，先民们便运用第二个原则——依山傍水（见图 6－1）。山水于房屋的建造是很重要的两个要素，前面说的“左青龙，右白虎，前朱雀，后玄武”，指的就是山。水在风水理论中被视为财，意味着发。所以当水势为南北走向，或居住在河的南边时，就不能再拘泥于坐北朝南，而要依山傍水。

图 6－1　依山傍水的民居建造

不占良田是中国传统民居建造的第三个原则，道理很简单，只可惜现在的不肖子们早已把祖先的遗训抛诸脑后，玩命似的在良田上建起一座座高楼大厦。

三、中国民居的类型

对任何事物的分类，划分的标准不一样，分出的类型就不一样，对中国民居的划分从来就没有一致过。有的按房屋在地面的几何图形划分，分为圆形、纵长方形、横长方形、正方形……有的按照建筑材料划分，分为木结构、竹结构、土木结构、砖（石）木结构……从游客求知的角度出发，我们以构造方法和材料相结合作为划分中国民居的标准。

1. 木构架庭院式住宅

以木构架的房屋为单体组合成为院落式住宅。一堂二厢，南北轴线上设正堂正室，东西设立厢房。利用一堂二厢形成多进及并进房屋。正堂间数为奇数，明间较大，门在明间以突出中轴线。像北京四合院、云南一颗印均属此种类型。

图 6-2　干栏式住宅

2. 干栏式住宅

干栏式房子是指在木（竹）柱底架上建筑的高出地面的房子。其具体构筑办法是用竖立的木桩为基础，其上架设竹、木质大小龙骨作为承托地板悬空的基座，基座上再立木柱和架横梁，构筑成框架状的墙围和屋盖，柱、梁之间或用树皮茅草或竹条板块或用草泥填实（见图 6-2）。干栏建筑是南方少数民族的建筑风格，古时流行于南方百越民族的居住区，这种建筑以竹木为主要建筑材料，主要是两层建筑，下层放养动物和堆放杂物，上层住人。这种建筑适合那些居住于雨水多比较潮湿地方的人。现在主要流行于壮族居住的比较偏远的地区，包括广西中西部、云南东南部、贵州西南部。

图 6-3　窑洞

3. 窑洞住宅

窑洞（见图 6-3）是黄土高原的产物，陕北农民的象征。窑洞有靠山窑，平地窑，砖、石、土坯窑三种，靠山窑一般修在朝南的山坡上，向阳，背靠山，面朝开阔地带，少有树木遮挡，十分适宜居住生活。在山坡高度允许的情况下，有时布置几层台梯式窑洞，类似楼房。平地窑又称下沉式窑洞（俗称地窑）。地下窑洞主要分布在黄土塬区——没有山坡、沟壁可利用的地区。这种窑洞的作法是：先就地挖下一个方形地坑，然后再向四壁凿洞，形成一个四合院。人在平地，只能看见地院树梢，不见房屋。砖、石、土坯窑是一种掩土的拱形房屋。这种窑洞无须靠山依崖，能自身独立，又不失窑洞的优点。可为单层，也可建成为楼。若上层也是箍窑即称“窑上窑”；若上层是木结构房屋则称“窑上房”。

4. 帐篷式住宅

游牧民族因为放牧的原因而居无定所，决定了他们的住房必须随时可以拔地而起，又随时可以安营扎寨，便捷的帐篷自然是他们最理想的住房，最有代表性的是蒙古族的蒙古包。

第二节　中国民居的典型代表

一、北京四合院

自元代正式建都北京，大规模规划建设都城时起，四合院就与北京的宫殿、衙署、街区、坊巷和胡同同时出现了。明清以来，北京四合院历经沧桑，不断完善，形成了我们今天所见到的四合院形式。北京四合院的平面图如图 6-4 所示。

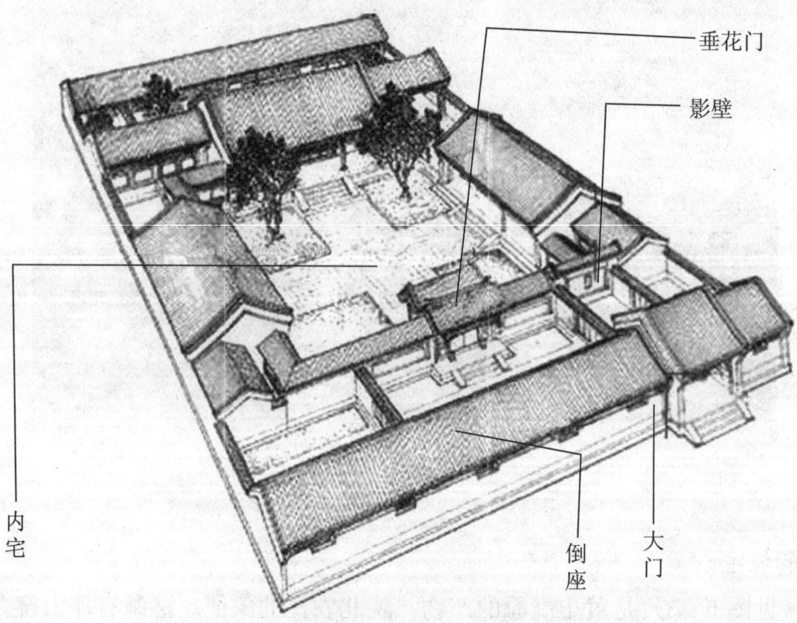

图 6-4　北京四合院的平面图

从这个平面图即可明白，北京四合院就是由一个个四面房屋围合的院子。

四合院的大门（图 6－5）一般开在东南角或西北角，院中的北房是正房，正房建在砖石砌成的台基上，比其他房屋的规模大，是院主人的住室。院子的两边建有东西厢房，是晚辈们居住的地方。在正房和厢房之间建有走廊，可以供人行走和休息。四合院的围墙和临街的房屋一般不对外开窗，院中的环境封闭而幽静。

图 6－5　四合院大门

北京四合院在中国传统住宅建筑中有典型性和代表性，蕴涵着深刻的文化内涵，是中华传统文化的载体。

在等级森严的封建社会，住宅及其大门直接代表着主人的品第等级和社会地位，所谓“门第相当”、“门当户对”，就是这个意思。因此，人们对大门的型制和等级是非常重视的。北京四合院住宅的大门，从建筑形式上可分为两类，一类是由一间或若干间房屋构成的屋宇式大门，另一类是在院墙合陇处建造的墙垣式门。设屋宇式大门的住宅，一般是有官阶地位或经济实力的社会中上层阶级；设墙垣式大门的住宅，则多为社会下层普通百姓居住。

影壁，也称照壁，建在正对大门的这一面，影壁分为基座和壁身两个部分。壁身都为正方形，四周用砖雕装饰，中间的方块为书法或者绘画。影壁除去给庭院增加气氛，祈祷吉祥之外，也起到使外界难以窥视院内活动的隔离作用。

垂花门，又叫二道门，旧时人们常说的“大门不出，二门不迈”，“二门”指的就是垂花门。垂花门是四合院中一道很讲究的门，其装饰性极强，它的各个突出部位几乎都有十分讲究的装饰。比如向外一侧的梁头常雕成云头形状，称为“麻叶梁头”。在麻叶梁头之下，有一对倒悬的短柱，柱头向下，头部雕饰出莲瓣、串珠、花萼云或石榴头等形状，酷似一对含苞待放的花蕾，这对短柱称为“垂莲柱”，垂花门名称的由来大概就与这对特殊的垂柱有关。联络两垂柱的部件也有很美的雕饰，题材有“子孙万代”、“岁寒三友”、“玉棠富贵”、“福禄寿喜”等。这些雕刻寄予着房宅主人对美好生活的憧憬，也将这道颇具地位的内宅门面装点得格外富丽华贵。

垂花门除了装饰特点外，它的作用还在于能表现出宅主的财力、家世的繁衍、文化素养的高低，甚至还能看出宅主的爱好和性格。

穿过垂花门便进入了四合院的——内宅。内宅是由北房、东西厢房和垂花门四面建筑围合起来的院落。

北房为正房，是宅院中最主要的房间，台基和房屋的尺度都比较高大，一般是三间，大型住宅为五间。正房的两侧还各有一间或两间进深、高度都偏小的房间，如同挂在正房两侧的两只耳朵，所以叫耳房。

内宅的东、西两侧，各有三间房，分别向院内方向开门，称为厢房。如果四合院的规模较大，在厢房的南侧，还可以再加厢耳房。

在长幼有序、尊卑有别的封建社会，内宅居住的分配是非常严格的。北房三间仅中间一间向外开门，称为堂屋。两侧两间仅向堂屋开门，形成套间，成为一明两暗的格局。堂屋是家人起居、招待亲戚或年节时设供祭祖的地方，两侧多做卧室。东西两侧的卧室也有尊卑之分，在一夫多妻的制度下，东侧为尊，由正室居住，西侧为卑，由偏房居住。东西厢房则由晚辈居住，厢房也是一明两暗，正中一间为起居室，两侧为卧室。也可将偏南侧一间分割出来用做厨房或餐厅。

二、客家土楼

客家人原是中原一带的汉民，因战乱、饥荒等各种原因被迫南迁，历尽艰辛，辗转万里，至南宋时在闽粤赣三省边区形成客家民系。他们在被迫离乡背井，流离他乡的过程中，深切地体会到，不论是长途跋涉的流离失所，还是新到一处人生地不熟的居地，许多困难都得依靠自己人团结互助、同心协力去解决，共渡难关。因此，他们每到一处，本姓本家人总要聚居在一起。同时由于客家人居住的大多是偏僻的山区或深山密林，当时不但建筑材料匮乏，豺狼虎豹、盗贼嘈杂，加上惧怕当地人的袭扰，客家人便营造了“抵御性”的城堡式建筑住宅——土楼。

土楼最早时是方形，有宫殿式、府第式、体态不一，不但奇特，而且富于神秘感，坚实牢固。楼中堆积粮食、饲养牲畜；有水井，若需御敌，只需将大门一关，几名青壮年守护大门，土楼则像坚强的大堡垒，妇孺老幼尽可高枕无忧。由于方形土楼具有方向性、四角较阴暗，通风采光有别，所以客家人又设计出通风采光良好的，便于观察敌情的圆形土楼。

永定客家土楼布局合理，与黄河流域的古代民居建筑极为相似。从外部环境来看，注重选择向阳避风、临水近路的地方作为楼址，以利于生活、生产。楼址大多坐北朝南，左有流水，右有道路，前有池塘，后有丘陵；楼址忌逆势，忌坐南朝北，忌前高后低，忌正对山坑（以免冲射）；楼址后山较高，则楼建得高一些或离山稍远一些，既可避风防潮，又能使楼、山配置和谐。既依据上述三个方面选择楼址，又善于利用斜坡、台地等特殊地段构筑形式多样的土楼，乃至发展为参差错落、层次分明、蔚为壮观，颇具山区建筑特色的土楼群。

从土楼建筑本身来看，永定客家土楼的布局绝大多数具备以下三个特点：

（1）中轴线鲜明，殿堂式围屋、五凤楼、府第式方楼、方形楼等尤为突出。厅堂、主楼、大门都建在中轴线上，横屋和附属建筑分布在左右两侧，整体两边对称极为严格。圆楼亦相同，大门、中心大厅、后厅都置于中轴线上。

（2）以厅堂为核心。楼楼有厅堂，且有主厅。以厅堂为中心组织院落，以院落为中心进行群体组合。即使是圆楼，主厅的位置亦十分突出。

（3）廊道贯通全楼，可谓四通八达。但类似集庆楼这样的小单元式、各户自成一体、互不相通的土楼在永定乃至客家地区为数极个别。

视野拓展

振成楼

说到福建永定的客家土楼，有一座是必须提及的，那就是——振成楼。

振成楼建于公元 1912 年（民国元年），因当时地处深山密林之中，交通不便，所以整整花了 5 年的时间才建成。

振成楼的建筑结构奇特，圆楼外左右有对称的半月形馆相辅，外观建筑恰似一顶封建官吏的乌纱帽，主体是按我国神奇的八卦方位设计的。乾巽艮坤卦方位为公共场所，分别为后厅、门厅和左右侧门；坎震兑离卦方位为住房，各配楼梯，概设门户，户闭自成院落，卦门开连成整体，卦与卦之间设防火隔墙，建造成辐射状八等分，每卦之间设有男女浴室和猪舍。具有卦门开即连成一体，卦门闭则自成小单元。

楼中楼是二层建筑的砖木结构，内有石雕柱脚、木刻门面，有琉璃瓦当窗户，二楼走廊栏杆是铸铁铸成，栏杆上有梅兰菊竹图案，紧连着全楼中的中心大厅——楼中的重要活动中心场所，作议事厅、宴客厅，并可兼做戏台。楼上观戏台上中间比两旁高 6 寸，中间为客人座位、两旁为主人座位，意味着客人比主人高一等，这也是客家好客的象征。

大厅宽敞明亮、舒适宜人。其中有 4 根怀抱不拢，两丈余高的花岗岩大石柱拔地支撑，实为县内外所罕见。在当时的交通不便的深山密林之中，又不可能有机械的情况下，是如何运来的？又如何竖立起来的呢？现在仍然引起许多人的惊叹。

大厅富丽堂皇，天井中有两个小型的花圃作点缀，更显雅致。楼内的东西两侧设有两口水井，也就是八卦图中的阴阳二极，代表日月。令人奇怪的是，东西方两口井水的水位高低不同，东高西低而且水温也有所不同，但井水都清凉可口，取之不尽，用之不竭。

全楼设有三道大门，为八卦图中的天地人三才布局，大门门板厚20厘米，配用0.5厘米的钢板加固而成，门内墙中埋有30厘米方形门栓。大门一关，门栓一栓，楼内妇孺老幼则可高枕无忧了。

平时楼内居民皆从左右两侧门出入，东方住户走地门，西方住户走人门，而天门则长年关闭，抑或要逢年过节或婚丧喜庆等重大节日才开启。但一般客人来则一定要开中门迎接，但有一规矩，一般客人开外环楼大门而内环楼大门则不能开，从内环两侧门进入，内外两道大门齐开时，则要七品以上的要员来到才开启，是最隆重的欢迎仪式。

三、徽州民居

徽州古称新安，位于以黄山为中心的安徽南部地区。自从北宋宋徽宗以帝号改新安为徽州后，一直沿用至今。

说到徽州民居首先要说说徽州人。徽州气候湿润温暖，物产丰富，盛产木材、茶叶、蚕丝。徽州人靠自己的勤劳与智慧，经营木材、茶叶、蚕丝终有所获，一些人很快成为富甲一方的大富户。这些徽商致富后，为光宗耀祖，显赫一方，于是大兴土木，扩建庄园。受儒家思想影响，他们建起豪室后，又与儒商结合，官商结合发展，兴学堂，尊儒学，走学而优则仕之路。因此，不少徽商建房时，按官家规定的等级建楼扩园，这就是徽派古民居建筑形成的原因。

建筑之所以称得上是艺术，就必然具有自己独特的造型，独特的风格。徽州古民居建筑之所以享誉海内外，成为徽派，一方面是它保留的完整性，风格的统一性，造型的多样性，形式的艺术性；另一方面在于它有着十分丰富的历史文化内涵。徽州人崇尚自然美，追求人与自然高度的和谐和统一，集中体现在徽州建筑的风水美上。

他们利用徽州山地“高低向背异、阴晴众豁殊”的环境，以阴阳五行为指导，千方百计去选择风水宝地，选址建村，以求上天赐福，衣食充盈，子孙昌盛。在古徽州，几乎每个村落都有一定的风水依据。或依山势，扼山麓、山坞、山隘之咽喉；或傍水而居，抱河曲、依渡口、汊流之要冲。

实用性与艺术性的完美统一，是徽州民居的又一典型特点。徽州古民居（见图6-6），大都依山傍水，山可以挡风，方便取柴烧火做饭取暖，又给人以美感。村落建于水旁，既可以方便饮用、洗涤，又可以灌溉农田，美化环境。江南不可无山，有了山，视野里就有了动感和韵律；江南不可无水，有了水，天地间就多了灵气和节奏。

远处的群山如墨如黛，近处的民居青瓦白墙，错落有致，还有辛勤的农夫点缀其间，宛如置身在一幅写意的山水画长卷里。

图 6-6 徽州古居民

朝北居是徽州民居的又一特色。假如不是地形特殊，住屋的最佳朝向，当选择坐北朝南，但徽州明清时期所建民居，却大多是大门朝北。原来古徽人的居住习惯有许多禁忌。汉代就流行着“商家门不宜南向，征家门不宜北向”的说法。究其原因，据五行说法：商属金，南方属火，火克金，不吉利；征属火，北方属水，水克火，也不吉利。徽州明清时期，徽商鼎盛，他们一旦发了财，便回乡建房，为图吉利，大门自不朝南，皆形成朝北居。至今徽州仍保留有数以万计的朝北古民居。

徽州民居多为一明（厅堂）两暗（左右卧室）的三间屋和一明四暗的四合屋。一屋多进。大门饰以山水人物石雕砖刻。门楼重檐飞角，各进皆开天井，通风透光，雨水通过水枧流入阴沟。俗称“四水归堂”，意为“财不外流”。各进之间有隔间墙，四周高筑防火墙（马头墙），远远望去，犹如古城堡。一般是一个家庭支系住一进，中门关闭，各家独户过日子。中门打开，一个大门进出祭奠先人。徽州宅居很深，进门为前庭，中设天井，后设厅堂住人，厅堂用中门与后厅堂隔开，后厅堂设一堂二卧室，堂室后是一道封火墙，靠墙设天井，两旁建厢房，这是第一进。第二进的结构仍为一脊分两堂，前后两天井，中有隔扇，有卧室四间，堂室两个。第三进、第四进或者往后的更多进，结构都是如此，一进套一进，形成屋套屋。

四、吊脚楼

吊脚楼也叫“吊楼”，为壮族、布依族、侗族、水族、土家族等民族的传统民居，多依山就势而建，呈虎坐形，以“左青龙，右白虎，前朱雀，后玄武”为最佳屋场，后来讲究朝向，或坐西向东，或坐东向西。

吊脚楼属于干栏式建筑，但与一般所指干栏有所不同。干栏应该全部悬空的，所以称吊脚楼为半干栏式建筑（见图 6－7）。

图 6－7 吊脚楼

吊脚楼的正屋建在实地上，厢房除一边靠在实地和正房相连，其余三边皆悬空，靠柱子支撑。吊脚楼有两层的，也有三层的。底层不宜住人，是用来饲养家禽，放置农具和重物的。第二层是饮食起居的地方，内设卧室，外人一般都不入内。卧室的外面是堂屋，那里设有火塘，一家人就围着火塘吃饭，这里宽敞方便。由于有窗，光线充足通风也好，家人多在此做手工活和休息，也是接待客人的地方。堂屋的另一侧有一道与其相连的宽宽的走廊，廊外设有半人高的栏杆，内有一大排长凳，家人常居于此休息，节日期间妈妈也是在此打扮女儿。第三层透风干燥，十分宽敞，除作居室外，还隔出小间用作储粮和存物。

吊楼还有鲜明的民族特色，优雅的“丝檐”和宽绰的“走栏”使吊脚楼自成一格。这类吊脚楼比“栏干”较成功地摆脱了原始性，具有较高的文化层次，被称为巴楚文化的“活化石”。

思考与练习

1. 影响中国民居建造的因素有哪些？
2. 作为中国民居典型代表的北京四合院具有哪些特征？

第七章　鬼神文化

学习目标

鬼神文化是人类有关鬼神的信仰、观念、心态、行为、规则及其对社会生活影响的总称。鬼神文化对民俗的影响是巨大的，可以说鬼神文化是其他民俗之本。婚丧嫁娶、服饰民居、娱乐节庆都与它有着千丝万缕的联系。了解鬼神文化对学习民俗文化有着重要的作用。本章的学习主要以理论知识为主，大家主要达到以下目标：

1. 了解有关鬼神的相关知识，如鬼神的产生、天庭制度等。

2. 熟悉神文化中的各种神，如天庭里的神、民间俗神、行业神、佛教众神等。

3. 熟悉鬼文化，如民间招魂、祭鬼、驱鬼的习俗。

第一节　鬼神概说

一、鬼神的产生

1. 神的产生

在人类社会的早期，由于生产力极端低下，决定了人类极端低下的认识能力，也就不可能对许多自然现象和生理现象作出科学的解释。人类根本不可能控制和改变自然界对自己的影响，根本不可能掌握自己的命运，而只能一切听任自然界的摆布。

于是，自然界的事物及现象便成了“有心情的东西”、成了“人的东西”，日月星辰，山川土地，乃至花草树木，都被人格化，成了有灵性的东西，正所谓狐仙兔妖、草精树魅，万物有灵；雷公电母、山神水伯，一切皆神。

由此可见，所谓神，就是对自然事物和现象“人格化”的结果，神的本质就是人的本质的异化，不是神创造了人，而恰恰是人创造了神。

应该说，人类在当时对自然界作出这种有神论的解释，乃是一种历史的必然。因为在当时的历史条件下，他们除了崇拜自然界，向它祈求保佑之外，是不可能有别的选择的。

在原始社会，在有神论产生的早期阶段，人们所崇拜的还只是由那些具体的自然力被神化而成的神的产生。在这里，那种压迫人的社会力量还没有得到反映。因而，在自然神的世界里，虽然威力有大小之分，但却没有那种严格的等级关系和隶属关系，而是一种自由的、各自为政的无政府状态。

进入阶级社会之后，经过一系列极为复杂的发展演变，反映社会异己力量的社会神才一一出现。在更进一步的发展阶段上，许多神的自然属性和社会属性又都慢慢地转移到一个万能的神身上，神的世界也就进入了等级森严的、有着严格隶属关系的秩序状态。

2. 鬼的产生

鬼神观念并不是人类从来就有的，这一点早已为古人类学、考古学等做出了科学的证明。人类要产生诸如此类的观念，首先必须有一个最基本的条件，那就是思维能力已发展到一定程度，即已能够初步将自身与大自然从浑然一体的状态中分离出来，并已开始思考人与自然界的关系等带有世界观意味的问题时才有可能。

从逻辑上讲，在鬼的观念产生之前，应先产生两个前提性的观念——灵魂与灵魂不死。而这两个观念的产生，则首先是由于人类不能正确认识“梦”这一极为复杂的生理心理现象而造成的。

恩格斯说：“在远古时代，人们还完全不知道自己身体的构造，并且受自己梦中景象的影响，于是就产生一种观念：他们的思维和感觉不是他们身体的活动，而是一种独特的、寓于这个身体之中而在人死亡时就离开身体的灵魂的活动。”这里所说的“受自己梦中景象的影响”有两种情况：一是梦见自己如何如何。或遇险、或惊恐、或逢吉，而且活灵活现。可是醒来一看，却烟消云散。二是梦见他人怎样怎样。倘若这个人是已经死去的，怎么还能与之相遇？于是就产生了一种疑惑，莫非在这血肉的躯壳中，还有一个可以离开肉体的“我”而存在的“灵魂”的“我”吗？莫非人死去的只是肉体，而灵魂是不死的？于是顺理成章，鬼的观念就产生了。

除此之外，还应有社会方面、心理方面的原因，诸如为了解除对死亡的恐惧，为了慰藉失掉亲人的悲伤，为了制约人们今世的行为等。在这些原因的共同作用下，经过长时期的极为复杂的演变，在“鬼”的基础上，又逐渐产生了天堂地狱、今生来世等鬼的观念系列。

二、神、仙、妖、怪、鬼、魔、精

神是人死后受到敕封而到天上或地府做事的人，即神肯定是由魂魄归天后而成的，没有带走自己阳间的肉身，而且一般在天上工作，诸如封神榜最后封的皆为神。成神的人不需有宗教背景，不需要学习修炼相关宗教经典，更不需要是道士或是和尚。只要你有缘份，或是阳间十分优秀的人，或是多行善事的人，或是受人间百姓尊敬的人，都有可能在死后被天庭封为神，分在天上或地府当官任职。比如后世的包拯，文天祥，关羽等人，他们都不信奉道教佛教，更没有进行过修炼，只因阳世影响太大，为人优秀，死后就被天庭吸收为神了。所以神这个概念并不是单纯道教的概念，和仙佛是有区别的。神是一种异于人的客观存在，特点就是其能力是人无法比拟的，比如知道过去未来，能做很多常人所无法做到的事情，还可以不死。

仙是由人或者动物修炼来的，动物的修炼时间比人要长很多，因为动物比人低级，必须修炼成人形后才能成仙。人一旦成了仙，就跟神差不多了，不死，但是其基因还是人的基因，不会变成神的基因。

妖是成仙之前的状态，大多来自于动物。动物修成人形后，已经有了相当的法术能力，但是还没有能够成仙，就是妖，还是会死掉。总的来说，妖的能力是不如仙的，但是大妖比小仙更强大也是可能的。

怪与妖差不多，也是介于人和仙之间的状态，它们的区别在于怪大多由植物修炼而成。从字面看，怪是圣心，可能比妖仁慈一些。

鬼是人死后的存在状态，重新投胎后可以再生为人，也可以投生为动物。也就是说，鬼与人一样，都是一种临时的存在。

魔应该是比较凶恶的鬼，或者职位比较高级的鬼。到现在为止，魔一直没有被收编。它们来源广泛：神贬为魔；佛贬为魔；妖修炼不成仙而成魔。它们不得志，郁郁寡欢，各自为政，但是它们的本领都很高。

精是指除人以外的生命或非生命通过修炼飞升达到的状态。动植物们在修炼过程中，也就是未成妖怪或仙，但已有部分法力之前，这些动植物们被称为精，所以，妖怪也是精的一种，只是精比较低级，能力比较小，或者说是妖怪的低级阶段。

总的来说，妖怪能够成仙，仙也可能堕落回妖怪。

三、天庭制度

天庭实际上是一个由神占绝大多数，并占统治地位，吸收部份道家的仙人，佛家的人，一起组成的以玉帝为国家首脑的具有明显政治分工的国家。玉帝是个道教概念，当仙佛神三界一起组成天庭后，玉帝被推为皇帝治理天庭，从这个角度来说，无论是道祖还是佛祖名义上都是玉帝的臣下，这在《西游记》中有明显的表现，如来、观音在提到玉帝时，都称奉旨。在封神榜制定后，天庭由365位神组成，由玉帝统治。但在后来漫长的改革中，天庭渐渐的多了很多部门，也多了很多官位，比如像弼马温这样的官衔。如此便需要更多的神，于是阳间很多优秀的人死后，就被天庭吸收到天上来做官。

天庭本来只是全由神组成的，他们法力不如仙和佛两家，但当神的队伍壮大，并有了相当的组织规模，甚至是军队后，他们就成了具有实权的政府。此时仙和佛两家虽然不屑天庭，但不得不正视他们，因为他们是唯一的合法政府。所以仙表了态，愿以玉帝为尊，并放了大量的精英在天庭任职，像真武大帝，东华帝君等，连道祖都被天庭聘为首席顾问。但仙界只是拨人与天庭共同管理天上人间，身份尊严万不能失，所以老君虽为道祖，且为三清大师兄，到天庭当顾问后，也自愿降为三清之末，以保仙界尊严。后来佛门也以玉帝为尊，愿共建联合政府，也拨了一批精英到天庭任职，比如四大天王等，然后就形成了神仙佛共掌天庭的局面，玉帝是共推的天庭领袖，是神的头领，道祖和佛祖愿意为臣，如此天庭制度大成。

第二节 神文化

一、神位、神宅与祭神

1. 神位

神界也像人间一样，有着严格的等级制度，有高低、尊卑之别。玉皇大帝是天界的最高统治者，王母娘娘则是女仙领袖，地位最高（在道教诸神中，三清品位最高）。

有皇帝，自然就有臣民，有位高者，也就有位卑者，有主人，也就有奴仆。官高者趾高气扬，官卑者忍气吞声，主人颐指气使，奴仆疲于奔命。就像人间做的官越大，坐的车就越高档一样，天庭众神的坐骑也是按仙品的高低来定的。《汉武帝内传》记群仙聚会："或坐龙虎，或乘白麟，或乘轩车，或乘天马。"孙悟空曾做过一段时间的弼马温，是最低的仙官。

神非常讲究尊卑有礼。神与神途中相遇全依人间之礼行事。如省城隍途遇瘟部尚书，那么城隍的轿子得停在路旁，尚书的轿子则停在路中央。中级神倘遇高级神，则在路旁站班请安，小神只有唯唯诺诺的资格。

2. 神宅

神仙各有其居住的仙境，这些仙境或在天上，或在海中，或在幽远的名山洞府。

远古神话中的仙境主要是昆仑山和以蓬莱仙境为中心的海上"三神山"——蓬莱、方丈、瀛州。另有《列子》中提到的五山——岱舆、员峤、方壶、瀛州、蓬莱。皆为仙圣之居。

道教诸神仙的居所主要是十大洞天、三十六小洞天、七十二福地。《洞天福地记》记载的十大洞天是：第一王屋洞小有清虚天，第二委羽洞大有虚明天，第三西城洞太元总真天，第四西元洞三元极真天，第五青城洞宝仙九室天，第六赤城洞上玉青平天，第七罗浮洞朱明曜真天，第八句曲洞金坛华阳天，第九林屋洞左神幽雅墟天，第十括苍洞成德隐真天。在三十六小洞天、七十二福地中，名闻遐迩的首推五岳，此外，还有龙虎山（江西贵溪）、茅山（江苏常州）、纥台山（江西清江）、青城山（四川都江堰市）、罗浮山（广东东江博罗）、终南山（陕西西安）、武当山（湖北均县）、崂山（山东青岛）、巍山（云南大理）。这些名山既是仙境，又是道教名山。在这些大大小小洞天福地里居住着等级不一的神仙。

3. 祭神

古代先民们相信，人死之后他们的灵魂都会有一种超自然能力，能够为活着的人们办好事，也可以做坏事，使其生病遭灾，让活人的行为有所报应。这就促成了先民们对神灵的敬畏，随之也就产生了祭祀。祭祀就是按照一定的仪式，向神灵致敬和献礼，以恭敬的动作膜拜它，请它帮助人们实现那些仅靠凡人的力量而难以实现的愿望。“受人钱财，替人消灾”，人们把这一人间的通则加予神灵身上，希望神灵的作用能够有利于自己，并保佑自己。祭祀实质上就是人们对神灵的讨好与收买，把人与人之间的求索酬报关系推广到人与神之间，将自己认为最好的食品，最庄重的礼仪，最虔诚的祈祷献给他们，以求在他们的保佑下能够平安顺利地达到自己的目的，天长日久就形成祭祀的习俗。大千世界祭礼繁杂。中国地域广阔、民族众多，地域不同，即使是同一民族也有不同的祭祀风俗，民族不同自然也就有着各具特色的祭祀礼仪。

明、清时汉族的祭祀最为讲究，一般家庭设有天君、灶君、财神、土地、马王、门神之位，称家宅六神。逢年过节，家家设龛祭献，特别是以灶君为重。腊月二十三日晚，设果饼、灶糖送灶君升天，让其“上天言好事，回宫降吉祥”。由男性主祭，焚香吊表，全家跪拜。然后献麦麸，意喂灶君之马，取灶君画像焚烧。除夕之夜，请灶君回来，供于灶房中墙，视为一家之主，晨昏礼祭。其他诸神，各就各位。如土地神一般于大门口照壁设龛，门献门楣上香。正月初五前，皆早晚供奉。此外，中老年妇女中，有的吃斋行善，家中亦设神位，晨昏三叩头，早晚一炉香，祀神祈灵，心虔志诚。

神各有专司，祭神亦有专祀。动土修建，设姜太公神位；求子，到娘娘庙或观音神前祈祷许愿；天旱祈雨，供奉玉帝、龙王；消灾免疫求瘟神；读书人谋举，求文昌帝或魁星。各业还敬各业神。如木匠敬鲁班，铁匠敬老子，唱戏的敬优孟，水手船户敬禹王，医生敬药王，兽医敬马王，商贾敬财神，文人敬孔子等。可谓遍地皆神，处处香火。

立庙祭神，旧时在农村尤为普遍。以关帝、观音、土地、药王和娘娘庙为最多。庙内供奉诸神佛像。由于人为推崇，各地也依时令设立定期迎神盛大庙会。遇庙会时，善男信女赶会祭奉，焚香布施，消灾还愿。庙会主持人摆庙祭神，请乐人，唱大戏。

各大庙都有赛期，每年一次，每次一至三天。若遇偶数丰年，一些大的村社由社主、官绅倡导，创建新庙或重修旧庙，竣工之后，立碑，唱大戏，放鞭炮，祭奠神灵，称之为“开光”。既而募集和购置庙产，收租之息，作为逢年庙会祭祀费用。

二、天庭里的神

天庭和人间世界一样，有皇帝、皇后、将相、子民、奴仆，俨然是人间生活的翻版。正如马克思所说的那样：“宗教本身是没有内容的，它的根源不是在天上，而是在人间。”

玉皇大帝 在唐代以前玉皇大帝并不存在。他的前身是天帝，始于西周，西周统治者利用天帝崇拜，大力鼓吹君权神授，周统治者说：“上天为了保佑下民，才任命了国君和贤臣帮助天帝统治天下四方，判民有罪或无罪是按天帝的意思办的，国君是不敢超越天帝的意志行事的。”后来，人们又根据人间社会现实，幻想出天上的神界，逐渐演变成一个以天帝为中心的庞大神系。道教产生后，道徒们编造了一本《高上玉皇本行集经》，经书模仿释迦牟尼的故事，编造了玉皇大帝的出身和历史：在遥远的年代，有个光严妙乐国，国王年老无嗣，心中忧虑，于是诏诸道众，遍祷真圣。一夜，王后梦见太上老君抱一男孩来到王宫，王后一见大喜，央求说：“现在国王没有孩子，希望得到这孩子将来好继承王位。”太上老君说：“我正是来送孩子给你的。”王后梦醒后便怀了身孕，一年后，生下一个小孩，王子非常聪明，长大继位就丢下他的国家，到普明香岩山修道，修行了三千两百天才修成正果，法号清静自然觉王如来，又经过了一亿个劫难，才成为后来的玉帝。为什么称为“玉帝”？因为道教徒信服食玉，认为食玉可以长生，玉又为纯洁清净的象征。此后，经过历代统治者和道众的推崇和宣传，玉皇大帝便成了我国全民信仰的最高神。不过，在道教的经书典籍里，玉皇大帝仅是“四御”之一，位居“三清”之下。而在民间，玉皇大帝是天界的最高统治者，统摄众神，三清都是他的下属。

正月初九是玉皇大帝的生日，腊月二十五日是玉皇大帝的出巡日。每逢这两天，民间都要举行隆重的祭祀活动。

王母娘娘 王母娘娘又称西王母，西王母本是西方一部族的首领，这个部族大概是以虎豹为图腾，所以，最初的西王母是蓬着头发，满嘴虎牙，还有条豹尾巴，长啸不止的怪神。“司天之厉及五残”，也就是掌管瘟疫和刑杀的神，而且还没有明确其性别。西王母由一个怪模怪样的怪神演变为雍容华贵的天界神仙，女仙领袖，是道教兴起以后的事。道徒们依据《穆天子传》编造了周穆王见西王母的故事：穆王在昆仑山见到西王母，借西王母的瑶池举行答谢宴会，宴会上西王母高兴地为穆王唱起歌来，歌中有“我惟帝女”的说法。一下子西王母便成了天帝的女儿。六朝时又出了本《汉武帝内传》把西王母全面仙化：“著黄金袢诵，文采鲜明，光仪淑穆，带灵飞大授，腰佩分景之剑，头上太华髻，戴太真晨缨之冠，履玄瑶凤文之舄。视之年可三十许，修短得中，天姿掩蔼，容颜绝世，真灵人也。”此时的西王母完全脱离了“兽气”而变得雍容华贵，完全是一派仙气，俨然群仙领袖。并且又将她与玉皇大帝配为夫妻，成为帝后，还生了七个女儿。

三清 三清是道教尊神，即玉清元始天尊、上清灵宝天尊、太清道德天尊。“天尊”是道教对该教最高神的尊称，“三清”为该教哲学“三一”的象征，故地位至尊。

元始天尊 “元始”一词本是道家叙述宇宙起源的用语，意为本源、开始。道徒们加以附会、增益，将“元始”衍为道教最高天神。道经宣称，元始天尊“生于太元之先，聚自然之气。冲虚凝远，莫知其极”天地沦坏，劫数终尽，但“天尊之体，常存不灭”。晋代的葛洪则干脆将中国远古神话中开天辟地的盘古附会成元始天尊——盘古真人。说是在“天地日月未具”，宇宙还没有形成的时候，有个盘古真人，自号“元始天尊”。他开天辟地，住在天中心之上的“玉京山”，后来，又出了个太元圣母，二位结为夫妻，生下了天皇。又有扶桑大帝东王公，太真西王母，二人生下了地皇、伏羲、神农、祝融、五龙氏等。三皇传下天文，成了道教经典，于是产生了道教。

灵宝天尊 又称太上道君，道经说他是有二晨之精气，寄胎于洪氏，怀了他三千七百年，乃诞生于西那天郁察山浮罗之岳。出生后，“度人有如尘沙之众，不可胜量。”道教认为“道”是宇宙万物的元始，有了“道”才产生了宇宙，宇宙生出“元气”，“一气化三清”，所以，灵宝天尊可以说是道家为凑足“三清”而添加的，他既不像太上老君这样历史上实有其人，也不像元始天尊那样被编造得那么完整，他完全是元始天尊和太上老君的陪衬。

道德天尊 又称太上老君，即老子。道教最初尊老子为祖师，以老子《道德经》五千文为经典。但后来道徒们觉得只有老子一人不够用，比不上佛教的三世佛气派，于是又造出了元始天尊和灵宝天尊，太上老君虽仍为最高神之一，但已屈尊第三把交椅。

道教尊三清为最高神，把中国民间信仰的最高神玉皇大帝置于三清之下，与中国传统的神仙观念不符，很难为民众接受，在世俗眼中，玉皇大帝才是诸神之帝。如《西游记》中，玉皇大帝成了至高无上的天神，三清是他的臣属，连西方如来也听他的。

视野拓展一

天庭众将

托塔天王 即李靖，又称托塔李天王。民间对他的了解，主要来自《封神演义》

和《西游记》。《封神演义》称李靖为陈塘关总兵，曾拜度厄真人为师，其三子哪吒闹海，被其逼死，太乙真人使之莲花化身，哪吒寻父亲报仇。燃灯道人将宝塔赐给李靖，制服哪吒，后遂称托塔天王李靖。《西游记》则将其描写为玉皇大帝之臣，总管天兵天将。

哪吒 托塔天王李靖之三子，道教奉为镇守天门之神。哪吒（见图7-1）本为玉皇大帝驾下之大罗仙，奉玉帝之命下凡托胎于李靖夫人腹中，生后五日，在东海中沐浴时杀死了龙王三太子，又射杀了碧云童子，受父亲责难，非常生气，于是析肉还母，析骨还父，后被太乙真人所救，遂拜太乙真人为师，学习修炼道法。能变化无穷，有伏魔神通，天下妖魔尽为所降。因此，在灵会山上成为通天大师，威灵显赫大将军。玉皇大帝封他为三十六员第一总领使，永镇天门。在民间，哪吒的形象是：手提火尖枪，臂套乾坤圈，脚踏风火轮，腰围红艳混天绫，背负豹皮囊，囊中有金砖一块，完全是少年英雄模样。

图7-1　哪吒闹海

风神 司风之神，又称“风师”、“风伯”、“箕伯”、“飞廉”。其形象为一白发老翁，左手持轮，右手执扇。

雨神 司雨之押，又称雨师，关于雨师的来历有下面几种说法：一是认为它是二十八宿西方白虎七宿之第五星毕星。二是《三教源流搜神大全》把汉时传说中在雨前起舞的神鸟商羊称为雨师，商羊的一只爪子可任意大小变化，能吸河湖之水。三是传说中的赤松子，能化为赤龙，随风雨上下，被元始天尊封为雨神。因为雨与农作物的收成密切相关，所以，雨神是很受崇拜的。从西周以来，都列入国家祀典，历代奉祀不辍。

雷神 民间俗称雷公。雷声乃雷神击鼓之音“八方之荒，有石鼓，其径千里，撞之，其音即雷也。”（《神异记》）。天庭设有雷部，主管雷部的叫“九天应元雷声普化天尊”，下统三十六员雷神。三十六雷神各掌管一面雷鼓。行雷之时，天尊击本部雷鼓一下，三十六雷神便一齐击鼓。中国远古时代就有对雷神的崇拜，并视其为天意的代言人，人们认为雷神能鉴别善恶，区分良莠，代天主持正义，击杀有罪之人。

电神 民间俗称电母、闪电娘娘、金光圣母。是天界司掌闪电的女神。电母的形象一般为朱衣白裤，容貌端雅，两手各执一面镜子，号为电母秀天君。据说电母是专为雷神打人时照明的。

三、民间俗神

对于天庭众神，民众祭拜的并不多，民众祭拜的是那些掌管一方吉凶的俗神，这些俗神虽是一些小神，却得罪不起，还要祈求他们时时保佑自己。他们的香火甚至超过了玉皇大帝和王母娘娘。

灶神 俗称“灶王爷”。民间传说灶神是玉皇大帝的使者，是受了“皇命”的委派到各家各户的“司命主”，而且有多少人家，就有多少灶神。他的任务是了解人间善恶，随时登记入册，每年的腊月二十三日上天汇报一次，作为玉皇大帝赏罚的依据。人们为了讨得他的喜欢，每到腊月二十三日这天，都要用粘糖祭祀以封其嘴，让他只报好事，不报坏事，这就形成了中国民间特有的祭灶风俗。

关于灶神的来历，历史上的传说很多，最早的说法说灶神是祝融，传说火是祝融发明的，祝融为火神，又是灶神。这时人们祭祀灶神，属于纪念性质，没有迷信色彩。到了汉朝，灶神的传说有了新的内容，传说汉宣帝时，有个叫阴子方的，有一年腊月初八早晨做饭时，灶神忽然出现了，他家里有只黄羊，便用这只黄羊祭了灶神，从此阴子方家便交上了好运，过上了荣华富贵的生活，两个孙子都做了大官。人们都希望能像阴子方一样交上好运，于是纷纷效仿，掀起了祭祀灶神的热潮，这时灶神的职责是赐福。以后，灶神的传说越来越多，情节越来越离奇，灶神又有了新的姓名，而且灶神的职责也变成了“督人过失”，“白人罪状”的“司命主”。

土地神 民间俗称“土地爷”或“土地公”，虽地位很低，却是民间信仰最普遍的神，全国各地都有土地庙、社坛、地坛，这些都是祭祀土地神的。农历二月初二叫“社日”，是土地神的生日，所以，土地神又叫“社神”，是一个管理一方地面的神。《孝经纬》云：“社者，土地之神，土地阔不可尽祭，故封土地为社，以报功也。”土地神是谁？《礼记》上说：“共工氏之子勾龙，能平水土，祀之为社神。”这段话虽然很简单，但对土地神的来历却说得很清楚，从这段话，我们知道了他的名字、他的父亲是谁以及他的主要功业。《搜神记》记载土地神是汉代的蒋子文，汉以后各地的土地神常由对当地有功者死后担任。因朱元璋出生于土地庙，所以明代的土地庙特别多，当时不仅各地村落街巷处有土地庙，甚至仓库草场中都有土地祠。土地神的形象常为一穿袍戴帽的白发老翁，慈祥可亲，平易近人。有的地方土地庙中还有土地奶奶。

城隍 城市保护神。城隍的前身是水庸，也就是沟渠，因古时候的城市都有护城河，古人为了求得城郭的平安，常在护城河边举行祭祀活动，是为城隍祭。后来逐渐演变为对城隍的信仰。至南北朝正式称为城隍神。唐宋以后，人们把一些对城市有功的人奉祀为该城市的城隍神。如杭州祀奉文天祥，苏州祀奉春申君。明朝朱元璋大封城隍，各地的城隍都被封为王，还有爵位，比如京城的城隍被封为承天鉴国司升福明灵王，正二品。至此城隍遍布全国各地。

门神 门神（见图7-2）乃守卫门户之神。最早的门神名字叫神荼、郁垒。《独断》和《三教源流搜神大全》都对此有记载，大意是：东海有座度朔山，山上有棵大桃树，树干盘屈三千里，在桃树的东北方向有鬼门，是万鬼出入之门，神荼、郁垒把守在这里，司监视众鬼之职。他们把害人的恶鬼用苇索捆起来，丢给老虎吃。后来，人们便把神荼、郁垒二人的画像张贴在门的两侧，替人们守卫门户。

唐代以后门神变成了秦琼和尉迟敬德。据说唐太宗李世民年老时，常在夜里梦见许多鬼要来杀他，非常害怕。秦琼和尉迟敬德自请守卫在寝宫门外，夜里果然无事。但秦琼和尉迟敬德不可能夜夜守卫在寝宫门外，唐太宗就命画师绘制二人的画像贴于大门两侧用以驱鬼，后世流传下去，秦琼和尉迟敬德便被奉为门神。

图7-2　门神

以上两对门神，是民间最流行的，此外，钟馗作为门神也很有知名度。还有一些地区将本地区历史上有名的武将祀奉为门神，比如赵云和马超、薛仁贵和苏文、孙膑和庞涓等。

财神 财神分为武财神和文财神。无论是武财神还是文财神，不同时代，不同地区各有不同。在民间信仰最普遍的武财神当属赵公明，文财神要算范蠡。

赵公明，民间对他的了解多来自明代许仲琳的神魔小说《封神演义》，说的是有个道士叫赵公明在峨眉山罗浮洞修道。由于他武艺高强，并有黑虎、铁鞭和百发百中的定海珠、缚龙索等宝物，被殷纣王召下山来打姜子牙，在破“十绝阵”的战役中，曾把姜子牙打得死去活来。由于赵公明助纣为虐，后来被陆压散人在西岐山用“钉头七箭书”射杀。姜子牙得胜后，怕赵公明“阴魂”报复，就把赵公明封为“金龙如真正——黑虎玄坛真君之神”，即财神（见图 7-3）。

《三教源流搜神大全》所描述的赵公明在形象上和《封神演义》差不多，都是黑面浓须，骑黑虎，手执铁鞭。不同的是有关赵公明的来历，《三教源流搜神大全》说他是终南山人，自秦时避世山中，精修至道，功成正果。张凌修炼仙丹，奏请守护神，玉皇谴赵公明，授正一玄坛元帅，故又称“赵玄坛”和“赵公元帅”。

图 7-3　财神

范蠡，春秋时越国人，辅佐越王勾践打败吴王，成就霸业。功成名就后隐姓埋名到齐国去了。范蠡在齐国事农经商，曾三次发大财，均布施于平民百姓，故被人们奉为财神。在民间，人们又称范蠡为陶朱君或陶朱公。

此外，关羽、比干、五显神等在有的地方亦被祀奉为财神。

火神　火神名叫王灵官，农历正月初八是他的生日。传说中的王灵官有三只眼睛，他自幼随林灵素（宋代道士，善幻术，赐号妙先生）学道，善火术。他伸手能取火，闭口能存火，开口能喷火；他身有“灵光”，黑夜走路如同白昼。死后玉皇大帝封他为“玉枢火府天将”，纠察天上、人间之火。

婚姻神　月下老人便是婚姻之神，又称“月老”。据沈复《浮生六记》说：“一手挽红丝，一手携杖悬婚姻簿，童颜鹤发，奔驰于非烟非雾中。”我国不少地方都有月老祠。月下老人以赤绳相系，确定男女姻缘，反映了古时人们姻缘前定的观念。

四、行业神

每个行业都有自己的开山鼻祖，后世人们便将这些开山鼻祖奉为自己这个行业的神，逢年过节和鼻祖的生辰忌日予以祭祀。

鲁班　匠师之神。鲁班，姓公输，名般。因为他是鲁国人，“般”与“班”同音，古时通用，所以人们称他为鲁班。

鲁班家里世世代代都是工匠，鲁班自小便跟父亲做活，因他聪明伶俐，学东西很快，十岁时，一般的活计他都会干了。随着年龄的增长，不断的摸索，他的手艺越来越巧，会的活计也越来越多。盖房、造桥、制造机械、雕刻样样都是好手。

据《物原》、《事物绀珠》、《古史考》等书记载，木工使用的许多工具都是鲁班发明的。比如木工用的曲尺、刨子、钻子、锯子、墨斗等。这些木工工具的出现，使工匠们减轻了繁重的劳动，提高了劳动效率，促进了工艺技术的改进。

茶神 茶神为陆羽。陆羽生活在唐玄宗至唐德宗年间，刚一出生便被父母遗弃，后被智积大师收养。他之所以姓陆名羽，据说出自《易经》之“渐卦”，“渐卦”上九爻辞：“鸿渐于陆，其羽可用为仪。吉。”小和尚看到着个卦辞，觉得与自己的身世相合，很高兴，便以陆为姓，以羽为名，以鸿渐为字。

陆羽“性嗜茶”，朝廷曾拜他为太子文学和太常寺太祝。但陆羽对当官毫无兴趣，根本不去赴任，一心扑在了研究茶上。为了研究茶的品种和特性，他游历天下，遍尝各地出产的茶，他常常亲身攀葛附藤，深入产地，采茶制茶。陆羽晚年隐居苕溪（今浙江西北部），专心著述。他积多年的经验，终于写出了《茶经》。这是中国第一部，也是世界上第一部研究茶的专著。陆羽对人们的饮食生活作出了很大贡献，人们感谢他，纪念他，陆羽死后不久，就被奉为“茶神”。

船神 船神为孟公、孟姥（亦呼为孟婆）。船神的来历，古籍中尚无记载。唐人段公路在《北户录》里也只是说“南方除夜将发船，皆杀鸡，择骨为卜占吉凶，以肉祀船神，呼为孟翁、孟姥。”

窑神 过去民间在每年的农历二月十五和三月初三都要祭窑神，祭窑神又叫“闹窑神”，这一闹就是连闹三天，其热闹程度就像闹元宵。

窑神庙中供奉的窑神有七位——三位主神，四位辅神。三位主神是舜、老子、雷公。舜是传说中的五帝之一，据说是他发明了制陶，被当做陶神。老子——太上老君被当做窑神，一是道家讲究炼丹，炼丹需要掌握火候，烧制陶瓷制品也要掌握火候，于是拥有“八卦炉”的太上老君便被视为炉神——窑神了。二是因为烧窑要大量取土，而土是归太岁神所管，俗话说：太岁头上动土——胆大妄为！因而取土即要触犯太岁神，免不了受到灾祸。但窑工们请来了太上老君，级别高多了，完全可以管住太岁，于是窑工们取土便百无禁忌，没有任何顾虑了。雷公是司雷之神，与风雨有密切关系。古代烧窑因条件所限，也往往仰仗自然气候，雷雨天对煤柴等燃料和窑器的质量有很大的影响。窑工们供奉雷公是希望得到雷神的恩赐，烧窑时天气晴好，使得窑器产量多成色好。四位辅神是山神、土地和牛马二王。土和山是烧制砖瓦陶瓷的原料的来源，牛马是运输的主要交通工具。

药神 乃药王孙思邈，陕西人。孙思邈自幼学医，二十岁时医道已成，朝廷曾多次请他做官，都被他一概拒绝。因为他目睹广大黎民百姓贫疾交加，感到非常痛心，决心不求名利，不做官，用毕生精力钻研医学，隐姓埋名，做个民间医生，用医药去解救人民的疾病痛苦。

有一次，孙思邈在长安一带行医，突然看到四个人抬着一口棺材往墓地走，一位老妪跟在后面哭得很伤心，同时他还发现有鲜血从棺材缝隙滴下来，心中一动，赶忙追上去问。老妪告诉他说，她的女儿因生孩子难产，死了有大半天了。孙思邈听了这话，又仔细查看了流出的血水，便认为这产妇还没有死，忙叫开棺抢救。棺材盖打开了，只见妇女脸色蜡黄，嘴唇苍白，没有一丝血色。孙思邈仔细摸脉，发觉脉搏还在微弱地跳动，就赶紧选好穴位，扎下一根金针，又把身边带的药拿出来，向附近的人家要了点热开水，给产妇灌了下去，产妇完全苏醒过来，并生下一个胖娃娃。大家见孙思邈把一个行将入土的人都救活了，而且是一针救活了两条性命，都佩服他是一个“起死回生”的神医。

梨园神 梨园神是所有神中生前级别最高的，他就是大名鼎鼎的唐玄宗李隆基。梨园为唐玄宗所设，地点在京城长安光化门外的禁苑中，园内有“梨园亭”，是供演奏乐曲用的；还有“会昌殿”，是唐玄宗亲自奏乐的地方。

梨园的主要职责是训练器乐演奏人员，与专司礼乐的太常寺和充任串演歌舞散乐的内外教坊，为鼎足而立的中央一级音乐机关。梨园集中了当时全国最优秀的乐工，比如琵琶圣手雷海青、箜篌妙音张野狐、神笛李谟、全能音乐家李龟年等都是梨园中名噪一时的音乐天才。所以，后世常将戏曲界称为“梨园”，戏曲演员则称为“梨园子弟”或“梨园弟子”。唐玄宗设立梨园后，挑选300多男乐工，组成一个庞大的皇家乐团，又从宫女中挑选了几百名能歌善舞者，加以严格训练，组成一个庞大的皇家歌舞团。唐玄宗本人也是个极出色的文艺天才，他不仅为乐工舞女们作曲，还担任乐团的鼓手，时常亲自为乐队击鼓。开元11年，宫中排练大型歌舞《圣寿乐》，宫女们穿着漂亮的衣服，载歌载舞，李隆基见了十分高兴，于是自己也穿上舞衣，亲自参加表演，并且亲自参加指挥调度，在他的参与下，歌舞排练非常成功。李隆基简直就是一个文艺全才，集演员、作曲、指挥、导演于一身。他也就理所当然地被奉为戏神——梨园神了。

五、佛教众神

如来佛 即佛教创始人释迦牟尼（见图7-4），“释迦”是部落名称，“牟尼”的意思是“仁”、“儒”、“忍”、“寂”等，“释迦牟尼”就是“释迦族的圣人”的意思。“释迦牟尼”是尊称，他的真名叫乔达摩·悉达多。“乔达摩”是姓，“悉达多”是他的名。

传说释迦牟尼是古印度著名王族甘蔗王的后裔，父亲净饭王是迦毗罗卫国的国王，其母摩耶夫人按当时风俗回娘家分娩，路过蓝毗尼园生下了悉达多。摩耶夫人在生产后七天不幸去世，悉达多由姨妈波阇波提养育。大约十六七岁时，他娶了表妹耶输陀罗为妃，后生下儿子罗喉罗。悉达多虽贵为太子，生活舒适，父亲也对他寄予厚望，想让他继承王位。但他深感自己的国家夹在强国之间，朝不保夕，处境险恶。他又亲眼看到社会现实的残酷无情，人们生老病死的种种苦难，毅然抛弃舒适生活，出家修行，企图找到精神上获得解脱之道。出家后，他修苦行，以种种苦行折磨自己的肉体，以求得到解脱。但六年苦行并未得到“解脱”。于是他抛弃苦行，另辟蹊径。他来到一棵婆罗树下，结跏趺坐，进入了所谓的禅定境界，经过七天七夜的冥思苦想，最后终于豁然开朗，觉悟成道，悟出了宇宙、人生的真实本质，获得了解脱。此时他三十五岁。此后，他开始了长达四十五年之久的传教活动。在波罗奈斯城外的鹿野苑，向佛陀阿若侨陈如等五人第一次宣讲佛法，五人佩服得五体投地，皈依了佛教，成为最初的弟子。此后，他又度化了耶舍、迦叶三兄弟以及舍利弗、目犍连，在故乡他的不少亲属如堂弟阿那律、提婆达多、阿难陀，以及儿子罗喉罗都皈依了佛教。经过第一次传教，形成了最初的佛教组织——僧伽（僧团），以后僧团不断壮大，最初只收男弟子（即比丘，我国俗称和尚），后来其姨妈入教，才接纳女弟子（即比丘尼，我国俗称尼姑）。起初，僧尼云游四方无固定住处，后来为了适应雨季和聚会，建立了寺院，以后又制定了僧众共同遵守的戒律。八十岁时，释迦牟尼在游化中碰上了雨季，患了重病，行至山尸那迦城外河边一片茂密的婆罗林中，在两棵婆罗树中间头朝上方，右肋而卧。月光透过树叶照在他的脸上，安详、高尚、圣洁。临终前，他告诫弟子们要依法精进修行。半夜，佛陀呼出了最后一口气，一颗伟大的心脏停止了跳动。佛陀得到了彻底的解脱，至上的涅槃。释迦牟尼圆寂后，遗体火化，佛舍利（遗骨）分给各国使者，被视为圣物，并建塔供奉。

图 7-4　如来佛

“佛”是“佛陀”的简称，佛陀又译作“浮屠”、“浮图”、“浮陀”，意思是“觉”、“觉者”。“如来”意思是从如实之道而来，开示真理。“如来”有广义和狭义两种，广义的“如来”泛指一切佛，如“阿弥陀如来佛”；狭义的“如来”则专指释迦牟尼。

弥勒佛　佛教中的弥勒佛与民间信奉的弥勒佛有着很大的区别。佛教中的弥勒佛又叫未来佛（与过去佛燃灯、现在佛释迦牟尼合称三世佛）。“弥勒”是梵文音译，意思是“慈氏”。这是佛教的菩萨名，跟佛还差一等。据佛经说，他名叫“阿逸多”，出生在古印度南天竺劫波利村大婆罗门家庭，是第一等的贵族，十分高贵。后来，阿逸多成了释迦牟尼的弟子，侍立一旁听法。释迦预言，弥勒将继承自己的佛位为未来佛，即法定接班人。作为未来佛的弥勒，正统的塑像是印度式的。这种弥勒十分庄严肃穆，眼观鼻。鼻观心，超脱凡尘；摒弃七情六欲，凝定入神，一副悲天悯人的神情。这种塑像在大雄宝殿中常见。另有一种菩萨装、带天冠，单独在天王殿弥勒阁中供奉。

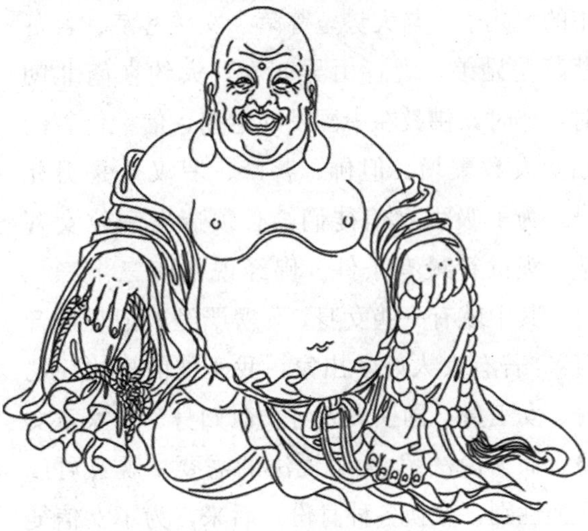

图 7-5　弥勒佛

民间的弥勒佛是一位胖和尚，袒胸露腹，大肚子滚圆凸出，极为醒目，手掐念珠，喜眉乐目，笑口常开（见图 7-5）。民间的这位弥勒佛在历史上实有其人，他就是布袋和尚契比。唐末五代的后梁时期，浙江奉化出了个怪和尚，叫契比，长得矮胖，肚子奇大，常用竹杆挑着个大布袋在闹市中出现，面带笑容，四处化缘。一天，他来到奉化岳林寺东廊，在一块盘石上端坐而说偈曰：“弥勒真弥勒，化身千百亿，时时示时人，时人自不识。”偈毕，安然而逝。人们细细一琢磨，这才恍然大悟，原来这位胖和尚就是弥勒佛的化身。人们把他的肉身葬在岳林寺西二里，并起名为“弥勒庵”。又按他的模样塑成“弥勒菩萨”像，从此，他取代了佛经里的弥勒佛，而名扬四海，家喻户晓。

文殊菩萨　文殊位列佛教四大菩萨之首，五台山是他说法的道场，颇负盛名。在寺庙的大殿里，文殊通常作为释迦佛的左胁侍，专司“智慧”，表“大智”，与司“理”的右胁侍普贤（表“大行”）并列在佛的两边。文殊的坐骑是一头青狮，表示智慧威猛。

普贤菩萨　梵文 Samantabhadra。音译为三曼多跋陀罗，或译普贤，遍吉。是象征理德，行德的菩萨，与文殊菩萨之智德，证德相对。为佛陀释迦牟尼的右胁侍，和佛陀、文殊菩萨合称华严三圣。中国佛教的四大菩萨之一。其塑像多骑六牙白象，代表佛法的大悲力。普贤菩萨的道场在四川的峨嵋山。

观音菩萨 又作观自在菩萨、观世音菩萨等（见图 7-6），唐代因避唐太宗李世民之讳，略去“世”字，简称“观音”，一直沿用至今。“观世音”，从字面解释就是“观察（世间民众的）声音”的菩萨，是四大菩萨之一。他相貌端庄慈祥，经常手持净瓶杨柳，具有起死回生的神奇法力，也是如来佛祖得意的徒弟之一。他大慈大悲，普救人间灾难。在人们遇到灾难时，只要念其名号，他就可以听见世上苦难的声音。

在佛教中，他是西方过去极乐世界教主阿弥陀佛座下的上首菩萨，同大势至菩萨一起，是阿弥陀佛身边的胁侍菩萨，并称“西方三圣”。

图 7-6 观音像

观音最早是男人身。佛经上说他是转轮圣王的大儿子，与大势至菩萨、文殊菩萨、普贤菩萨是兄弟。观音由男变女，大约在南北朝时，那时，佛教在中国发展迅速，信奉佛教的妇女人数聚增，但佛、菩萨、罗汉全是男儿身，为了吸引女信徒们，必须造出一位女菩萨，观世音最有条件。佛经说他有三十三化身，其中就有一些女身，《楞严经》记观世音言：“若有女人好学出家，我于彼前现比丘尼身、女王身、国王夫人身、命妇身、夫家童女身，而为说法。”为了说法的需要，观音可以变换性别，变换各种身份。后来，为了女信徒的需要，观音不再亦男亦女，而固定为女性，这一改变深受世俗欢迎。

在民间，观世音的名号要比佛祖释迦牟尼响亮得多，是佛教中香火最盛的菩萨。根本的原因在于她是“大慈大悲救苦救难灵感观世音菩萨”，是个救世主的形象。《法华经》云，众生遇到自然灾害、社会苦难、种种烦恼、鬼怪之害等，只要呼喊一声“观世音菩萨”，观世音菩萨即会前来解救。

第三节 鬼文化

一、鬼是什么

《礼记·祭法》曰：“万物死皆曰折，人死曰鬼。”鬼就是人死后灵魂存在的形式。古时候科学不发达，人们的认识能力极端低下，受梦等生理和一些自然现象的影响，认为人死后灵魂还在，人死后的灵魂到了另一个世界，过着和活人一样的生活。

鬼是什么样子？韩非子曾讲过这样一个故事：一画师为齐王作画，齐王问什么东西最难画，画师回答说，狗、马最难画；齐王又问，什么东西最容易画，画师说，鬼最容易画，因为狗、马这些东西人们经常见到，而鬼谁也没见过，所以很容易画。从这里，我们可以知道，鬼是没有定形的，完全凭人的想象，而这种想象有着很强的随意性。不过有一点是共同的，就是所有的想象中的鬼仍脱离不了人的特征，因为鬼的前身是人。想象中的鬼的形状大体可以分为下面两种类型：一是人与其他动物的结合体，即半人半兽，例如西王母最早是上古冥府的统鬼者。《山海经》记其貌为："其状如人，豹尾虎齿而善啸。"又如士伯是上古神话中执卫门户者，王逸为《楚辞·招魂》作注云："士伯之状，广肩厚背……其貌如虎而有三目，躯肥大，状如牛也。"再如传说中的冥界同人间的交界处有一条河，河上有个撑渡船的老者，是个蛇首人身的恶鬼，乃是幽都的执卫门户者。二是人形的变异者，比如人间传说中的吊颈鬼，舌长一尺多。《山海经》记："魅，人身黑首，纵目，"其他还有四面、三目、单目、赤发等怪异形状。现在民间对鬼形的想象渐渐趋于一致，一般认为鬼的样子是青面赤发巨齿獠牙。

二、招魂、祭鬼、驱鬼

1. 招魂

招魂的习俗从古至今，在许多地方，许多民族中流行，它分为招生魂和招亡魂两种情况。

招生魂是对病人、受惊者的招生。人在生命垂危时，家人笃信其魂即将离开人体，为了挽救其生命要把这即将离去的魂魄招回来。受了惊吓，也被认为是魂被吓走了，也需招回来。在湖南的一些地方，如果小孩受了惊吓或患了重病，巫师（现在家人随便请一人亦可）取小孩贴身衣一件，用竹竿穿了，插在屋顶上。然后巫师到四处喊："某某回来呀。"福建厦门沿海一带的招魂和湖南的大体相同。以衣招魂是希望游魂能附而归之。

招亡魂，是对死者亡灵的招唤，人死了，如果其魂还在野外游荡，是对死者的不敬，也影响到生者的安全。云南河口一带，每年清明都要在坟上插招魂幡。贵州苗族在送葬时要把一只大公鸡（或模型）置于棺材之上，送葬的同时也将亡魂招入墓中、阴间。汉族有的地方也有用鸡招魂的，民间笃信鸡能驱鬼，鬼不仅怕鸡，而且怕鸡叫。

在一些少数民族地区，不仅是对病危者和死者招魂，婴儿降生，远行归来，娶新娘等都要招魂。

招魂的方法，除了上面提到的以衣招魂和以鸡招魂外还有以矢招魂、以草招魂和剪纸招魂。

上古时的人和一些少数民族常以矢来招魂。招魂时数人手执矢或其他武器围着死者舞蹈，之所以如此，因为魂的天敌是恶鬼，而矢等武器具有斩妖除魔的作用，是鬼所惧怕的。不少巫师在驱鬼的活动中多用一把木剑作驱鬼的工具。鬼被赶走，魂自然归来。

以草招魂一般是用蒲草、茅草、兰草等剑状一类的草在死者或病危者身上来回扫过（一般由巫师进行）。草状如剑，按照相似律，剑等兵器可以驱鬼，草也可以驱鬼。

剪纸招魂的方法是由死者的直系亲属，在出事地点或于出事方向选点，摆设酒肴，焚烧纸钱、纸人，加以祷告，使人步入“通往西天之路”。这种招魂的方法在汉族和许多少数民族中都曾流行，具体的做法大同小异。

2. 祭鬼

祭鬼的目的是要鬼不有要加害于人，使人获得平安，具体有下面几种作用：①抚慰亡灵，防止鬼魂作祟。人死为鬼后可能会去加害别人，所以生人便以食品、香烛去抚慰鬼魂，希望他不要去加害别人。②可以帮人治病。民间认为人生病了就是病魔缠身，有的人可能会用驱鬼的办法把病魔驱赶走，但大多数人会选择祭鬼（对鬼贿赂），请鬼魂离开病者的身体。驱鬼要请巫师，所花的钱是祭鬼开销的许多倍。③保证房子建好后家人平安。建造房屋，要征得宅鬼的同意后方能进行，否则便会不得安宁。④可以使农作物获得丰收。在云南的一些少数民族中，每当春耕时都要祭祀山鬼或谷鬼，希望能够风调雨顺获得好的收成。佤族在 1949 年前还存在着砍人头祭谷鬼的风俗。

3. 驱鬼

驱鬼有两种情况：一是鬼已附身，需驱之；二是鬼行将接近，为不使之附身而驱之。驱鬼习俗很多，而且各地不大一样，但以“傩”、“符”、“门神”、“钟馗”等影响最大。

（1）以“傩”驱鬼。以傩驱鬼的大体程序是：由方相氏（巫师，同时又是傩仪中的主神）操作，身蒙熊皮，玄衣朱裳，头戴黄金四目的面具，手中舞动着戈与盾，率领百隶（助手，或还包括群众），挨家挨户去寻找，驱赶疫鬼。“傩”后来演变为一种地方戏，现在河北武安、江西萍乡的傩戏很有代表性，被称为“戏剧活化石”。傩的重头戏是捉黄鬼。捉黄鬼是一出沿街演出的哑剧，其角色有阎罗王、判官、大鬼、二鬼、跳鬼和被捉拿的对象黄鬼。黄鬼既是洪涝、虫害、疫病等灾异的象征，又是人间忤逆不孝、欺小凌弱等邪恶势力的代表。通过对黄鬼开膛抽肠和一系列仪式，表现了百姓战胜自然灾害，向往幸福生活的美好愿望。

（2）以“符”驱鬼。用符驱鬼主要是道教的一种驱鬼术。其形式可分为吞符和挂符两种。吞符在治病中最常见，民间的一些巫医、道士替人治病仍多用此法，即将符烧后，用水将符灰冲服，不同的病服不同的符。挂符是将符挂（贴）在病人（或灾家）身上、家中，如门顶、灶头、床头等处。

（3）门神驱鬼参见上节有关“门神”的内容。

（4）钟馗驱鬼。钟馗是我国民间专门驱鬼、纳福迎祥的神。他生于唐代，是湖南零陵五才子之一。皇帝说他相貌丑陋得连鬼都怕，讥笑他只能管鬼，由于相貌丑陋而不能入仕。于是，他云游四海，每到一处，那里就无鬼无魅，平安无事。从此，钟馗驱鬼的名声盛传。

钟馗驱鬼，《梦溪笔谈》有这样一段记载：明皇朱元璋身患重病，有天夜里他做了个梦，梦见一大一小两个鬼。那小鬼赤着一只脚，另一只脚的鞋子提在手里，围着大殿拼命地跑，那大鬼在后面紧追不舍，后来大鬼抓住了小鬼，把小鬼的双目挖下来吃了。朱元璋问那大鬼：你是谁？大鬼说：我叫钟馗，参加武举没考取，就决心替陛下除尽天下的妖孽。醒来后，朱元璋病全好了，身体比以前更强壮。于是朱元璋喊来画家吴道子，以梦告之，要吴道子照梦中所见画钟馗之像挂于房中。

此外，民间还有一些简单易行的驱鬼办法，比如，红颜色（挂红丝线，穿红内衣、红内裤等）、佩玉、鸡头鸡血等。

三、鬼的名称

1. 无名厉鬼

没有正式名称的鬼统称无名厉鬼。无名厉鬼有以下几种类型：其一是按其出现的地点称呼，如厕鬼、水鬼、山鬼等。《太平广记》集中吴郡王升见到的厕鬼“大木深耳，虎鼻猪牙”；其二是按照鬼的形态称呼。如一足鬼、无头鬼等；其三是以鬼的颜色来称呼，如赤鬼、黄父鬼等；其四是按照鬼的功能来称呼，如吊颈鬼、俯身鬼、杀头鬼、夜哭鬼等。

2. 夜叉

夜叉是最著名的恶鬼，长得狰狞恐怖，吃人不吐骨头。《博异记》描绘夜叉的形象是“长丈余，赤发猬奋，金牙锋铄，臂曲瘿木，甲拿兽爪，衣豹皮裤，狞目电蜓，吐火巽鬼，跳踯哮吼，铁石消铄。”《夷坚甲志》描绘的夜叉是“高长余，形如蝙蝠，头如驴，两翅如席。”

3. 伥鬼

有个成语叫“为虎作伥”，“伥”即是伥鬼。伥鬼指的是人被虎吃后，其魂化为鬼，转而为虎效劳，乃是不知廉耻、不思报仇的小人。《夷坚志》记载了这样一个故事：一名村妇上山采笋，见一只黑虎从岩石后出来，村妇急忙躲避，忽然被两小儿强拉住双脚，村妇大喊救命，黑虎赶来，当即把村妇吃了。这两小儿便是伥鬼。

4. 疫鬼

统管瘟疫的鬼便叫疫鬼，又叫疟鬼、瘟鬼、瘟神。最早的疫鬼始见于纬书，为三人。《礼稽命征》云：“颛顼有三子，生而亡去，为疫鬼：一居江水，是为疟鬼魆鬼；一居若水，为魍魉；一居人宫室区隅，善惊人小儿，为小鬼。”

瘟神一称五瘟使者。《三教源流搜神大全》为五瘟神作传云：“昔隋文帝开皇十一年六月，内有五力士，现于凌空三、五丈，于身披五色袍，各执一物。一人执杓子并罐子，一人执皮袋并剑，一人执扇，一人执锤，一人执火壶。帝问太史居仁曰：'此何神？主何灾福也？'张居仁奏曰：'此是五方力士，在天上为五鬼，在地为五瘟，名曰五瘟（神）。春瘟张元伯，夏瘟刘元达，秋瘟赵公明，冬瘟钟仕贵，总管中瘟史文业。如现之者，主国民有瘟疫之疾，此天行时病也。'帝曰：'何以治之，而得免矣？'张居仁曰：'此行病者，乃天之降疾，无法而治之。'于是其年国人病死者甚众。是时帝乃立祠，于六月二十七日，诏封五方力士为将军。青袍力士封为显圣将军，红袍力士封为显应将军，白袍力士封为感应将军，黑袍力士封为感成将军，黄袍力士封为感威将军。隋唐皆用五月五日祭之。后匡阜真人游至此祠，即收伏五瘟神为部将也。"

5. 情鬼

情鬼是指那些具有情爱，与人相恋的鬼。在一些文学作品中的情鬼无一例外的都是女鬼。情鬼的出现大约是在唐代以后，从唐代的传奇小说直至清朝蒲松龄的《聊斋志异》描写女鬼与男子相恋的作品层出不穷。这些女鬼个个美丽非凡，温柔贤淑无比，有的还是才鬼。不过终因阴阳相隔，人鬼相恋大都以女鬼的无奈离去而结束，也有女鬼还魂而与男主角结为夫妇共享人间富贵的。例如《聊斋志异》中的聂小倩。

四、地狱阴间

地狱是人死后受惩罚的地方，阴间是人死后生活的地方。二者是不同的两个概念，在阴间你还有活动的地方，但在地狱里则只有受刑的地方，做了坏事就是到了阴间再送到地狱，就像生活中的监狱一样。

判官 传说中的阴间判官长得凶神恶煞、阴险狡诈，但绝大部分都心地善良、正直。判官是判处人的轮回生死，对坏人进行惩罚，对好人进行奖励的。人死了，到了阴间，首先便是由判官判定你有罪还是无罪。无罪可在阴间自由自在地生活，有罪便判你下地狱（到了地狱则归阎王管）。

最著名的判官是崔判官。相传崔判官名珏，乃隋唐间人。唐贞观七年（633年）入仕，为潞州长子县令。据说能"昼理阳间事，夜断阴府冤，发谪人鬼，胜似神明。"民间有许多崔珏断案的传说，其中以"明断恶虎伤人案"的故事流传最广。故事说长子县西南与沁水交界处有一大山，名叫雕黄岭，旧时常有猛兽出没。一日，某樵夫上山砍柴被猛虎吃掉，其寡母痛不欲生，上堂喊冤，崔珏即刻发牌，差衙役孟宪持符牒上山拘虎。宪在山神庙前将符牒诵读后供在神案，随即有一虎从庙后窜出，衔符至宪前，任其用铁链绑缚。恶虎被拘至县衙，珏立刻升堂审讯。堂上，珏历数恶虎伤人之罪，恶虎连连点头。最后判决："啖食人命，罪当不赦。"虎便触阶而死。崔珏死后，百姓在多处立庙祭祀。

中国在佛教未传入前的传统信仰认为，普通人死后亡魂会归于泰山之下，泰山神东岳大帝为冥界主宰。后来认为酆都为冥界入口之一。佛教传入后认为地狱是六道轮回中最劣最苦的，民间认识的“重狱”便是“十八层地狱”，事实上地狱只有十殿，每一殿由一位阎王掌管，故有“十殿阎王”之称，十八层地狱即是十殿的第九殿——阿鼻地狱。

阎王　阎王又叫阎罗王，被认为是地狱的主宰，掌管地狱轮回。大约在南北朝期间由印度传入中国。由于阎王的信仰与中国本土宗教道教的信仰系统相互影响，演变出具有汉化色彩的“十殿阎王”。

中国佛教中，有“十殿阎罗”之说。此说源于唐代，相传天帝册封阎罗王，由阎罗王统率地狱和五岳卫兵。地狱分为十殿，十殿各有其主和名号，称地府十王，统称“十殿阎王”。十殿阎王各有其主、诞辰和专职。比如：第五殿，阎罗王包拯（阎罗天子包拯），正月初八日诞辰，专司叫唤大地狱。

十八层地狱　据东汉安世高所译的《十八泥犁经》中，地狱分为十八层，合称为十八层地狱。十八层地狱的“层”不是指空间的上下，而是指时间和内容，尤其指时间之上。十八层地狱是以生前所犯罪行的轻重来决定受罪时间的长短。每一层地狱比之前一层地狱增苦二十倍或增寿一倍，全是刀兵杀伤、大火大热、大寒大冻、大坑大谷等的刑罚。当到了第十八层地狱时，苦已经无法形容，也无法计算出狱的日期了。人在阳间犯了罪，死后到了阴间，阎罗王便判他到与其罪行相应的地狱去受刑。

视野拓展二

盘古开天地以来的中国神仙列表

三清

元始天尊。

灵宝天尊：又名太上道君。

道德天尊：又名太上老君（西游记称为太上道祖）。

六御

中央玉皇大帝（妻：王母娘娘，又称为西王母）。

北方北极中天紫微大帝。

南方南极长生大帝（又名玉清真王，为元始天王九子）。

东方东极青华大帝太乙救苦天尊。

西方太极天皇大帝：手下有八大元帅、五极战神（天空战神，大地战神，人中战神，北极战神和南极战神）。

大地之母：承天效法后土皇地祇。

五方五老

南方南极观音。

东方崇恩圣帝。

三岛十洲仙翁东华大帝君（即东王公，名“金蝉氏”，号木公）。

北方北极玄灵斗姆元君（佛教中二十诸天的摩利支天）。

中央黄极黄角大仙。

中央天宫仙位表

千里眼、顺风耳、金童、玉女、雷公、电母（金光圣母）、风伯、雨师、游奕灵官、翊圣真君、大力鬼王；

七仙女、太白金星、赤脚大仙、广寒仙子（姮娥仙子）嫦娥、玉兔、玉蟾、吴刚、天蓬元帅、天佑元帅；

九天玄女、十二金钗、九曜星、日游神、夜游神、太阴星君、太阳星君、武德星君、佑圣真君；

托塔天王李靖、金吒、木吒（行者惠岸）、三坛海会大神哪吒、巨灵神、月老、左辅右弼、二郎神杨戬；

太乙雷声应化天尊王善王灵官、萨真人、紫阳真人（张伯端）、文昌帝君、天聋、地哑。

三官大帝

天官、地官、水官。

四大天王

增长天王、持国天王、多闻天王、广目天王。

四值功曹

值年神李丙、值月神黄承乙、值日神周登、值时神刘洪。

四大天师

张道陵、许逊（字敬之，号许旌阳）、邱弘济、葛洪。

四方神

青龙孟章神君、白虎监兵神君、朱雀陵光神君、玄武执明神君。

四渎龙神

黄河、长江、淮河、济水河神。

马赵温关四大元帅

马元帅：又名马天君，又称华光天王、华光大帝。

赵元帅：即武财神赵公明，又名赵玄坛。

温元帅：温琼，东岳大帝部将。

关元帅：关羽。

五方谒谛

金光揭谛、银头揭谛、波罗揭谛、波罗僧揭谛、摩诃揭谛。

五方真君

东方岁星木德真君、南方荧惑火德真君、西方太白金德真君、北方辰星水德真君、中央镇星土德真君。

五岳

东岳泰山天齐仁圣大帝、南岳衡山司天昭圣大帝、中岳嵩山中天崇圣大帝、北岳恒山安天玄圣大帝、西岳华山金天愿圣大帝。

五斗星君

东斗星君、西斗星君、中斗星君、南斗星君、北斗星君。

六丁六甲

六丁为阴神玉女、丁卯神司马卿、丁巳神崔巨卿、丁未神石叔通、丁酉神臧文公、丁亥神张文通、丁丑神赵子玉。

六甲为阳神玉男、甲子神王文卿、甲戌神展子江、甲申神扈文长、甲午神卫玉卿、甲辰神孟非卿、甲寅神明文章。

南斗六星君

第一天府宫：司命星君、第二天相宫：司禄星君、第三天梁宫：延寿星君、第四天同宫：益算星君、第五天枢宫：度厄星君、第六天机宫：上生星君。

北斗七星君：《狮驼国》中的北天七皇

北斗第一阳明贪狼星君、北斗第二阴精巨门星君、北斗第三真人禄存星君、北斗第四玄冥文曲星君、北斗第五丹元廉贞星君、北斗第六北极武曲星君、北斗第七天关破军星君。

（《狮驼国》中的北斗七星君为北斗星君的另一个称号：天枢、天璇、天玑、天权、玉衡、开阳、摇光。“天枢、天璇、天玑、天权”合起来又称为“斗魁”或“璇”，后三星组成斗柄，称“杓”。）

八仙

铁拐李、汉钟离、吕洞宾、何仙姑、蓝采和、韩湘子、曹国舅、张果老。

增长天王手下八将

刘俊、荀雷吉、庞煜、毕宗远、邓伯温、辛汉臣、张元伯、陶元信（四目）。

九曜星

金星、木星、水星、火星、土星、罗睺（蚀星）、计都星、紫薇星、月孛星。

十二元辰

子丑寅卯等。

二十八星宿

亢金龙、女土蝠、房日兔、心月狐、尾火虎、箕水豹、斗木獬、牛金牛、氐土貉、虚日鼠、危月燕、室火猪、壁水、奎木狼、娄金狗、胃土彘、昴日鸡、毕月乌、觜火猴、参水猿、井木犴、鬼金羊、柳土獐、星日马、张月鹿、翼火蛇、轸水蚓。

三十六天将

蒋光、钟英、金游、殷郊、庞煜、刘吉、关羽、马胜、温琼、王善、康应、朱彦、吕魁、方角、耿通、邓伯温、辛汉臣、张元伯、陶元信、荀雷吉、毕宗远、赵公明、吴明远、李青天、梅天顺、熊光显、石远信、孔雷结、陈元远、林大华、周青远、纪雷刚、崔志旭、江飞捷、贺天祥、高克。

地上天仙表

姜子牙亦为东华帝君，估计是木公的接班人。

蓬莱三仙。

福禄寿三星：福神天官大帝（另一说是西汉杨成，又一说是唐阳城）、禄神赵公明（因为禄有发财的意思，所以民间往往借了财神赵公明的形象来描绘他，一说比干范蠡为文财神）、寿星南极仙翁（女寿星：麻姑）。

真武大帝，又名九天降魔祖师、玄武元帅。

龟蛇二将（又名太玄水精黑灵尊神、太玄火精赤灵尊神）。

小张太子与五大神龙。

黎山老母、镇元子。

龙王：东海龙王敖广、南海龙王敖钦、西海龙王敖闰、北海龙王敖顺、井海王。

思考与练习

1. 鬼神是怎样产生的？鬼的观念产生的前提条件是什么？
2. 试阐述道教、佛教与中国神仙的关系。
3. 你的家乡有什么样的神庙，祭祀活动如何？请向班上的同学作介绍。
4. 如何在导游的有关鬼神的解说中破除迷信，弘扬科学？

第八章　礼仪文化

学习目标

中华民族有数千年的历史，有举世瞩目的灿烂文化，以儒家礼制思想为主的传统文化，作为中华民族的传统精神，至今仍具有强大的生命力。而礼仪文化对整个社会的影响十分深远，虽然今天的“礼仪”与古代的“礼仪”有着非常大的差别，但仪容整洁，礼貌待人，互敬互爱，敬老崇贤，培养良好的个人素质，塑造良好的人际关系仍然是我们时代的呼唤。特别是在旅游过程中，尤其是导游带团服务过程中，都起着十分关键的作用。通过本章学习，大家主要达到以下目标：

1. 了解中国古代礼仪。
2. 掌握传统社交礼仪。

第一节　中国古代礼仪概说

中国素有“礼仪之邦”的称誉。礼仪是指人们在社会交往中由于受历史传统、风俗习惯、宗教信仰、时代潮流等因素而形成，既为人们所认同，又为人们所遵守，是以建立和谐关系为目的的各种符合交往要求的行为准则和规范的总和。简而言之，礼仪就是人们在社会交往活动中应共同遵守的行为规范和准则。礼仪作为人们在社会生活中应按各自身份所遵循的行为规范，和古代社会的政治体制及其文化融为一体，已积淀成中国传统文化的重要组成部分。在过去漫长的历史年代里，礼仪作为一种制度规范、思想规范，全面制约着世人的思想言论和行动。“非礼勿视，非礼勿听，非礼勿言，非礼勿动。”在某种意义上，可以看做就是“礼”制的历史。要了解中国文化，首先就得了解中国礼仪文化。

中国古代礼仪形成于“三皇五帝”时代，此后，经过夏、商、周这三个奴隶制社会国家1000余年的总结、推广，日趋完善。周朝前期历经文王、武王、成王三个君主，重新“兴正礼乐，度制于是政，而民和睦，颂声兴”。周公还在朝廷设置礼官，专门掌管天下礼仪，把我国古代礼仪制度推向了较为完备的阶段。

春秋时期的孔子（公元前551—前479年）把“礼”推向了一个至高无上的地位。他要求所有的人都要“克己复礼”，教育他的弟子们做到“非礼勿视”、“非礼勿听”、“非礼勿食”。总之，为了“礼”的需要，可以舍弃一切。

到了汉武帝时期，“废黜百家，独尊儒术”的治国方略确立后，礼仪作为社会道德、行为标准、精神支柱，其重要性被提高到了前所未有的高度。此后历朝历代都在朝廷设置掌管天下礼仪的官僚机构，如汉代的大鸿胪、尚书礼曹，魏晋时的祠部（北魏又称仪曹），隋唐以后的礼部尚书（清末改为典礼院）等。同时，礼仪学越来越重要。汉代把《周礼》、《仪礼》列为五经之一，这些是读书人的必修之课。

礼有一个重要的作用，即礼是维护当时社会等级和统治阶级利益的有力工具。《礼记·坊记》：“制国不过千乘，都城不过百雉，家富不过百乘。”分封的诸侯国不可以有超过千乘的军力，城墙不可以有超过高一丈、长三百丈的规模，卿大夫之家不可以有超过百乘的财力。类似这样的许多规定，就是维护君主利益的等级堤防。礼起到了一个“准法律”的作用。

中国古代有五礼之说，即吉礼、凶礼、宾礼、军礼、嘉礼。五礼的内容相当广泛，从反映人与天、地、鬼神关系的祭祀之礼，到体现人际关系的家族、亲友、君臣上下之间的交际之礼；从表现人生历程的冠、婚、丧、葬诸礼，到人与人之间在喜庆、灾祸、丧葬时表示的庆祝、凭吊、慰问、抚恤之礼，可以说是无所不包，充分反映了古代中华民族的尚礼精神。

1. 吉礼

祭祀的典礼，为五礼之首。古时候，凡关系到国家大事的，都要进行祭祀。祭祀的对象包括天地鬼神，社稷祖宗等。其主要内容可包括三个方面。第一是祭天神，即祀昊天上帝；祀日月星辰；祀司中、司命、风师、雨师等。始于周代的祭天也叫郊祭，冬至之日在国都南郊圜丘举行。古人首先重视的是实体崇拜，对天的崇拜还体现在对月亮的崇拜及对星星的崇拜。所有这些具体崇拜，在达到一定数量之后，才抽象为对天的崇拜。周代人崇拜天，是从殷代出现“天帝”崇拜发展而来的，最高统治者为天子，君权神授，祭天是为最高统治者服务的，因此，祭天盛行到清代才宣告结束。第二是祭地祇，即祭社稷、五帝、五岳；祭山林川泽。夏至是祭地之日，礼仪与祭天大致相同。汉代称地神为地母，说她是赐福人类的女神，也叫社神。最早祭地是以血祭祀。汉代以后，不宜动土的风水信仰盛行。第三是祭人鬼，也称宗庙祭祀，主要为春夏秋冬享祭先王、先祖及先师先圣。

2. 凶礼

一般为丧葬之礼，也包括天灾人祸时的哀吊等。具体可分为丧礼、荒礼、吊礼、聘礼、恤礼等五类典礼。丧礼是对各种不同关系的人之死亡，通过规定时间的服丧过程来表达不同程度的哀痛；荒礼是对某一地区或某一国家受到饥馑的疠疫不幸遭遇，国王与群臣都采取减膳、停止娱乐等措施来表示同情；吊礼是对同盟国遇有死丧或水火灾祸而进行吊唁慰问的一种礼节。这三种礼节各级贵族都可举行。聘礼是同盟国中某国被敌国侵犯，城乡残破，盟主国应会合诸国，筹集财货，偿其所失；恤礼是某国遭受外侮或内乱，其邻国应给予援助和支持。这两种礼节必须是诸侯之间才能进行。

在礼仪中，丧礼的产生最早。丧礼于死者是安抚其鬼魂，于生者则成为分长幼尊卑、尽孝正人伦的礼仪。

3. 宾礼

即邦国间的外交往来及接待宾客的礼仪活动。如天子受诸侯朝觐、天子受诸侯遣使来聘、天子遣使迎劳诸侯、天子受诸侯国使者表币贡物、宴诸侯或诸侯使者。此外，王公以下直至士人相见礼仪，也属宾礼。

4. 军礼

军礼主要是指有关军事活动时的礼节。但也包括校阅、献捷、田猎、筑城等动用军队的活动。

5. 嘉礼

嘉礼是融和人际关系，沟通联络感情的生活礼仪。分为饮食、婚冠、飨宴、宾射、贺庆等项，内容在五礼之中是最复杂的。传统礼俗中的大多内容与形式大多由嘉礼传递而来，成了最富民族特征的礼仪形式。

嘉礼各项中饮食包括各级贵族的饮食之礼；婚冠则包括贵族的婚礼与冠礼；飨宴包括天子、诸侯有贵族的宴礼；宾射指射箭比赛的礼仪；贺庆则指可贺可庆之事，和我们今天的庆典礼仪比较接近。

第二节　生育成长礼仪

生育成长礼仪是古代礼仪习俗中非常重要的活动。它包括一个人在生命历程中进入各个不同发展阶段而举行的仪式。在民俗学中有人把它称作“通世礼仪”。其中的诞生礼和成年礼是非常重要的礼仪。

一、诞生礼

诞生礼又称人生开端礼或童礼，它是指从求子、保胎到临产、三朝、满月、百禄，直至周岁的整个阶段内的一系列礼仪。诞生礼起源于古代的“生命轮回说”，中国古代生命观中重生轻死，因此把人的诞生视为人生的第一大礼，以各种不同的礼仪来庆祝。

从妇女未孕时的求子到婴儿周岁，一切礼仪都围绕着长命的主题。诞生礼自古就有重男轻女的倾向。

三朝是婴儿降生三日时接受各方面的贺礼。关于“三朝酒”，清崇彝《道咸以来朝阳野杂记》载：“三日洗儿，谓之洗三”。届时外婆送喜蛋（染红的鸡蛋）、十全果、挂面、香饼，并用香汤（三角枫、九里光之类的中草药浸泡的洗浴热水），给婴儿“洗三”，念诵“长流水，水流长，聪明伶俐好儿郎”、“先洗头，做王侯，后洗沟，做知州”的喜歌。

满月礼。宋代孟元老的《东京梦华录·育子》写道：“亲宾盛集、煎香汤于盆中，下果子彩线葱蒜等。用数丈彩绕之，名曰围盆。以钗子搅水，谓之搅盆。观者各撒钱于水中，谓之添盆。盆中有枣子直立者，妇人争食之，以为男之象征，浴儿毕，落胎发，遍谢坐客，抱牙儿入他人房，谓之移窠。”满月习俗各地大体相同，主要是三件事：一是“洗儿”，旧法接生，婴儿要等到出月才给他沐浴。沐浴时，先举行仪式，备礼谢神告祖，然后用“午时草”（端午节留下的菖蒲牡荆等干草）烧汤为婴儿洗澡。澡盆中放涂红铜钱，请老年妇女（认为命好的）在厅堂上给婴儿洗澡。二是剃头画桃。婴儿浴后，用洁净的剃刀剃去胎发，只在囟门处留下一小撮。再由其父或其祖父用雄黄在婴儿头顶画个大桃，谓能使其聪明长寿。之后，给婴儿换上新衣，戴上饰有“福”或“寿”字的小帽，挂上“长寿锁”，抱到厅堂拜祖先、拜灶公、拜长辈、讨“挂月豆”红包。三是给亲邻小孩们分红蛋。这天产妇娘家送来婴儿衣裤、鞋帽、襁褓、项圈、手镯、脚环及喜蛋（熟蛋壳染红）等贺礼。头胎婴儿若是男孩，还要办“出月酒”或演戏庆贺一番。

百日时主要有两个礼仪，一是“命名礼”，由生父携糖饼请长者为孩子取名；二是“认舅礼”，舅舅在中国民俗中处于很尊贵的地位，举行认舅礼是对外祖父家的尊重。

周岁礼。又称“试儿”、“抓周”，是在周岁之时预测小儿的性情、志趣、前途与职业的民间纪庆仪式。有关“抓周”的记载，最早见于北齐颜之推《颜氏家训·风操》：“江南风俗，儿生一期，为制新衣，盥浴装饰。男则用弓、矢、纸、笔，女则用刀、尺、针、缕，并加饮食之物及珍宝服玩，置之儿前，观其发意所取，以验贪廉愚智，名之为‘试儿’。”不少著述在论及抓周习俗的历史时，都称此俗至少在南北朝时已普遍流行于江南地区，至隋唐时逐渐普及全国。“抓周”这种习俗的核心是对生命延续、顺利和兴旺的祝愿，反映了父母对子女的舐犊深情，具有家庭游戏性质，是一种具有人伦味、以育儿为追求的信仰风俗，也在客观上检验了母亲是如何引领孩子，如何对孩子进行启蒙教育的。《红楼梦》中的贾宝玉在抓周时尽抓些脂粉钗环，因此父亲认定他长大后没有出息，从此不大喜欢他。

视野拓展一

回族的诞生礼

回族把出生视为一种大礼，保留着许多传统的风俗习惯。在孕育期，通常称妇女有孕为“有喜”。询问时，一般只说有喜了吗？而不能问你怀孕了吗？妇女在孕育期还有许多避讳和禁忌，如不送亲，不参加婚礼，不见已故的人，不送葬。若在途中遇见送亲、送葬的，要尽快避开，不能迎面而行。在饮食上也有一些戒律，尤其注意的是不让孕妇吃兔子。据说吃了兔子肉，生下的小孩嘴和兔子嘴一样是豁的。也不允许孕妇平时随意讥笑别人的小孩，更不能笑有生理缺陷的小孩。临产时，孕妇要洗干净，尽快住进产房，这叫“占房”。

婴儿诞生时，产房除了接生婆外，一般连自己的丈夫也不得随意入内，门帘上要挂一个红绸或红布条，提醒外人免进（在医院生小孩除外）。婴儿哇哇降生后，若是男孩，则在家庭或亲属、近邻中，选择一个聪明、诚实、勇敢的人首先踏进产房；如是女孩，要选择一个温柔、善良、勤快的人首先踏进产房，这叫“踩生”。回族认为，孩子出生后，谁先进入产房，孩子的气质、性格就像谁。这是回族人民一种美好的祝愿和希冀。

接生婆接完小孩以后，主人要给她散五至十元的乜贴（“乜贴”指穆斯林在礼拜、斋戒、朝觐、施舍、宰牲等宗教活动和礼仪之前，通过内心或口头表达的意愿。“散乜贴”是一种有意念的施舍行为），有的还给买一件衣服。在孩子出生三天的时候，回族叫“三洗”，也叫“洗三”，要用热水洗掉孩子身上的污垢。这天，主人要用羊肉臊子面款待亲戚、朋友、乡亲，祝贺小孩平安无事，长命百岁。而乡亲、朋友在“洗三”这天，给产妇送长面、油香、锅块、鸡蛋、肉等营养品，表现了回族内部互相关心，互相帮助，同心同德的风尚。有的产妇在坐月子期间缺奶，就让家里人拿一个小碗收吃七家面，这叫“修渠引水”。

孩子满月后，还要举行满月礼，也叫贺满月。这天，要请剃头师理齐孩子头发，并根据头发的重量，相应地向穷人施散一部分钱财和物品。同时，将剃下的小孩头发，挽成一个小球，用线和纱布网住，连在小孩的枕头上，意为壮胆、吉利，健康成长。上海等地回族穆斯林还给孩子留小辫、戴手镯、锁片，祝愿孩子长大成人。贺满月，也要做饭菜、炸油香等，款待亲朋好友和孩子的舅舅、姥爷、姥姥等亲戚以及左邻右舍。

孩子到了一百天，有的还举行“百日礼”，回族也叫“赶百路子”，祝福孩子一生中走宽阔的道路，奔向远大的前程。

二、成年礼

成年礼也叫“成丁礼”，标志着一个人成为了成年人，可以组织家庭，要承担社会赋予他的责任。中国男子成年实行冠礼，女子成年实行笄礼。古人成年先行冠礼，然后才行婚礼。所以冠婚二字常常一起使用。

冠（笄）之礼是我国汉民族传统的成人礼仪，是汉民族重要的人文遗产，它在历史上，对于个体成员成长的激励和鼓舞作用非常之大。其实它对我们生命过程的影响力，远远超过当今流行的所谓“成人仪式”。华夏先祖对于冠（笄）礼非常重视，所谓“冠者礼之始也”，《仪礼》将其列为开篇第一礼，绝非偶然。

冠（笄）礼从氏族社会盛行的男女青年发育成熟时参加的成丁礼演变而来。汉代沿袭周代冠礼制度。魏晋时，加冠开始用音乐伴奏。唐宋元明都实行冠（笄）礼，清代废止。

先民为跨入成年的青年男女举行这一仪式，主题是要让青年人经过人生磨难，给人打上终身难忘的烙印。提示行冠（笄）礼者：从此将由家庭中毫无责任的“孺子”转变为正式跨入社会的成年人，只有能履践孝、悌、忠、顺的德行，才能成为合格的儿子（女儿）、合格的弟弟（妹妹）、合格的公民（对于过去，即合格的臣下）、合格的晚辈，成为各种合格的社会角色。唯有如此，才可以称得上是合格的社会成员人。因此，冠（笄）礼就是“以成人之礼来要求人的礼仪”。

加冠之前，三种冠分放在三个竹器中，由三位有司捧着，从西阶的第二个台阶依次往下站立。加冠者在堂上有专门的席位，其位置因身份的不同而不同。

加冠之前，先由赞者为冠者梳头，再用帛将头发包好，做好一切准备。为了表示洁净，正宾都要先到西阶下洗手，然后上堂到将冠者的席前坐下，亲手将冠者头上包发的帛扶正，然后起身，从西阶走下一级台阶，从有司手中接过缁布冠，走到将冠者席前，先端正其容仪，然后致祝词说：“月份和时日都很吉祥，现在开始为你加冠。抛弃你的童稚之心，慎养你的成人之德。愿你长寿吉祥，广增洪福。”祝毕，亲手为他戴上缁布冠。接着由助手为冠者系好冠缨。冠者进房，脱去采衣，换上与缁布冠配套的玄端服出房，面朝南，向来宾展示。

二加、三加之礼的仪节与此基本相同，只是第二次加冠时，正宾要从西阶走下两级台阶；第三次加冠时要走下台阶，因为捧持皮弁和爵弁有司站在不同的位置。此外，每次加冠的祝词略有变化，但意思相同，无非是勉励加冠者抛弃幼小嬉戏惰慢之心，而树立进德修业之志。这是前辈对冠者的衷心祝愿，是成年教育的重要内容。祝词之后，冠者都要应答。每次加冠之后，冠者都要进房换上相应的服装，然后出房，向来宾展示。

不难发现，冠礼的重要内容之一，是进行体、颜、辞令的教育，内中有很深的含义。

中国社会发展到今天，由于各种原因，丢失了很多可以承载民族人文品格和精神气度的传统。“礼”是中华传统文化的核心要素，是一种寓教于“美”的文明教化方式，是我们民族特有的人文传统。礼乐文化强调秩序与和谐，这一民族文化传统的回归，无疑会给我们庞大的民族带来屹立风雨的底气，给庸俗文化有泛滥趋势的当今，带来一股雅正的新风。

自然，古人追求的礼仪我们并不需要完全照搬，而且，按照“礼”的内涵，讲的是“恰如其分”，而不是一味恭敬。作为文明的传承者，我们需要在尊重文明传统、吸取既有文明合理内涵的基础上，为传统冠礼注入新的时代精神。我们现在学习、创新和实践新的冠礼，就是为了继承这一份珍贵的历史文化遗产、为了让民族传统礼仪对振奋民族精神、弘扬民族文明、激励青年人的成长发挥应有的作用。在继承传统冠礼对青年人负责、仁义、孝廉等正面激励价值的基础上，我们更应积极寻求通过适当方式，在冠（笄）之礼中启发青年人爱国、进步、理性、奋进等应有的精神品格。

视野拓展二

笄　礼

笄礼作为女孩子的成人礼，像男子的冠礼一样，也是表示成人的一种仪式，在行礼的程序等问题上大体和冠礼相同。但也有许多地方需要另行强调明确。

一、行礼的意义

笄礼的古义是建立在男尊女卑的基础上的，所以其中有一些明显的时代烙印，笄礼的古义，是女子订婚（许嫁）以后出嫁之前所行的礼。明显将女子的社会责任缩定在狭小的范围内，不过，我们不应该以时代的限制为由就放弃仪式本身的神圣和象征作用，实际上，完全可以在此基础上赋予时代的新意。我们会发现，笄礼的象征意义和冠礼一样重大，同样是对人生责任、社会角色的提醒——当然，这个社会责任的内涵是根据时代的进步调整了的。女子需要独立、自强，不过女子的自强不需要以男人强大的方式来湮灭自己的柔美。关于这二者之间的矛盾，我们其实已经走入了误区，女子要“平等”，举手投足间向男人看齐，没有了优雅，多了几分粗鲁……所以，在女孩子成长的过程中教她如何正确认识美丽和自强的关系，是一种很有意义的事。我们必须承认，笄礼的行礼方式带有女性特有的柔美：一头长发，一根发笄，细心梳成一个秀美的发髻，郑重簪上发笄……这一过程体现了女性的柔美，暗示了女子将以与男子不同的方式支撑起我们这个世界。

二、行礼年龄

《周礼》及古代习惯，都是十五岁左右行笄礼，最迟二十岁。考虑到时代发展、笄礼意义的调整，女孩子和男孩子一样要读书，完成学业。所以，这个时间放在高中毕业18岁为宜。

三、行礼日期

关于这个日期，前面冠礼部分已经详述，故不加赘述，只追加一个日子：农历三月三——女儿节（上巳节）。这是发源于两千多年前的华夏节日，但目前只在日本、韩国流传。目前，“女儿节”已经是日本五大重要节日之一了。所以，建议在这一天进行笄礼，不仅是传统礼仪的事，同时对民族节日复兴也有重要的意义。

四、注意问题

笄礼的仪节及服饰，文献缺乏记载。但综合各种资料来看，整个行礼程序，笄礼与冠礼基本相同，只在几处细微方面略有差异。

1. 宾、有司、赞者等参礼者宜由女性担任。行礼地点宜于堂室。

2. 加笄：古礼女子笄礼同男子冠礼一样，也有二加、三加等。冠笄盛于盘中，上面蒙以帕，由有司执之。男子三加分别是巾、帽、幞头，女子也有纷繁的钗冠。条件许可下，可分别加笄、簪、凤冠。考虑到现今的实际情况，简化举礼时只加一个即可——即由正宾郑重地为女子梳头，加笄。发簪、发钗这些东西在今天依然很流行，所以比起男子的首服，要容易得多。笄礼用服，文献几乎没有记录，所以，下面的关于笄礼的仪程，基本上是参考男子冠礼来的。

五、操作仪程

（一）准备活动

1. 筮日：即定日期。定在成人者生日（公历农历皆可）或对其有重要意义的日子。不过，春节、中秋节、清明节不适合行礼——春节、中秋，家人团聚的日子，不宜请人来参加；清明主祭祀，主题不相符，家庙无法两用。

2. 筮宾、戒宾：即确定参礼人员，并以请帖或各种通信方法邀请。对于正宾，宜由父母提前三日（最迟一日）登门邀请。

参礼人员：

笄者；

主人——一般为笄者的双亲；

正宾——有德才的女性长辈；

有司一人——为笄者托盘的人；

赞者一人——协助正宾行礼，一般为笄者的好友、姊妹；

观礼者若干。

3. 器物陈设：场地、服制、礼器、音乐等。

场地：古时笄礼在“家庙”之中进行，并且在正堂东边还需搭建设施，称为“东房”。建议在庄严肃穆、安静开阔、文化气息重的场地，如礼堂等。

（二）服制

1. 采衣：采衣即未行礼之前穿的童子服。根据冠礼的资料：样式是短褂裤，缁（黑）布为衣，朱红色的锦边——不知道女童是不是也是黑色。但建议可以穿明丽一些的色彩。穿普通的布鞋，梳双鬟髻。

2. 初加：发笄和罗帕、素色的襦裙，似中衣。衣缘没有文饰，腰带用普通的细布带。

3. 再加：发簪、曲裾深衣。

4. 三加：钗冠。正式的大袖长裙礼服，上衣下裳制。佩绶等饰物。

衣服的摆放：按顺序分别叠好，衣领朝东，由北向南依次置于席上，席置于场地东侧；要加的发饰，由有司捧在盘里，立于场地西侧，面朝南，从东到西排开，依次是：发笄、发簪、钗笄。

说明：三次加笄的服饰，分别有不同的寓意，象征着女孩子成长的过程——采衣色泽纯丽，象征着女童的天真烂漫；色浅而素雅的襦裙，象征着豆蔻少女的纯真；端庄的深衣（尤其是曲裾的），是公认的最能体现汉民族女子之美的服饰，象征着花季少女的明丽；最后隆重的大袖礼衣则反映了汉族女子的审美取向——雍容大气，典雅端丽。

（三）礼器

1. 醴酒一杯：可用普通的较平和的白酒代替，建议用古朴造型的酒杯。

2. 饭一份：可以用浅盘或小碗象征性地铺一层米饭即可，备竹筷一双。

3. 小几一个：作为置醴酒席的几案，上面放醴酒一杯，饭一份。

4. 席子三张：一张置于场地东侧，用来放置要穿的三套汉服。另两张并列置于场地中央偏西侧，放座垫（是用来跪坐的）。

5. 盥一个：用普通的盆加水，备毛巾及温和的洗手液即可，置于放汉服的席子北侧。

6. 香炉，香。

7. 国旗挂图一张。

8. 观礼者座垫若干。

（四）音乐

礼者，天地之序也；乐者，天地之和也。华夏的礼乐文明是一个整体，礼乐不可分。整个仪程中当然少不了丝竹管弦。但希望选择高雅的古曲，如《高山》、《流水》等。琴、筝等乐器最好。

（五）笄礼仪程

1. 迎宾：主人立于东面台阶位等候宾客；有司托盘站在西面台阶下；客人立于场地外等候；笄者（沐浴后），换好采衣采履，安坐在东房（更衣间）内等候；音乐演奏开始。

2. 就位：有严格的顺序。正宾来到，父母亲上前迎接，相互行正规揖礼后入场，主宾落坐于主宾位；客人就座于观礼位；宾客都落坐后主人才就坐于主宾位。

3. 开礼：主人（父亲）起身，简单致词，可以说：今天，小女某某行成人笄礼，感谢各位宾朋佳客的光临！下面，小女某某成人笄礼正式开始！稍顿片刻，说：请某某入场拜见各位宾朋！

4. 笄者就位：赞者先走出来，以盥洗手，于西阶就位；笄者走出来，至场地中，面向南，向观礼宾客行揖礼。然后面向西正坐（就是跪坐）在笄者席上。赞者为其梳头，然后把梳子放到席子南边。

5. 宾盥：就是正宾洗手做准备。正宾先起身，主人随后起身相陪。正宾于东阶下盥洗手，拭干。相互揖让后主宾与主人各自归位就坐。

6. 初加：笄者转向东正坐；有司奉上罗帕和发笄，正宾走到笄者面前；高声吟颂祝词曰："令月吉日，始加元服。弃尔幼志，顺尔成德。寿考惟祺，介尔景福。"然后跪坐下（膝盖着席）为笄者梳头加笄，然后起身，回到原位。赞者为笄者象征性地正笄。笄者起身，宾向笄者作揖祝贺。笄者回到东房，赞者从有司手中取过衣服，去房内更换与头上幅尽相配套的素衣襦裙。

7. 一拜：笄者着襦裙出房后，向来宾展示。然后面向父母亲，行正规拜礼。这是第一次拜。这次是表示感念父母养育之恩。

8. 二加：笄者面向东正坐；正宾再洗手，再复位；有司奉上发钗，正宾接过，走到笄者面前；高声吟颂祝词曰："吉月令辰，乃申尔服。敬尔威仪，淑慎尔德。眉寿万年，永受胡福。"赞着为笄者去发笄。正宾跪下，为笄者簪上发钗，然后起身复位。赞者帮笄者象征性地正发钗。宾向笄者作揖。笄者回到东房，赞者取衣协助，去房内更换与头上发钗相配套的曲裾深衣。

9. 二拜：笄者着深衣出来向来宾展示。然后面向正宾，行正规拜礼。这是第二次拜。这次是表示对师长和前辈的尊敬。

10. 三加：笄者面向东正坐；正宾再洗手，再复位；有司奉上钗冠，正宾接过，走到笄者面前；高声吟颂祝词曰："以岁之正，以月之令，咸加尔服。兄弟具在，以成厥德。黄耇无疆，受天之庆。"赞者为笄者去发钗。正宾跪下，为笄者加钗冠，然后起身复位。赞者帮笄者正冠。宾向笄者作揖。笄者回到东房，赞者取衣协助，去房内更换与头上幞头相配套的大袖长裙礼服。

11. 三拜：笄者着大袖礼服、钗冠出房后，向来宾展示。然后面向国旗，行正规拜礼，这是第三次拜。这次是表示传承文明报效祖国的决心。

12. 置醴：有司撤去笄礼的陈设，在西阶位置摆好醴酒席。正宾揖礼请笄者入席。笄者于是站到席的西侧，面向南。

13. 醮子：正宾向着西边，赞者奉上酒，笄者转向北，正宾接过醴酒，走到笄者席前，面向笄者，念祝词曰："甘醴惟厚，嘉荐令芳。拜受祭之，以定尔祥。承天之休，寿考不忘。"笄者行拜礼，接过醴酒。正宾回拜。笄者入席，跪着把酒撒些在地上作祭酒。然后持酒象征性地沾嘴唇，再将酒置于几上，有司奉上饭，笄者接过，象征性地吃一点。笄者拜，正宾答拜。笄者起身离席，站到西阶东面，面朝南。

14. 字笄者：就是给笄者取"字"。正宾起身下来面向东。主人起身下来面向西。宾为笄者取字，念祝词曰："礼仪既备，令月吉日，昭告尔字。爰字孔嘉，髦士攸宜。宜之于假，永受保之，曰某某甫。"笄者答："某虽不敏，敢不夙夜祗来。"笄者向宾行揖礼，正宾回礼。正宾复位。

15. 聆训：笄者跪在父母面前，由父母对其进行教诲。具体内容父母酌定。笄者静心聆听，在父母说完后答："儿虽不敏，敢不祗承!"。对父母行拜礼。

16. 笄者揖谢：就是笄者分别向在场的所有参礼者行揖礼以示感谢。笄者立于场地中央，先后行揖礼于：正宾、客人、乐者、有司、赞者、旁观群众、父母。受礼者微微点头示意即可。

17. 礼成：笄者与父母并列，全体起立。父亲面向全体参礼者宣布：小女某某笄礼已成，感谢各位宾朋嘉客盛情参与！并与笄者向全场再行揖礼表示感谢……赞者、有司、朋友等人可先留下整理打扫笄礼场地。

至此，笄礼结束。

视野拓展三

彝族少女的"换裙"仪式

中国少数民族亦有形式各异的成年礼，大致可分为三种情况：一是毁损类，如拔牙、染牙、凿齿、断发、纹身等；二是添加类，如纳西族穿裙、穿裤仪式；三是修饰类如盘发髻等。下面介绍彝族少女的"换裙"仪式。

在大小凉山地区，彝族少女成年时要举行一种神秘的"换裙"仪式，彝语叫"沙拉洛"，意为脱去童年的裙子，换上成年的裙子。彝族少女在"沙拉洛"之前，穿的是红白两色的童裙，梳的是独辫，耳朵挂的是穿耳线。"换裙"仪式举行之后，就要穿上中段为黑蓝色的三接拖地长裙，原先的独辫要改梳成双辫，并要戴上绣花头帕，挂上耳坠。

举行“换裙”仪式后，少女就可以自由自在地逛街、赶场、看赛马、耍朋友、谈恋爱了。“换裙”时间是根据少女的发育情况而定的，一般选在15～17岁，多择单岁。因为在当地彝民看来，双岁“换裙”会多灾多难，终生也不会吉利。至于“换裙”的具体日期，则要请老人好好地择算一下，才能最后定下吉日佳期。由于“换裙”是女子由童年到成年的标志，作为父母对此都非常重视。特别是母亲，她是女儿的贴心人，也最了解女儿的生理状况，在临近换裙前就热心地为女儿准备好了头上戴的花边黑色哈帕、新裙，以及颜色各异的珠子和领上的银牌等。

“换裙”这天，主人家像过节一样喜气洋洋，富户要杀猪宰羊，大宴宾客；穷户最少也要杀鸡泡酒，招待亲邻。一大早，男女宾客便纷纷登门，送礼祝贺。按照当地俗规，举行“换裙”仪式时，绝不允许任何男子在场，只邀请女亲女友参加。“换裙”仪式因地区不同，各有千秋。有的地方是请一位成年女性坐在果树下抽打一只小猪，待猪死后，将死猪在“换裙”少女的头上连续转几圈，以此来驱除邪恶。然后为姑娘挂上耳坠，梳成双辫，再换新裙。有的地方则先假设一物为夫方，如树木或磨子，然后把少女打扮成一位花枝招展的“假新娘”，由一位成年妇女背着，围绕假设之物走三圈，即算结婚。

彝族少女披戴沙玛阿嘎头饰。在仪式进行的过程中，有的地方仅由妇女们说些逗笑少女的风流话和祝愿词，有的地方则一直在歌声和笑声中进行。先由为首的姑娘用歌声挑逗，审问“换裙”的少女，问她喜欢谁？是喜欢好吃懒做的人，还是勤劳勇敢的人？是喜欢诚实忠厚的人，还是喜欢投机耍滑的人？面对审问和戏弄，“换裙”少女一般不开腔回答，只是低着头羞涩地坐着，规规矩矩地接受一切审问。所有审问的内容一概由坐在少女身边的一位姑娘越俎代庖，一一作答。最后，为首的姑娘总是独唱这样一首歌：要戴银牌要亲手系，要戴珠链要亲友串，要找知心人要亲自选。唱完、闹完之后，便请一位漂亮、能干、相好的妇女给“换裙”者梳头、带哈帕：将原来梳在脑后的单辫梳结到前面来，正中分开，在耳后梳成双辫，再戴上哈帕。额前的刘海用少许水打湿抹光，使之整齐发亮，以显示少女情窦初开、秀丽端庄。再佩上艳丽的耳坠，珠光闪烁，更有含羞藏娇、妩媚动人的神态。最后换上蓝、黑等对比强烈的三接拖地长裙，走动起来，步履轻盈，婀娜多姿，充满了青春的美丽与生命的活力。这是最美好的时刻，在场的妇女或姑娘都沉浸在美好的回忆或幸福的向往之中，从而使“沙拉洛”达到高潮。

“沙拉洛”仪式结束后，男子才能参加欢宴。大家席地而坐，愉快地吃着砣砣肉、荞馍和炒面等，开怀畅饮，一醉方休。“换裙”意味着女子已经成年，可以自由地找情人，谈恋爱。如发生性关系，只要不违反等级和血亲的限制，一般也不会受习俗的处分。若女子怀孕，男方则赔礼或与其结婚即可。反之，换裙前的少女要受到严格保护，不准调戏、奸污，也不准与其非法同居，如发生此类事件，就必将受到习惯法的严厉惩罚。

第三节 传统社交礼仪

我国是历史悠久的文明古国，几千年来创造了灿烂的文化，形成了高尚的道德准则、完整的礼仪规范，被世人称为“文明古国，礼仪之邦”。中国人也以其彬彬有礼的风貌而著称于世。礼仪文明作为中国传统文化的一个重要组成部分，对中国社会历史发展起了广泛深远的影响，其内容十分丰富。礼仪所涉及的范围十分广泛，几乎渗透于古代社会的各个方面。

中国古代的“礼”和“仪”，实际是两个不同的概念。“礼”是制度、规则和一种社会意识观念；“仪”是“礼”的具体表现形式，它是依据“礼”的规定和内容，形成的一套系统而完整的程序。在中国古代，礼仪是为了适应当时社会需要，从宗族制度、贵贱等级关系中衍生出来，因而带有产生它的那个时代的特点及局限性。时至今日，其中的一些内容与形式依然存在于各民族的一些生活习俗之中。在旅游的过程中，游客常常会与这些礼仪不期而遇。

一、仪容仪表和言谈举止礼仪

古人对仪表的要求，不免过于烦琐。其中最重要的，在今天来说仍具有十分重要的意义的，有如下三个方面。

1. 衣着容貌

《弟子规》要求：“冠必正，纽必结，袜与履，俱紧切”。这些规范，对现代人来说，仍是必要的。帽正纽结，鞋袜紧切，是仪表类观的基本要求。如果一个人衣冠不整，鞋袜不正，往往会使人产生反感甚至恶心，有谁会亲近这样的人呢。

2. 行为举止

孔子说：“君子不重则不威，学则不固”（《论语·学而》）。这是因为，只有庄重才有威严。否则，即使学习了，也不能巩固。具体说来，要求做到“站如松，坐如钟，行如风，卧如弓”，就是站要正，坐要稳，行动利索，侧身而睡。在公众场合举止不可轻浮，不可猥亵，应该庄重、谨慎而又从容，做到“非礼勿视，非礼勿听，非礼勿言，非礼勿动”（《论语·颜渊》），处处合乎礼仪规范，举止有礼有度。古人的三叩九拜之礼过于迂腐，现已不用。现在还有的鞠躬礼、拱手礼和揖手礼则是表示敬意的一般性礼节。向长者、尊者行鞠躬礼；欠身或弯腰表示自谦之礼；用于距离较远的点头礼，举手礼，以及起立、鼓掌都是礼貌的表示。在举止礼仪方面，强调动作安详沉静、缓慢从容。举止合理有度，若过分亲密，则显得有些轻慢，若过于庄严，则不够温和可亲。

3. 言语辞令

语言是人们思想、情操和文化修养的一面镜子。古人所谓“修辞立其诚，所以居业也”（《易·乾文》），将诚恳地修饰言辞看成是立业的根基，有一定的道理。并且要“言必信，行必果”（《论语·子路》）。巧言令色的人，是不可能取信于人的。其次是慎言。古人说，上天生人，于舌头上下两排牙齿紧密围裹，又在外面包一层厚厚的嘴唇，就是要人们说话一定要谨慎。当然古人并不是要求人们少言语，而是说话要视具体情况，当说则说，当默则默。言谈还要求善赞人所长而不责人所短，这是一种分寸，也是一种教养。孔子说：“可与言而不与之言，失人；不可与言而与之言，失言。知者不失人，亦不失言”（《论语·卫灵公》），说的就是这个道理。

二、敬老尊贤礼仪

我国自原始社会到封建社会，人际的政治伦理关系均以氏族、家庭的血缘关系为纽带，故此在家庭里面尊从祖上，在社会上尊敬长辈。由于中国古代社会推崇礼治和仁政，敬贤已成为一种历史的要求。孟子说：“养老尊贤，俊杰在位，则有庆”（《孟子·告子下》）。“庆”就是赏赐。古代这种传统礼仪，对于形成温情脉脉的人际关系，以及有序和谐的伦理关系，不管过去和现代，都起着重要作用。说到尊老，这是中国传统文化中的一大特色。古代的敬老，并不是只停留在思想观念和说教上，也并不仅止于普通百姓的生活之中。从君主、士族到整个官绅阶层，都在身体力行，并且形成一套敬老的规矩和养老的礼制。《礼记》记载：“古之道，五十不为甸徒，颁禽隆诸长者”（《礼记·祭义》）。就是说，五十岁以上的老人不必亲往打猎，但在分配猎物时要得到优厚的一份。一些古籍对于同长者说话时的声量也作了明确的要求。如《养蒙便读》说：“侍于亲长，声容易肃，勿因琐事，大声呼叱”（《养蒙便读·言语》）。《弟子规》又说：“低不闻，却非宜”。总之，上至君王贵族，下达庶人百姓，都要遵循一定的规矩，用各种方式表达对老者、长者的孝敬之意，作为衡量一个人是否有修养的重要标志。任何形态的社会，都需要尊敬老人。不仅因为老人阅历深，见闻广，经验多，劳动时间长，对社会贡献大，理应受到尊敬；同时，他们在体力和精神上较差，需要青年人的体贴、照顾和帮助。作为一个有礼貌的现代青年，对长者和老人，应该做到：路遇主动谦让，乘车主动让座，在商店、戏院等公共场所，应尽量考虑到为老人创造方便条件。关于敬贤，三国时候有个典故，叫“三顾茅庐”。说的是刘备仰慕诸葛亮的才能，要请他帮助自己打天下，便不厌其烦地亲自到诸葛亮居住的草房请他出山。一而再，再而三，诸葛亮才答应。从此，诸葛亮的雄才大略得以充分发挥，为刘备的事业“鞠躬尽瘁，死而后已”。纵观中国古代历史，历来有作为的君主，大多非常重视尊贤用贤，视之为国家安危的决定因素。平时不敬贤，到了紧急关头，贤才就不会为国分忧。不是贤才不为国家着想，而是国家缓贤忘士，如此“而能经其国存者，未曾有也”（《墨子·亲士》）。今天我们提倡发扬古代“敬贤之礼”，须赋予其现代新人才观的内容，就是要尊重知识，尊重人才。当今社会，各种竞争越来越激烈。种种竞争，归根结底是人才的竞争。大至国家民族，小到公司企业，要在激烈的竞争中保持优势地位，都必须拥有强大的人才队伍。只有从思想观念到具体行动上尊重、爱护人才，使全社会形成一个尊重知识、尊重人才的良好环境，形成足够强大的人才队伍，才能立于不败之地。

三、礼貌待人礼仪

在任何一个文明社会，任何一个文明民族，人们总是十分注重文明礼貌。因为礼貌是人类社会据以促进人际交往友好和谐的道德规范之一，是构建起与他人和睦相处的桥梁。它标志着一个社会的文明程度，反映一个民族的精神面貌。中华民族历来就非常重视遵循礼规，礼貌待人。其中许多耐人寻味的经验之谈，无论过去还是现在，都给人以启迪。具体说来，主要有以下两点。

1. 与人为善

而这个“善”，应是出自内心的诚意，是诚于中而形于外，而不是巧言令色和徒具形式的繁文缛节。《礼记》说：“夫礼者，自卑而尊人”（《礼记·曲礼上》）。如果表面上恭敬热情，而内心虚伪，或是仅仅内心尊敬，而毫无表情，都是不够的。应该表里一致，才能从根本上消除人与人之间的隔阂、摩擦，进而互敬互爱，友好相处。尊重他人，就要平等待人，不分贵贱等级，一视同仁。如果只对上层人士献其礼敬，以财势取人，以利益交人，其实是小人所为。《论语·子罕》载，孔子看见穿丧服、戴礼帽穿礼服的人和盲人，相见时，即使这些人年轻，孔子必定站起来。行过别人面前时，一定快步走过，以示敬意。古人敬人的方法，也有值得借鉴的地方。首先要尊重他人的意愿，体谅别人的需要和禁忌，不能强人所难。不苛求别人做不能做的事，不强求别人接受不喜欢的东西。古人说：“不责人所不及，不强人所不能，不苦人所不好”（《文中子·魏相》）。“己所不欲，勿施于人（《论语·颜渊》）”，就是这个意思。在与人交往中，幽默与善意的玩笑往往让人感到轻松愉快，但决不可戏弄取乐。如果拿别人姓名作笑料，或给人起不雅的绰号，都是十分不敬的。南北朝时颜之推就曾对此种不敬气愤而言：“今世愚人，遂以相戏。或相指名为豚犊者，有识旁观，犹欲掩耳，况当之者乎”。

2. 礼尚往来

就是说，接受别人的好意，必须报以同样的礼敬。这样，人际交往才能平等友好地在一种良性循环中持续下去。因此，《礼记》说：“礼尚往来，往而不来，非礼也；来而不往，亦非礼也”（《礼记·曲礼上》）。对于受恩者来说，应该滴水之恩，涌泉相报。在古人眼中，没有比忘恩负义更伤仁德。孔子说：“以德报德，则民有所劝；以怨报德，则刑戮之民也”（《礼记·表记》）。可见，以德报德，有恩必报，是待人接物的基本道德修养。当然，往来之礼，也该适度。送礼的本意，在于表达敬意答谢之意，所谓礼轻意重，并非越多越好。正如《庄子·山木》篇说所说："君子之交淡若水，小人之交甘若醴；君子淡以亲，小人甘以绝。彼无故以合者，则无故以离。"一个人的仪表、仪态，是其修养、文明程度的表现。古人认为，举止庄重，进退有礼，执事谨敬，文质彬彬，不仅能够保持个人的尊严，还有助于进德修业。古代思想家曾经拿禽兽的皮毛与人的仪表仪态相比较，禽兽没有了皮毛，就不能为禽兽；人失去仪礼，也就不成为人了。

附：日常生活中常用礼貌用语

初次见面——久仰　麻烦别人——打扰　看望别人——拜访
分别重逢——久违　向人祝贺——恭喜　宾客来临——光临
征求意见——指教　求人解答——请问　送客出门——慢走
求人原谅——包涵　请人指点——赐教　与客道别——再来
求人帮忙——劳驾　托人办事——拜托　陪伴朋友——奉陪
求人方便——借光　赞人见解——高见　中途离开——失陪
等候客人——恭候
请人勿送——留步
欢迎购买——光顾
归还物件——奉还

四、送礼习俗

中国是人类文明的发源地之一，闻名世界的礼仪之邦。在我国古代文化中，从礼品的各种形式的起源中我们可以看出，礼品一般是以物的形式表现出来的，它的范围很大。在古代，礼品可以是钱币类的金银等，《春秋》、《史记》等史书和古籍中，常有天子赐予诸侯或功臣以"千金"、"万金"的记载，另外也可以是工具、武器等专用器械，"宝剑赠英雄"更是我国的千古佳话；还可以是马等有特殊作用或特殊意义的动物，《三国演义》中关羽座下的"赤兔马"、刘备骑乘的"的卢"，分别承蒙曹操、刘表所赠。至于衣物、珠宝食物及田宅等更是平凡的了。在古代最特殊的是，人也被作为礼品赠来送去，世界各地无不如此。中国古代第一美人西施被范蠡当做礼品献给吴王夫差，貂禅则是王允连环计中献给董卓的礼品。

几千年来，中国人由于受周公之礼、孔孟之道的影响，一向崇尚礼尚往来。《礼记·曲礼上》说："礼尚往来，往而不来，非礼也，来而不往，亦非礼也。"这正是中国人对礼的认识的真实写照。

中国人的送礼，礼品的意义重在价值而不是价格，"千里送鹅毛，礼轻情义重"是中国人的礼品价值观。一般来说，赠送礼品应考虑具体情况和场合。一般在赴私人家宴时，应为女主人带些小礼品，如花束、水果、土特产等。有小孩的，可送玩具、糖果。应邀参加婚礼，除艺术装饰品外，还可赠送花束及实用物品。新年、圣诞节时，一般可送日历、酒、茶、糖果、烟等。

礼仪是指礼与仪的完全配合。送礼时讲究态度、动作和语言的表达。平和友善、落落大方的动作并伴有礼节性的语言表达，才是受礼方乐于接受的。那种做贼似的悄悄地将礼品置于桌下或房间某个角落的做法，不仅达不到馈赠的目的，甚至会适得其反。

谦虚是中国人的传统美德，在我国一般习惯上，送礼时自己谦和而得体的语言会营造一种祥和的气氛，无形中增加相互间的友谊。但过分的谦虚最好避免，如“薄礼！薄礼!”“一点小意思!”或“很对不起……”等，这可能会引起对方的轻视。

当然，如果在赠送时以一种近乎骄傲的口吻说：“这是很贵重的东西!”也不合适。在对所赠送的礼品进行介绍时，应该强调的是自己对受赠一方怀有的好感与情义，而不是强调礼品的实际价值，否则，就落入了重礼而轻义的地步，甚至会使对方有一种接受贿赂的感觉。

礼品一般应当场、当面赠送。通常情况下，当众只给一群人中的某一个人赠礼是不合适的。因为受礼人会有受贿和受愚弄之感，而且会使没有受礼的人有受冷落和受轻视之感。

给关系密切的人送礼也不宜在公开场合进行，以避免给公众留下你们关系密切完全是靠物质的东西支撑的感觉。只有礼轻情义重的特殊礼品，表达特殊情感的礼品，才适宜在大庭广众面前赠送。如一份特别的纪念品等。因为这时公众已变成你们真挚友情的见证人。

参加婚礼，也可将礼物事先送去。祝贺节日、赠送年礼，也可派人送上门或邮寄。这时应随礼品附上送礼人的名片，也可手写贺词，半掖在大小相当的信封中，信封上注明受礼人的姓名，贴在礼品包装皮的上方。

送礼要尊重受礼人的习俗，西方人认为单数是吉利的，有时只送三个梨也不感到菲薄，这一点不同于中国人讲究成双成对的习俗。中国普遍有“好事成双”的说法，因而凡是大贺大喜之事，所送之礼，均好双忌单，但广东人则忌讳“4”这个偶数，因为在广东话中，“4”听起来就像是“死”，是不吉利的。给商人老板送礼，一般不送茉莉、梅花，因为“茉莉”与“没利”同音，“梅”与“霉”同音。

再则，白色虽有纯洁无暇之意，但中国人比较忌讳，因为在中国，白色常是大悲之色和贫穷之色。同样，黑色也被视为不吉利，是凶灾之色、哀丧之色。而红色则是喜庆、祥和、欢庆的象征，受到人们的普遍喜爱。

另外，我国人民还常常讲究给老人不能送钟表，给夫妻或情人不能送梨，因为“送钟”与“送终”，“梨”与“离”谐音，是不吉利的。还有，如不能为健康人送药品，不能为异性朋友送贴身的用品等。

还有，西方人收到礼品，一定要马上打开，当着送礼人的面欣赏或品尝礼品，并立即向送礼者道谢。而中国人非常含蓄，要直到客人离去才私下查看礼品，否则会引起客人的不快。

视野拓展四

中国奇特的跪拜礼

在一些反映古代历史的戏剧和电影中，我们经常看到古代人民行跪拜礼。为什么会产生这样的生活礼节呢？这要从古代人们的物质条件和生活习惯谈起。

我国在汉代以前，还没有正式的凳椅。人们在进食、议事、看书时，只是在地上铺一条用芦苇、竹篾等编成的铺垫用具，即席子，人就坐在席子上，故称“席地而坐”。如果请客人坐正席，则多垫一重席子，表示恭敬。就连朝廷的最高统治者也是“席地而坐”，不过，所坐的东西比普通老百姓好一些。如周代每次举行大朝觐时，王者所坐的席位，设有绣着黑白斧形的屏风，屏风前面南向铺设着莞草编成的席子，上面再加上五彩蒲席和桃枝竹席，左右摆设玉几，给王者凭依。

因此，古代所谓“坐”的姿势，和我们现代人的“坐”完全不一样。坐时要两膝着地，然后将臀部坐于后脚跟之上，脚掌向后向外。古人的“坐”，实际上就是我们现在的跪。在接待宾客中，每当“坐”着向客人致谢时，为了表示尊敬，往往伸直上半身，也就是“引身而起”，使坐变成了跪，然后俯身向下，就这样，逐渐形成了日常生活中的跪拜礼。

古人认为，不跪不叫拜。拜，在古代就是行敬礼的意思。按照周代礼仪的规定，当时对跪拜的动作和对象，作了严格的规范，共分稽首、顿首、空首三种，称为“正拜”。行稽首礼时，拜者必须屈膝跪地，左手按右手，支撑在地上，然后，缓缓叩首到地，稽留多时，手在膝前，头在手后，这是“九拜”中最重的礼节。一般用于臣子拜见君王和祭祀先祖的礼仪。(后来，僧人举一手向人们行礼，也称“稽首”。)

行顿首礼时，其他和稽首相同，不同是拜时必须急叩头，其额触地而拜。一般用于下对上的敬礼。(“顿首”二字，后来也用于书信中的起头或末尾，也有首尾都用的，表示对人家恭敬。)

行空首礼时，双膝着地，两手拱合，俯头到手，与心平而不到地，故称“空首”，又叫“拜手”。这是“九拜”中男子跪拜礼的一种。

其他如振动，不仅要跪拜、顿首，拜后还要“踊”，即跳踊，一般都在丧事时，拜者往往捶胸、顿足、跳跃而哭，表示极度悲哀。凶拜，即行礼时，先顿首，后空首；吉拜，则在行礼时，先空首，后顿首；奇拜，奇为单数，即一拜；褒拜，即再拜、三拜。古代以再拜为重。

肃拜，是古代女子跪拜礼的一种。拜时跪双膝后，两手先到地，再拱手，同时低下头去，到手为止，故又称“手拜”。肃，手到地的意思。所以后来在书信来往中，为了表示对对方的尊敬，往往上“谨肃”。妇女行礼也称“端肃”，即源于此。

到了汉代以后。才渐渐有高座，凳椅先后问世，人们不再“席地而坐”，因而使原来生活中的“跪坐”起了很大变化。但跪拜礼仍然存在，却变成了等级差别的标志，主要广泛运用于官场之中。如臣子拜皇帝、小官拜大官、奴才拜主子等。有时都要行三叩九拜之礼。在民间，如祭祀、祝寿等风俗中，仍世代相传。后来，又增加了打千（行礼时左膝前屈，右腿后弯，上体稍向前俯，右手下垂）、作揖（两手合抱，拱手为礼）、鞠躬（弯身行礼）等礼节，直到辛亥革命胜利，随着几千年封建君主制度的覆灭，才结束了这种跪拜礼。

思考与练习

1. 中国古代五礼的具体内容是什么？
2. 说说古代的“礼”与现代的“礼”的区别。

第九章　丧葬文化

学习目标

在民间丧葬与婚嫁并称为“红白喜事”，作为“白事”的丧葬，其仪式的隆重程度丝毫不逊于婚嫁，而其繁杂又远远超过了婚嫁。其所蕴涵的文化内涵是极其丰富的。了解和学习一些丧葬文化方面的知识，对了解中国传统文化有着积极的辅助作用。通过本章学习，大家主要达到以下目标：

1. 熟悉中国丧葬礼仪中所蕴涵的文化内涵。
2. 熟悉中国丧葬风俗。
3. 熟悉中国丧葬类型。

第一节　丧葬概说

一、丧葬习俗的产生

丧葬习俗的产生源于灵魂不灭的观念。远古时期，人类处于蒙昧状态，并不懂得人死后要建造坟墓来安葬。那时的人们还没有鬼魂观念，对死者遗体的处理与对待野兽尸骨一样，并没有特别尊重。他们将尸骨弃于原野，有时可能还会分而食之。由于当时的生活条件相当恶劣，为求生存，人们可能较多地采取分吃尸体的方法。当人类意识到自身作为一个活物而存在的时候，必定也会同时意识到自身存在会有终止的一天，人们开始产生要处理遗体的意识。

梦，使人们相信人死后的另一种生命形式的存在。他们认为做梦和人死的原理是一样的，都是灵魂离开肉体出走了，而灵魂是不会死的，只不过进入了另一个世界而已，而这是一个与现实世界相对应的世界。人们常在梦中梦见死去的亲人，见到他们的亲切笑容，仍和自己生活在一起。他们自然地认为死者虽然肉体死了，但灵魂仍然活着，和以前没有任何区别。灵魂不灭的观念认为，即使人死了，但灵魂仍在，仍能干预人事，对于后代既可以降福，也可以施祸，关键是要看对死者的态度和安葬的方式，如果死者满意，生者也就可以相安无事，反之就会给生者带来灾祸。因为关心灵魂，想使灵魂得到安逸，于是人们对死亡看得很重，在行动上就表现出重丧重葬。

灵魂不灭的观念，促使了丧葬习俗的产生、形成、发展，反过来丧葬习俗又使灵魂不灭的观念得到进一步发展。人们特别敬畏将死的老人，害怕遭到他们灵魂的报复，因此他们尤其重视老人的送葬、落葬、祭祀，希望借此求得保佑。活着的人时时感到死者的灵魂事事处处在控制着自己，他们强烈要求能摆脱这种制肘，因此送魂、招魂等丧葬仪式就产生了。

二、敬鬼事神与“事死如生”

敬鬼事神是丧葬习俗中的一个主要特色。灵魂不灭的观念使人相信人死后，其魂化为鬼，鬼能福佑活人，也能祸害活人。为了祈求死者的鬼魂能保佑生者一生平安，就要尽力把丧事办得隆重、周到、细致。整个的丧仪从头至尾都在取悦鬼神。

古代的丧葬礼制载于《礼记》，《礼记》乃儒家经典。民间的丧事虽说基本是照这套礼制行事，但主持丧事的往往是道士（也有请和尚的），俗称“道场”（和尚主持的叫“法场”）。道教尊崇鬼神，有了道士的参与，敬鬼事神在丧仪中的色彩就更为浓厚了。

“事死如生”是丧葬习俗的又一重要特色。在儒家“吉、凶、宾、军、嘉”五礼中，凶（丧）礼最受重视。它把养生、送死等量齐观，且尤重送死，所谓“事死如生，事亡如存，仁智备矣”。孔子说“生，事之以礼；死，葬之以礼，祭之以礼。”人活着的时候，要讲究礼仪，人死了，丧葬、祭祀也都要合乎礼仪，即要像他活的时候一样办丧事和祭祀。入殓前要给死者沐浴，为死者梳理头发，穿上新衣服，棺材里面要铺上被子（寿被）；吃饭时，要在餐桌上给死者留下位置，并摆上一副碗筷等，一切都是按死者活着的时候的情景办理。作为丧礼的延伸，死者死后的第一个鬼节（阴历7月15日）要为死者进行较为隆重的祭祀，湖南民间俗称“烧屋”，即用纸扎成冥屋焚化，冥屋有厅、有堂、有室、有楼，外有庭院（现在扎的冥屋庭院里还停了小汽车）。将冥屋烧给阴间的死者，希望他在另一个世界能过上有房、有车、有钱的好生活。

三、丧葬习俗与孝道

丧葬礼制是周代儒家完成的，它完整地保存在儒家经典之一的《礼记》中。中国传统的丧礼中浸透了儒家精神，儒家精神构成了两千多年中国传统丧礼的基调。孔子说：“慎终追远，民德归厚矣。”人死了以后，要举办一个送终仪式，这个制度很好，对教化老百姓有很重要的作用。所以，儒家认为丧仪、丧礼的重要作用是教化后人。

教化后人什么呢？教后人要懂得“孝”，要守“孝道”。忠孝礼义廉耻，“孝”在儒家倡导的“六义”中仅次于“忠”，而且“在家是为孝，在国则为忠”，“孝”乃是丧礼的核心。“事生，饰始也；送死，饰终也。终始具而孝子之义毕，圣人之道备矣”（荀子《礼论篇》）。丧葬的礼仪完全彻底的把这个“孝”给体现出来了。死者的孩子叫“孝子”，丧服叫“孝服”，穿上丧服叫“戴孝”，死者葬毕，其子还要守孝三年，其间有诸多禁忌使孝子不能心有旁骛。

倡导孝道，以孝道敦厚人心，强化代际联系，进而促进社会治理，这就是中国传统的丧礼文化的核心。

四、厚葬与薄葬

人们既然相信人死后灵魂不灭，必然会特别关心死人的丧葬。古人重视丧葬，特别讲究厚葬，几千年习俗不变。发展至今天，厚葬主要表现在大办丧事上面。

古人厚葬的表现之一是建造规模宏大的墓室。秦始皇即位之初，就着手修建他的骊山墓，动员的人力竟多达 70 万。地宫内建设像地上一样，分出官衙和百官秩位。秦始皇陵的地下建筑，包括寝殿、内城、外城、铜车马室、饲官建筑、陪葬墓区、兵马俑坑。汉武帝的茂陵，高 46 米，底部 58000 平方米，内藏“金钱财物，鸟兽鱼鳖牛马虎豹生禽”，计 190 种。规模宏大的墓室，一直是旅游的热点。

古人厚葬的第二个表现是使用大量的随葬品。汉代的霍光死后，政府给他治丧，赐给的葬品绣被 100 领，衣 50 箧，金缕玉衣一袭，梓木制作棺，枞木做成椁，就是陪葬的婢妾的椁也是枞木打制的（《汉书·霍光传》）。古代皇帝贵族的陪葬品，除了珍宝器物、禽兽，常常还有婢妾奴仆。因为人殉太残酷，不断地有统治者表示仁慈，禁止人殉，如秦献公元年（公元前 384 年）“止从死”（《史记·秦本纪》），但人殉现象却长期存在，到明朝前期还有宫人殉葬皇帝的制度，明英宗加以废除，历来被认做是一项仁政。

厚葬的第三个表现是吊唁和送殡规模大。唐朝在出殡时要设路祭，开始是设大约底部一方丈、高数尺的祭盘，用帏帛围起来，中间放置人造花、果，表示祭奠之意。安史之乱以后，路祭大发展，祭盘帐幕高达一丈，内置灵床，雕金饰画，帐盘之外，还盛列牛羊祭品。唐代宗大历（766—779 年）中，太原节度使辛云京的葬礼在长安举行，诸道节度使派人致祭，范阳节度使的祭盘最大，并演出类似后日的木偶戏，以开国勋臣尉迟敬德为形象，与突厥人战斗，又作了以鸿门宴为故事内容的演出，孝子以祭盘精好与高大，给两匹马犒劳其主事人。昭义节度使薛某死，灵柩送回原籍绛州，管内各县官及其他地方的长官在阳城南面设祭，每隔半里一个祭盘，到漳河码头二十余里，祭坛不绝，其中大祭盘要费钱千余贯，小的也要三四百贯。等到灵车过后，这些祭盘全部成了废物（《唐语林》）。

厚葬是古代丧葬的主流，人们认为将许多贵重的东西埋入地下是对死者的孝和爱，于是礼仪将厚葬作为人们道德伦理规范，厚葬的习俗也就愈演愈烈。“棺椁必重，埋葬必厚，衣衾必多，文绣必繁，丘陵必巨。”与此同时，反对厚葬，主张薄葬的呼声也一直未断。但薄葬却没有显示出它的强大力量，只是作为厚葬的对立面而存在着。最早反对厚葬，主张薄葬的是墨子，他说：“棺三寸，足以朽骨；衣三领，足以朽肉。”由于道家将生死齐量看待、乐死善生，所以在丧葬上对儒家倡导的“事死如生”的丧葬观表现出嗤之以鼻的态度，也主张薄葬。庄子认为，生死若一，生和死是同一回事，就如同春夏秋冬四时更替，故“生时乐生，死时乐死矣”。庄子将人死看成是返璞归真，复归自然。所以庄子的妻子死后，本应悲痛，而他却“箕踞鼓盆而歌”。为了进一步说明死是人生乐事，庄子不但不主张以珠玉、文锦、车马陪葬，甚至连哭也不要。魏晋是我国一个提倡薄葬的时代，由于曹操、曹丕父子的主张及身体力行，使薄葬成为风气。自隋以后厚葬又成社会主流。

五、丧葬礼仪中的等级和家族观念

中国社会长期是一个宗法型社会，如何区分并定格社会等级、家族的长幼秩序是整个社会的核心问题，因为它直接关系到财富地位的继承和权力的分配。人间高度重视此事，阴间自然也是如此。这就要求子女晚辈要善事和尊崇死去的父母祖先，要“事死如事生”。这一宗法伦理观念是造成中国社会普遍隆丧厚葬的主要社会原因。在传统的丧葬仪式中，全部环节和所有禁忌规约都在向人们展示和强调家族的宗法关系。这种宗法关系的强调是双重的，整齐严明的宗法秩序不仅为生者社会所遵循，也同样规范着“死者社会”。在整个丧葬过程中，明尊卑、序人伦的主题倾向显现在方方面面。同为“死”，由于宗法等级不同，自君而民，言“死”用词各异，严禁僭越。相应的棺椁、墓丘等要件也随之相别。中国死亡文化在丧葬过程中严格上下、尊卑、大小的安排，其表象是“事死如事生”，表示对死者的尊重，但实际上逝者是无法看见和体验的，其意义在于生者，实际作用是面对已成神灵的死者，人们再一次明确男女长幼、尊卑亲疏的不同。

中国古代的丧葬活动基本上是在宗族范围内进行的，殡葬礼仪是以家族为基本单位办理的，丧礼的规定也因人们之间血缘关系的远近而各有不同。比如，同家族中有人去世，同家族、姻亲若知道而又不去悼丧，会被认为是极大的无礼，要受到族内的指责，丧家一般会因此与之绝交。而周代丧礼中的“五服”以及居丧时间的长短，也是根据亲疏关系的远近制定的。这一切都是在显示他们之间的血缘亲疏关系，是一次促进宗族内部的团结，团聚家族与亲朋好友的社会活动。

六、丧葬与宗教

丧葬礼仪中的民间杂俗大多是由于宗教的影响，因为几乎人类的所有宗教都以关心死亡及生命的归宿为主旨。对中国传统文化影响最大的莫过于佛教、道教、儒教以及民间宗教。

儒教对传统丧葬习俗的影响主要是礼制发明方面的。由上而下，由礼而俗。中国传统的丧礼载于儒家经典之一的《礼记》，以后虽经不断地演变，但儒家的主要思想未变。儒家的“百善孝为先”，使丧仪变得极其繁杂。人们怕背上不孝的罪名，把丧事办得极其铺张，厚葬的陋习也愈演愈烈。

佛教原成长于印度，两汉之际，中国通向西域各国的丝绸之路已经开通，这是中西文化交通的第一次高峰。佛教势力也从印度本土扩展到大夏（阿富汗）、安息（伊朗），最后传入中国。汉末战乱，民不聊生，佛教迅速在民间兴盛起来，经过魏晋南北朝及隋唐历代，佛教终于成为中国三大教之一，对中国文化的各方面均带来了不可忽略的影响。

佛教对中国丧葬文化的影响在于它带来了一种新的死亡观念。在传统中国文化中，一直存在灵魂不死的信仰，但经儒家伦理化解释，人们越来越关心的是死者的灵魂，灵魂附于虞主，供奉于祖庙。但对于死者生活的世界及灵魂的归宿、变化则几乎没有什么说明。佛教则带来了“善有善报，恶有恶报”及“六道轮回，转世托生”等观念，从而为人类的死亡世界做出了明确的解释。佛教的“善有善报，恶有恶报”和中国上古信仰中的报应有类似之处，这也是两种文化融洽沟通的结合点，但佛教教义更加系统化、更加明确，这也是它为民间乃至上层广泛接受的原因。

佛教的传入对丧葬礼仪之变迁所产生的影响也是不容忽略的。首先，佛教为华夏民族带来了一种新的丧葬习俗——火葬。火葬在中国古已有之，如《墨子·节葬下》云：“秦之西有仪渠国者，其亲戚死，聚柴薪而焚之，熏上，谓之登退，然后成为孝子。”《荀子·大略》亦云：“氐羌之虏也，不忧其系垒也，而忧其不焚也。”但中国历史上的火葬在佛教传入以前，一直只限于边远地区的少数民族，为中原华夏族所不齿。佛教因为信奉六道轮回、转世托生的死亡观念，对死者肉体并不关切，实行的是所谓“荼毗”——火葬。佛教在中国的传播，使火葬亦随之传布开来，唐代，敦煌地区由于地处中西文化交通的最前沿，便已开始流行火葬。至宋，火葬已广泛流行于中国各地，尤以河东、江南、福建等地为盛，以致宋、明统治者不得不严加禁止，并设立漏泽园、义冢，以解决贫困者无力购置墓地的问题。这些措施又反证了中国火葬之盛。其次，佛教给中国传统丧葬礼仪程序带来了所谓“七七追荐”。“七七追荐”又称七七斋、水陆道场、水陆大会、水陆会、水陆斋仪等，是一种超度死者亡灵的大法会，主要来源于佛教信仰。在佛教的轮回转世观念中，人死后在七七四十九日内，分七阶段随业力受生，“七七追荐”便是为了替死者消罪免祸、诵经修佛，以投入善良之家，因而宴请和尚设斋念经，礼佛拜忏，追荐亡灵。七七追荐在南北朝开始流行于世，《北史·胡国珍传》记载了北魏灵太后之父胡国珍死后宴请和尚做七七斋的情景。唐以后，此风更盛，而且和尚开始参与儒家所制定的其他丧葬程序，故司马光说："世俗信浮屠狂诱；于始死及七七日、百日、期年、再期、除丧，饭僧，设道场，或作水陆大会，写经造像，修建塔庙，云为此者，减弥天罪恶，必生天堂，受种种快乐；不为者，必入地狱，剉烧舂磨，受无边波吒之苦"。

道教是中国本土宗教，它给丧葬文化带来的首先是十殿冥王的地府信仰。在道教形成之前，中国文化中已有较为模糊的阴间概念。汉代的镇墓文中，便发现了很多阴间的官吏和职称，如墓皇墓主、蒿里君、泰山令等。同时，佛教也有彼岸世界的种种信仰和观念，但道教将这些系统化、具体化，建构了一个具有严密组织体系的地下世界。传说中道教的冥界在酆都（今重庆丰都），其君主称为酆都大帝，下辖十位冥王（十殿阎王）。

道教给中国传统丧葬文化带来的还有相墓术等。筮宅卜日是《仪礼》中便已记载的丧葬礼仪，但到了道教手中，已发生了根本的变化，俨然成了一门大学问。相墓术的兴盛给丧葬礼仪带来了新的变化，即停葬之风的出现。儒家所制定的丧礼中，本有停葬之风，如《礼记·礼器》云："天子崩七月而葬……诸侯五月而葬……士三月而葬。"但自相墓术流行以后，因选择吉地颇费时间，竟有停葬达二十九年之久的。在民间的丧葬习俗中，往往是各教并行不悖，圣人、术士、和尚同堂治丧。三教互相沟通、互相融合。形成了以儒家传统丧礼为主体，融合佛、道二教的丧葬观念的民间传统丧葬礼仪。

第二节 丧葬风俗

中国传统的丧葬仪式分为：停尸仪式、报丧仪式、招魂仪式、吊唁仪式、入殓仪式、丧服仪式、出丧择日仪式、下葬仪式、哭丧仪式、做"七"、服丧仪式。在长期的演变中，一些仪式简化了，比如丧服仪式，死者亲属穿上丧服便是了，不必有仪式；有的仪式则消失了，比如做"七"仪式、服丧仪式。整个仪式的时间跨度也大大缩短，从死去到出殡一般是七天或九天或十一天（必须是单数）。丧葬风俗各地不尽相同，少数民族更是另有特色。

一、停尸仪式

中国的传统丧葬文化非常讲究寿终正寝。在病人生命垂危时，亲属要给他穿戴好内外新衣；否则，就是"光着身子走了"，亲属会感到十分地遗憾和内疚。病人在咽下最后一口气前，亲属们要把他移到正屋明间的灵床上，守护他度过生命的最后时刻，这叫做"挺丧"。

在病人临终之前，家属必须要给他沐浴更衣。这实际上是给死者进行的第一次化妆整容。沐浴所用的水一般都是买来的，俗称为“买水”。“买水”为死人沐浴的目的除了“用水洗去死者生前的罪恶，消除死者在生前所犯下的罪孽”外，主要是要让死者的灵魂知道，这不是在给活人沐浴，而是要让死者干干净净地到达阴间，被祖先收容。

沐浴之后，便是给死者更衣，也就是给死者穿上寿衣。汉族的习俗是贴身穿白色的衬衣衬裤，再穿黑色的棉衣棉裤，最外面套上一件黑色的长袍。整套服装不能够有扣子，而且要全部用带子系紧，这样做是表示“带子”，就是后继有人的意思。在死者的头上要戴上一顶挽边的黑色帽，帽顶上缝一个用红布做成的疙瘩，用来驱除煞气，人们认为这样做对子孙是吉祥的。

沐浴更衣之后，亲属要马上把尸体移到灵床上。同时还要采取一些仪式，把死者的灵魂也引到灵床上去。山东临沂一带的习俗，是把一块白布从梁上搭过来，再用一只白公鸡在病床上拖几下，顺着白布从梁上递到外屋，在死者身边走上一圈，然后把公鸡杀死，这叫做“引魂”。

有的地方在沐浴更衣的仪式结束之后，还要举行饭含仪式。饭含是指在死者的口中放入米贝、玉贝和米饭之类的东西。这是为了不让死者张着空嘴、饿着肚子到阴间去受罪，而成为饿死鬼。

二、报丧仪式

报丧可以说是人死后的第一种仪式了。报丧仪式早在周代的时候就已经形成了。它用发信号的方式把有人逝世的消息告诉亲友和村人，即使已经知道消息的亲友家，也要照例过去报丧。

在民间，不同的地方，不同的民族，报丧的方法是不一样的。在广西一带的地区，响三次火炮就表示报丧，这叫做“报丧炮”，然后派人告诉给亲友。在东北一带，是用在门外悬挂纸条的方式来报丧的。纸条数是以死者年龄的不同来确定的，一岁一条，另外加上两条，表示天和地。并且他们根据死者性别的不同来决定悬挂纸条的位置，死者是男性则悬挂在门的左面，死者是女性则悬挂在门的右面，人们一看到门口的纸条就知道这家死了人，死者的寿数，是男是女，就一目了然了。广东地区的报丧习俗是，报丧的人必须来去急速，不进人家的大门，只能在门外高声地喊叫，报过丧之后，讨一口水漱口来驱除不祥，然后就马上回去。在江浙一带，报丧习俗是用伞来暗示的。报丧的人带着一把伞去，把伞头朝上柄朝下放在门外，来表示凶信。在外地的亲人如果收到一封“焦头信”(信封的一角被烧焦)，就可以知道这是报丧信。

而中国少数民族的报丧习俗更是别具特色。比如，云南一带的怒族用吹“竹号”来报丧。竹号的数目根据死者的年龄、身份不同而有所不同。未婚的青年只吹一个，有儿有女的吹两个，头人吹三个，巫师吹四个。在中甸、维西一带，不少民族用吹牛角来报丧，也有一些地区的少数民族吹海螺。景颇族、拉祜族、黎族、滇南瑶族等少数民族用放枪来报丧，如果死者是女性的话则敲锣。在景颇族中放枪的数目还有严格的规定，死者是男性的话放偶数，死者是女性的话鸣奇数。有关学者认为前两种可能是属于早期的报丧形式，而后两种则是属于后期的现象。在贵州省、北盘江流域一带的少数民族的报丧更具有特色。他们的报丧仪式是丧家请来邻寨的青年，两人一组，手里拄着拐棍，到所有的亲友家去报丧。当人们见到这样的人进寨，就知道是报丧的人了。

在汉族的观念里，报丧不仅是一种形式上的礼仪，更是一种和亲属家人一起分担悲痛的做法。

三、招魂仪式

招魂有三种情况，一是死者刚死时的招魂；二是送葬时的招魂；三是为客死他乡的人招魂。

人刚死举行的招魂仪式称作“复”。在灵魂不灭的思想的指导下，刚死的人往往被认为精气还在，只要招呼他，让精气回来，死人仍能复生。家属拿着死者的衣服，站在山麓或屋顶上呼喊死者的名字，叫他的灵魂归来。有的招魂者还历数别的地方不能去的理由，劝亲人的灵魂归来。但如果复而不醒，人真正是死了，就可办理丧事。所以这种招魂仪式是在报丧仪式之前。

送葬时的招魂由幡旗引路。幡旗迎风飘飘，取其缠绵的意思，魂魄就能够循着这飘扬的幡旗归来。大幡通常有三四丈高，它们的颜色和形状各不相同。有的幡的上面有荷叶宝盖，中间是红寸蟒的大宽飘带下垂，中间镶着绒腰，幡有一丈长。另外有从宝盖挂下的两个窄条，由幡杆高高地挑起，幡竿插在红漆架子的中央。另外，还有一种形式，幡的本身不是绣片，而是亡人的牌位，称为“官衔幡”。据说，招魂后死者的灵魂就依附于这块灵牌之上。幡的下座两边有穿杠的绳套。以便于出丧的时候由杠夫抬着，走在最前面导行。大幡一般立在二门的外面。死的如果是男人，立在门的左边；如果是女人，就立在门的右边。现在的幡则要简单得多，用白布或纸扎成，用两米左右的幡竿举起，下葬后，将幡插在坟上。

坟墓是死者的归属所在，也是亡魂的家，招魂便是要将亡魂招归于家，勿使其在外游荡，祸害生人。

客死在他乡的魂魄，找不到归途，是为孤魂野鬼。便不能享受香火的奉祀、食物的供养和经文的超度。这个孤魂就会永远轮回于异地，没有投胎转生的希望。除非他的家人替他“招魂”，他才能够归宗。沿海一带的渔民的招魂也属于这种情况。渔民不幸葬身大海之后，因为往往无法找寻回尸体，他的家属就用稻草人代尸，穿上死者生前的衣服，在家里摆设起“灵堂”。同时，在村外的海边，要请道士为死者招魂。招魂要在夜间的潮水初涨时进行，死者的亲人到海边去叫喊，把失落在海里的“阴魂”喊回来，招进稻草人中，再进行安葬。这种招魂仪式，叫做“潮魂”。亲属要先在海边搭起一个小小的“蘸台”，然后到了傍晚，就在帐篷里点起香烛，中间放着稻草人，身上贴着死者的生辰八字。等到晚上涨潮的时候，道士坐在“蘸台”上，敲响钟磬铙钹，嘴里念着咒语。这时候，“蘸台”前后就燃起一堆堆的篝火，有人手拿一杆带根的毛竹，顶梢上挂着箩筐，里面装一只雄鸡，面对大海，随着道士的咒语，不停地摇晃着毛竹。也有的由死者家属披麻戴孝，提着有字的灯笼，高声呼叫死者的名字：“某某来呀！某某来呀！”声音非常凄凉。然后，由一个孩子或者亲属答应道：“来喽！来喽！”一呼一应，直到潮水涨平，才由道士引魂回家。到了第二天，亲属才把稻草人放进棺材，送到山上去安葬。

招魂在少数民族的丧葬仪式中也普遍存在。贵州的苗族在送丧时在棺材上放置大公鸡（模型），名曰“招魂鸡”。送丧的同时也将亡魂招入墓中、阴间。海南黎族，出殡时亲属要手持乐器，到了墓地，围绕墓穴歌舞一番。云南拉祜族在出殡前要请比目师（巫师）为死者叫魂引路，叫魂时用白纸剪人形标杆，粘着香蜡，在死者身旁举行祷告，然后由亲属用木料扎成担架，将尸体仰放其上，抬出埋葬。傣族，家家都准备着叫魂的“魂箩”，招魂的时候，就把死者生前的衣服装在竹箩里，放上白米和白线，表示要把灵魂提回来。

四、吊唁仪式

唁是指亲友接到讣告后来吊丧，并慰问死者家属。死者家属要哭尸于室，对前来吊唁的人跪拜答谢并迎送如礼。一般吊唁者都携带赠送死者的衣被，并在上面用别针挂上用毛笔书写的“某某致”字样的纸条。

首先要布置灵堂。灵前安放一张桌子，悬挂白桌衣，桌上摆着供品、香炉、蜡台和长明灯等。在没有收殓之前，这盏长明灯不管白天晚上都要有人看守，不能让它熄灭。据说，这盏灯就是死者的灵魂。尸体和灵柩都忌讳停放在光天化日之下。据说，怕受所谓“日晶月华”，更怕冲犯上天过往的神灵。因此只要是举行简单的祭奠仪式，就必须要搭灵棚。

搭灵棚规模的大小，主要看丧居院落的格局。如果只搭一屋院子的棚，叫做“平棚起尖子”，也叫“一殿”，就像古典殿堂一样，上边起一条脊。如果丧居有两层院子，就可以搭一座大棚，将这两个院子都罩上，灵堂院子的棚顶高些，前院棚顶略低，使两个顶子浑然一体，后高前低，叫做“一殿一卷”，即后院高顶为“殿”，前院低顶为“卷”。所谓“殿”，就是殿堂的意思；所谓“卷”，即棚顶全是活席，可以卷起来的意思。这种棚历来都用数层席箔里外包严，不见杉槁，不但美观，且不漏水。从外观上看，宏伟壮丽，犹如宫殿，使人望之，哀戚之情就油然而生。

除了主棚外，还必须有许多用途不等、名称不同、规模大小不一的棚。由于在这期间，吊唁的亲友多，而且时间都比较集中，上祭恐怕发生拥挤，甚至排不上号。所以在其他院落就要搭一座或数座祭棚，凡远亲、朋友来吊唁的，就被知宾引到这种棚里上祭。还有的棚是用来摆官座，让来宾们休息、喝茶、用饭的。

接下来就要举行开吊仪式。丧家要在大门口设置一口“报丧鼓”。吊唁的人一进门就击鼓二下（现在是放一挂比较短小的鞭炮），亲属听见鼓声（鞭炮声）就号哭迎接。来吊唁的人向死者跪拜，孝子披麻戴孝跪在灵案边陪祭。来吊唁者跪拜完后扶起孝子，再由旁边的人引导去上礼簿。

五、入殓仪式

吊唁举行完毕之后，就要对死者进行入殓仪式。

入殓有“大敛”和“小敛”之分。小敛是指为死者穿衣服。根据史籍的记载，古代小敛是在死亡的第二天早晨的卧室门里。先把小敛衣陈列在房里，然后铺设好敛床，接着举行着装仪式。主人和主妇都要把头上的饰物卸下来，把头发盘束在头上，男子要露臂，大家都要不停地号哭，以示悲痛至极。主持仪式的人开始为死者穿衣，先在床上铺席，再铺绞，它们的质地，要据死者的身份而定。无论贵贱尊卑，死者都应该穿上十九套新衣。穿好以后，亲属用被子把尸体裹上，然后用绞带捆紧。在这以后，再把布囊（称“冒”，分为上下两截）套在尸体上，然后盖上被子，覆盖好尸体。

在民间的习俗里，入殓的衣服和被子忌讳用缎子，因为“缎子”谐音“断子”，唯恐因为这个原因遭到断子绝孙的恶报。一般用绸子，“绸子”谐音是“稠子”，可以福佑后代多子多孙。殓衣又忌讳用兽皮制作，兽皮虽然是难得的贵物，但是对于已经死去的人没有益处，留下来对生者倒还可以有用。还有一种说法是，用兽皮做被子的话，死者来世会转生为兽类的。另外一种说法是从“全尸”考虑的，说是恐怕人尸与兽革混杂一处而不能辨别。殓衣还不能用带“洋”字的布料，殓衣是给去世的人穿的，带洋字的布料会使殓衣带有“阳”的意思，对在阴间的死者不好。

“大殓”是指收尸入棺，汉族民间俗称为“归大屋”。这就意味着死者与世隔绝，与亲人最后一别，所以举行大殓仪式非常隆重。

收尸盛殓的棺材，是以松柏制作的，忌讳用柳木。松柏象征长寿。柳树不结子，或以为导致绝嗣。有的地方用柏木做棺材要掺一些杉木，据说完全用柏木做的棺材会遭天打（触雷电）。寿木做好后，搁在那里不能移动，俗说随便移动，对本人不利。棺材外面一般漆成朱红色，写上金字。也有画上花鸟人物的。

大敛的时间是在小敛的第二天，就是人死后的第三天举行，以等待其生还。按照民间习俗，要在棺底铺上一层谷草，然后再铺一层黄纸，意思是死者的灵魂能够高高地升入天堂。而七星板则是求寿之意。在七星板上铺黄绫子绣花的棉褥子，俗叫铺金，褥子上绣海上江牙、八仙过海等图案，意思是超度死者的灵魂升天成仙。而清末北京丧家流行用的陀罗经被、如意寿枕等物，都寄托了这种意思。

六、出丧择日仪式

尸体收敛之后就要把灵柩送到埋葬的地方下葬，叫做出丧，又叫“出殡”，俗称为“送葬”，停尸祭祀活动后就可以出丧安葬。许多民族中对出丧日期都会慎重选择。古时择日要占卜，卜时族长和宗人都要在场，说“哀子某某，打算将未来的某某日作为葬期，现在卜问，如果这天葬其父亲，其父入土后，不会有什么不妥而造成悔恨吗?”占卜后将具体的日子通告各位宾客。如果这天不吉利，还要再卜一次。现在的出丧择日仪式则要简单些，有时只需翻翻皇历或问问阴阳先生即可。然而此仪式所涉及的内容、牵扯的面极广，稍一不慎，便可能犯忌，所以必须慎重。

少数民族在殡葬择日的信仰方面与汉族有相通的地方。东北地区的朝鲜族、赫哲族、达斡尔族、满族均选择单日出殡，而不能在双日出殡。据说，双日出殡意味着要死两个人。云南一带的景颇族认为选择出丧日期以十二属相中会进洞的动物之属相最为吉利，例如龙蛇鼠三天都是好日子，其余天日忌出殡。贵州一带的侗族最忌“冲日”出丧。台江县巫脚乡苗族出丧最忌“犯双日”。

还有一些民族和地区不但择日，还择时。彝族人家中有人去世，一般在家停尸很短，多是上午死，下午葬；下午死，明晨葬。但忌讳正午出殡。俗以为正午出殡会招致灾异，不吉。云南一带的苗族（黑苗）一般在早上出丧。而花苗和白苗则在午后和黄昏出殡。贵州一带的苗族（白苗）是在天刚亮出丧。东北黑龙江一带的赫哲族多在晌午出殡。广东等地瑶族出殡时间多在中午或午后，以为这种时刻最吉利。

七、下葬仪式

下葬又叫出殡，是死者停留在世间的最后时刻了，一般都非常郑重其事。在下葬之前还有一件重要的事，那就是看风水选墓地。汉族主要是实行土葬。墓地是死者的最终归宿，所以墓地的选择是埋葬死者的头等大事。墓地要选在地势宽广，山清水秀的地方，找出生气凝结的吉穴，从而可以使死者安息地下，庇佑子孙。

墓地选好后，便是挖穴。俗称“打穴”。在打穴之前还要祭祀开山，孝子要烧香点烛行开山礼。有的地方要请地仙，还要画太岁，开山的时候要避开太岁的方向，不然就是“太岁头上动土”，丧家就会遭受到祸害。开山的时候要在做墓穴的地方前后打个木桩，然后让孝子在打木桩的范围内用锄头挖三下。接着八仙就过来做穴，做好之后再把太岁的画像烧掉。这种墓穴，是把灵柩推进去的。在墓穴的底部铺垫着两根竹子或者剥了皮的光滑润泽的小衫树。放的时候，把灵柩的上首搁在上面，再用撬棍往里面推，推进去之后再抽掉垫底，最后铲一些草皮把洞口砌严封好。有的地方则没有这么复杂，挖墓穴无须孝子上山，一切请人代劳。棺材由抬棺材的（俗称“金钢”）人用绳索吊下去。

按照旧时的规矩，下葬的时间也是要讲究的，必须是太阳落山灵柩也落土。落土的时候“八仙”拽着棕绳把棺木徐徐放下，四平八稳之后，亲属们必须抓起泥土扔到灵柩上，这叫做“添土”。灵柩下去之后，先要盖一层薄土，再把墓穴里扫出来的土撒在上面，之后要放上一只碗，叫做“衣饭碗”。这样做是为了以后迁坟的时候动作轻些，免得惊动亡灵，招来不幸。

民间的习俗认为，人死后的灵魂随时可能从坟墓里跑出来，跟着活人回家。所以下葬的人必须绕墓转三圈，在回家的路上也严禁回头探视。否则看见死者灵魂在阴间的踪迹，对双方都是不利的。

埋葬之后人们必须要洗手，有的还要用酒来洗。这样是表示今后再也不死人，用来驱除晦气。接着丧家要谢吹鼓手和客人。之后还要举行辞灵仪式，祭拜死者的灵位。在有的地方辞灵之后，只要是亲属就要在一起吃饭，这叫做“抢遗饭”。在江浙一带有喝“长寿汤”、吃“长寿豆”的习俗。就是说，七十岁以上的老人去世之后，在出丧的那天丧家要准备一大桶肉骨头汤，就是“长寿汤”，一大盆煮得烂烂的黄灿灿的大豆，就是“长寿豆”。送丧的人回来都要喝一小碗长寿汤，随意吃一些长寿豆，意思就是“添福添寿”。有的地方还把又香又糯的长寿豆分给邻里左右的小孩吃，说法是吃了长寿豆，日后长又寿。

这些民间传统的风俗习惯都反映了生者对于死者的寄意和对生命兴旺的美好愿望。

在湖南，出殡一般安排在辰时（早上 7 点至 9 点）。出殡时，先将棺木移出门外，俗称“转棺”。然后亲人在棺木旁陪死者吃最后一餐饭。吃完饭后便是起棺上山，抬棺材的俗称“金刚”，一般是 16 个人，排场大点的也有用 24 人或 36 人的。孝子（长子）手端灵牌，拖根孝棍（俗称“哭丧棒”）走在前面，现在则增加一个孝子端着死者的相片跟在灵牌后，或干脆以相片代替灵牌。

路上，死者生前的一些好友和相熟的人会在灵柩经过自家门前时燃放鞭炮，以示哀悼，主家递上一条白毛巾，一包烟表示感谢。棺材后面是哭哭啼啼的孝女、孝媳们，接着是长长的举着花圈的送葬队伍。

灵柩上山后，只留下孝子看着父亲入土，其他的亲人都须回去。墓穴里铺了一层厚厚的木炭，棺木放下去，周围要用土夯实，夯的时候忌用锄头等金属工具，只能用木棒或竹棍。夯实后，填上土，堆好坟堆。孝子磕几个响头，便也下山。整个丧葬过程也就基本结束了。

八、哭丧仪式

哭丧是中国丧葬礼俗的一大特色。哭丧仪式贯穿在丧仪的始终，大的场面多达数次。哭丧仪式上的哭和那种悲痛欲绝的哭不一样，它是一种唱哭，也就是用哭腔唱出来的歌，哭丧时“唱”出的歌叫哭丧歌。有亲人唱哭的，也有请人来唱哭的。在湖南，亲人唱哭随时可哭，请人来唱哭，必须是在晚上，故又称“唱夜歌子”。“唱夜歌子”是在出殡的前一天夜里，男女各一人，像唱戏曲一样地化了妆唱。

从形式上来看，现代民间哭丧歌，亦即挽歌，可以分成三类：一是“散哭”；二是“套头”；三为“经”。散哭的特点是“随心翻”，想到什么就哭什么，搭着什么就唱什么，没有限制。其内容主要是倾诉对死者的思念之情，自责对长辈的不孝，悲叹自己的苦难身世。至于套头，是有内容限制的。主要有“抱娘恩”、“十二个寻娘”、“十二月花名”等。哭的时候是哭别人的好处，诉自己的苦楚。“经”是结合丧葬仪式来唱的。病人死后，由女儿或者媳妇唱“买经”、“着衣经”等。哭的时候眼泪不能够掉到死者的身上，否则的话尸体就会变成僵尸，没有办法腐烂，也就不能轮回了。另外一种说法是，阎罗王看到死者的身上有泪痕，就会把他拒之门外，死者就只好在阴间之外受无边的苦。如果死者是女性，女儿还要给母亲唱“梳头歌”。

出殡的时候必须有全体后代尤其是男人们“唱哭”，否则按照民间旧俗就会被视为不孝。另外，哭的音量大小也非常重要，如果哪家死者在黄泉路上没有响彻天地的哭声相伴，便会在方圆数十里传为笑柄，其子孙后代也要被人们视为不孝，大逆不道，天理难容。为了求得孝的美名，孝子贤孙们在此确实也颇费了一番心机，花钱请人替死者哭丧便是历代孝子贤孙们的惯用手法。有些地方甚至出现了职业的哭丧夫或哭丧妇，收入不菲。

少数民族的哭丧仪式和汉族差不太多。壮族习惯是请民间歌师二人来唱哭丧歌。两位歌师扮成舅甥，一问一答，唱歌彻夜，赞颂祖先业绩，劝导后辈不忘祖恩。许多民族并有哭丧歌舞仪式。彝族人称此为“跳脚”，由四人手持八卦在尸旁跳，边跳边唱孝歌，据说这样可以为死者踩平通往阴间的荆棘之路。景颇人称此为“布滚戈”，要请附近各寨的青年男女同跳，通宵达旦。除此之外，还要安排两个身着长衫的男子持矛舞蹈，绕竹幡作刺击状，以示驱邪。

第三节　丧葬类型

由于不同地域自然条件的差异，不同民族的观念与传统习俗的差异，故在我国历史上形成了多种处理已故亲属的丧葬方式。主要有土葬、火葬、水葬、天葬、悬棺葬、树葬等。

一、土葬

土葬约产生于旧石器时代中期。原始社会时期，各氏族均有固定的墓地。奴隶社会和封建社会，各家庭（宗族）亦有固定的墓葬场。土葬墓一般葬一个遗体，但也有数人或氏族（家族）合葬的。墓室大多有不同质地的棺和殉葬品。在阶级社会，统治阶级墓葬的殉葬品甚丰，甚至有人殉。随着社会的发展，土葬衍变为多种形式。中国的土葬形式主要有：竖穴墓（土坑墓），旧石器时代晚期一直流行；大石墓、瓮棺葬，流行于新石器时代至汉代；石棺葬、砖石墓，战国时期以来一直流行；洞室墓，始于战国时期，盛行于六朝以至隋唐；木椁墓，始于商代，汉以后少见；船棺葬，战国末期到汉初盛行于四川一带。

我国土葬在不同民族和不同的历史时期的形式特点虽有差别，但其基本观念都一样，即认为死者应保存完尸，“入土为安”，故土葬之俗长期因袭。

土葬是我国多数民族尤其是汉族的主要葬法。这与汉族人民的生活习惯以及慎终追远的伦理情感有关。“生命是从泥土中来，再回泥土中去”这个观念根深蒂固。《周礼》中说“众生必死，死必归土”，《韩待外传》中说“人死曰鬼，鬼者归也，精气归于天，肉归于地。”《礼运》也说：“魂气归于天，形魄归于地。”故古人认为人死后形体埋人地下，脱离形体的灵魂才可以归于天。汉族崇尚黄色，历代帝王以黄色作为显贵之色，黄色实为土色，在阴阳五行中，“土”居于中位，是最稳定、最可靠的基础，因此土葬符合汉人的生活习俗和传统观念。还与鬼魂观念有密切联系，从旧石器时代一直到现代，人们在埋葬死者时，都要为之随葬大量的物品，包括各种用具、食物、装饰品等，目的是让死者的灵魂在另一个世界生活得更好。另外，从封建统治阶级的角度而言，土葬最能表现阶级和等级的差别。只有土葬才能长久地保存死者生前的权势和地位，如雄伟的墓体，各种墓碑、石人、石兽及其他附属建筑。只有土葬才能经常在墓前进行各种象征性的活动，表示生者对死者的追悼之情，又显示了豪华的排场和满足宗法政治的需要。

二、火葬

火葬是传统丧葬风俗之一。即在人死后，用柴薪将遗体火化，骨灰或藏或埋，安放之。起源于原始社会时期。1945 年在甘肃临洮县寺洼山曾出土盛有人类骨灰的大陶罐。先秦至汉，最初流行于少数民族地区。先秦的仪渠、氐羌北朝时的突厥等，皆实行火葬。东汉时佛教传入，佛教僧侣死后火葬之俗影响到佛教信徒，进一步扩大到民间，以致皇室成员也有火葬者。经唐至宋，更加盛行，江浙、四川等地尤普遍，焚尸之地称为“化人亭”。由于此习俗与伦理道德及经书中的丧葬仪规相悖，宋、元、明、清历代统治者皆曾下诏或颁布法律禁止火葬，违者治罪，因而至明代转衰。然而对佛教徒、少数民族不禁。我国实行过火葬葬俗的少数民族有羌、彝、白、纳西、哈尼、怒、布朗、土、拉祜、瑶等。明清以后，唯羌、彝及少数地区的拉祜、纳西等族仍行火葬。此外，藏族的活佛、上层喇嘛或部落头人实行火葬；傣族土葬、水葬、火葬兼行；赫哲族最普遍的葬俗。《墨子·节葬下》："秦之西有仪渠之国者，其亲戚死，聚柴薪而焚之，熏上，谓之登遐，然后成为孝子。"《北史·突厥传》："择日取亡者所乘马，及经服用之物，并尸俱焚之。"《宋史·礼志》："今民俗有所谓火化者，生则奉养之具惟恐不至，死则燔熟而捐弃之……河东地狭人众，虽至亲之丧，悉皆焚弃。"宋周辉《清波杂志》卷十二："渐右水乡风俗，人死，虽富有力者，不办蕞尔之土以安，亦致焚如。"

各族火葬风俗不同，西藏地区奉火为圣洁之神，只有活佛、上层喇嘛、部落头人才能火葬。在贵州榕江、黎平等侗族地区，则只有凶死者（死于刀枪、淹死、吊死等）才行火葬。

三、水葬

水葬是一种将死者遗体投于江河湖海的葬法。水葬之法在我国并不普遍，只流行于西藏及其邻近地区。汉族水葬主要是在沿海渔民或海员水手中实行，方法是将死者直接投入海中，也有的将棺材放在海边，等海潮涨起来后任其冲入大海实行水葬。宋代还出现一种变异的水葬，即尸体火化后将骨灰投入水中。

水葬比较成熟的是藏族和受藏族文化影响的门巴族。藏族的水葬是一种较为卑贱的葬法，多用于夭折孩子或患传染病而死亡的贫民以及一些乞丐、光棍、妇女生子而亡或其他非正常死者。正常死亡实行水葬者，必须将尸体割碎，然后抛入水中，这是一种带有惩罚性质的葬俗。而藏南深谷区、四川甘孜藏族自治州全部实行水葬。水葬的方式各异：或在河流急处设立水葬场，尸体由近亲背至或用牲畜驮至水葬场，由司水葬者将其尸体屈肢，胸前缚石头沉于水中；或刀斧断尸沉水，或全尸投水。门巴族也有类似葬法，或肢解或全尸投入水中。羌、傣等族也有水葬，但不以刀解尸。而是将死尸置于专门制作的死亡船上，放入江河，任其自然漂流。漂向哪里，哪里便是死者的美好归宿。

四、天葬

天葬是在固定的地点，由固定的人将已故人的尸体分割，由秃鹫吃掉为葬，吃得越光越好。这种葬俗在藏族中最为普遍。此外，门巴族及部分裕固族也采用这种方式。用于天葬的固定地点称天葬场，是一块靠近小山坡的平顶巨石，一般多在20平方米左右。巨石上要有若干大坑，以用来捣碎人骨。完成天葬者一般是固定的人，称为天葬师。为使尸体能全部被秃鹫吃光，天葬有其固定的程序。

天葬大约起源于公元七世纪以后，至今仍很盛行。主要原因是受到了佛教的思想影响，而且与佛家的"灵魂不灭"、"舍身饲虎"等思想有直接的关系。藏传佛教中的轮回转生等观念，都离不开"灵魂不灭"这一核心思想。藏族对于死后的躯体的关心远远不及对于人的灵魂的重视，注重灵魂的去向，而不留恋死后的躯体，相信人死后灵魂将不附体，灵魂离开其躯体去寻求新的躯体。既然灵魂不附体，其躯体就是一个无生物，像土、像石头。因此藏族认为留恋这样一个无生物，还不如以“舍身饲虎”的精神去喂那些饥饿的鹫鹰，一来可以喂饱它们，二来它们吃饱之后不会去伤害其他小生命，此生算是做了一件好事。由于天葬是在灵魂不灭的思想观念上建立起来的，因此，有些地方如果不是环境、条件、习俗等因素所困，虔诚的信教者谁也不会愿意土葬或水葬的。

五、悬棺葬

中国古代葬式的一种（见图9－1）。即人死后，亲属殓遗体入棺，将木棺悬置于插入悬崖绝壁的木桩上，或置于崖洞中、崖缝内，或半悬于崖外。往往陡峭高危，下临深溪，无从攀登。其俗流行于南方少数民族地区，悬置越高，表示对死者越是尊敬。依据文献及实地考察，在四川、云南、贵州、广西、福建、台湾、湖北、湖南、江西等省区，均有此种葬俗。江西贵溪仙岩、福建武夷山、四川忠县卧马函、四川奉节县夔峡、风箱峡、四川珙县麻塘坝螃蟹溪山崖等地，曾发现大批战国至秦、汉之际的古代悬棺葬遗物。三国吴沈莹《临海水土异物志》：“父母死亡，杀犬祭之，作四方函以盛尸。饮酒歌舞毕，仍悬着高山岩石之间，不埋土中作冢也。”唐张鷟《朝野佥载》卷十四：“五溪蛮父母死……尽产为棺，于临江高山半肋凿龛以葬之。自山上悬索大柩，弥高者以为至殓死有棺而不葬，置之岩穴间，高者绝地千尺，或临大河，不施蔽盖。”

六、树葬

树葬亦称“露天葬”（见图9－2），是旧时汉族和部分少数民族的丧葬方式。

树葬是彝族古老的一种葬俗。云南彝区流传着一则关于“树葬”的传说：“在汉代，诸葛亮在世的那个年代，彝族先祖孟获大将军的妾死了。孟获让属下用帛缎裹尸，葬之在青松树丫上。人们围在树下唱歌、跳舞，悼念这位美丽的妾。”当地人们还传说，树葬之后，骨头从树上掉下来，不好处理，于是用桶把裹着帛缎的骨头装起来，或放之于树洞，有说放之于灵房，称为“鬼桶”。

图9－1　悬棺葬

东北地区鄂温克族、鄂伦春族和赫哲族葬俗是将死者尸体或殓放尸体的棺木置于深山或野外几棵树作桩搭成的平台上，使尸体自然腐烂。认为这样死者受到风吹雨打，日月照射，可以化为天上的星辰，为后人带来希望和光明。鄂伦春族树葬后对尸骨便不再过问，而赫哲族过二三年尸体腐化后，家属取骨，装入鹿皮袋，再行土葬。孩子死后，则用桦树皮包扎尸体，置于树叉上。他们认为孩子的灵魂小，埋在地下怕灵魂出不来，影响生育。

图 9-2 树葬

广西大瑶山地区瑶族俗信婴儿死后，将回到花婆神护（童神处）二次投胎，尸体如不速朽，就无法转世，故用破布、树皮裹尸，置之筐中，挂于树上，进行树葬。

达斡尔族多用树葬方式处理患天花、麻疹而夭折的婴儿。

汉族部分地区常用以葬死婴，以席裹尸，挂于树上。

视野拓展

古代帝陵

一、炎帝陵

炎帝陵风景名胜区（见图 9-3）位于湖南省炎陵县城西 19 千米的鹿原陂，陵区面积 5 平方千米。现为全国重点文物保护单位和全国爱国主义教育示范基地。

史载汉代以前有帝陵，唐代奉祀以昌，宋乾德五年（967 年），“立庙陵前，肖像而祀，同时诏禁樵采，置守陵户。北宋以降，历代不辍祭祀，不失修葺”。有历史记载的修葺有：宋代一次，明代三次，清代九次，民国四次。1954 年进行一次修复，1986 年 8 月开始再次整修，1988 年 10 月陵殿修复竣工。修复后的炎帝陵按清皇宫建筑格局布置，炎帝陵殿共分五进：一进为午门，二进为行礼亭，三进为主殿，四进为墓碑亭，五进为陵墓。到目前为止，已恢复或新建开放的自然、人文景观 20 多处，主要有炎帝陵殿、御碑园、皇山碑林、天使公馆、圣火台、神农大殿、朝觐广场、神农大桥、白鹭亭、崇德坊、鹿原陂、龙垴石、龙爪石、洗药池、邑有圣陵等自然景观，均是引人入胜的去处。

图 9-3　炎帝陵

炎帝陵是集炎黄子孙寻根谒祖、旅游观光、研究炎帝文化、开展爱国主义教育等多种活动于一体的胜地。1986 年整修以来，大、小祭祀连年不断。1983 年“炎黄杯”世界华人华侨龙舟系列赛在炎帝陵举行取圣火火种仪式；1993 年、1994 年、1997 年、2000 年湖南各界进行了公祭炎帝陵典礼。1992 年，国家旅游局将炎帝陵辟为寻根朝敬之旅国际旅游专线；1993 年，炎帝陵被湖南省人民政府批准为省级风景名胜区；1996 年，国务院批准炎帝陵为国家级重点文物保护单位；同年，中宣部确定炎帝陵为全国百个爱国主义教育示范基地之一；1998 年，炎帝陵被评为全省最佳旅游景区；1999 年，炎帝陵被评为湖南省模范景区；2000 年，中华全国归国华侨联合会确定炎帝陵为爱国主义教育基地。党和国家领导人江泽民、陈云、胡耀邦、周谷城、赵朴初等为炎帝陵亲笔题词，宋任穷、杨汝岱、宋健、王恩茂、毛致用、彭佩云等先后专程前来谒陵并指导炎帝陵建设。

二、黄帝陵

黄帝陵（见图 9-4）坐落在陕西省延安南部的黄陵县，是中华民族始祖轩辕黄帝陵墓的所在地。这里山清水秀，景色宜人，是著名的游览胜地。

传说黄帝生于山东寿丘，逝世于河南荆山，葬在陕西桥山。桥山位于黄陵县城北 1 千米。陵冢在桥山之巅，桥山有沮水环绕，群山环抱，古柏参天，有大路可通山顶直至陵前。山顶立一石碑，名为下马石，上有“文武百官到此下马”字样。古代凡祭陵者，均须在此下马，步行至陵前，陵前有一祭亭，亭中立一高大石碑，上有郭沫若题“黄帝陵”三个大字。祭亭后面又有一块石碑，上书“桥山龙双”四字。

黄帝陵冢在山顶平台的中央，陵冢高 3.6 米，周长 48 米，有砖砌花护围。四周古柏成林，幽静深邃。历代政府对保护黄陵古柏都很重视，宋、元、明、清都有保护黄陵的指示或通令。据黄陵县志记载，桥山柏林约 4 平方千米，共 63000 余株。

图 9-4　黄帝陵

三、舜帝陵

舜帝陵有二处，一处在山西，另一处在湖南。

山西的舜帝陵在运城市区北 15 千米处的鸣条岗西端。明人相宗皋写道："观庙之形胜，北枕孤峰，涑水之波涛绕于后；南对条山，鹾海之盐花献于前。右缠黄河玉带，妫油厘降之风犹存；左拱香山瑶台，历山耕稼之迹如故。"其地理环境可谓形胜壮美。

舜帝陵庙始建于唐开元二十六年（738 年），后毁于元末战火中。明正德初（1506 年），乡人重建，但在明嘉靖三十四年（1555 年）的大地震中又遭毁坏。明万历三十一年（1603 年），安邑县令吴愈再次重建。在清嘉庆二十年（1815 年）的大地震中又为瓦砾，仅存正殿。次年，在乡人王步洲等倡导下，重建舜庙。舜陵坐北朝南，占地 70 亩，神道 13 亩，奉祀香火地 17 亩。沿舜陵外城遗址缘坡而上，即为神道，两旁夫妻柏夹道耸立。行百余步，进陵庙大门，便见到砖砌的方形墓冢，陵高 3 米，周长 51 米。陵前嵌有邢其任书写的"有虞帝舜陵"石碑，旁立"有虞氏陵"石碣 1 块。陵冢上槐相交翠，郁郁葱葱。绕陵北行约三十米即是皇城，又名离乐城。进拱形城门，内以戏楼、卷棚、献殿、正殿、寝宫为中轴线，东西两侧配以廊房及钟、鼓二楼，构造布局严谨，左右对称。主建筑正殿，建造于台基之上，重檐歇山顶，斗拱五铺作，面阔五间，进深五椽。殿内泥塑的舜帝坐像，头戴冕旒，身着衮服，神态庄严，栩栩如生。

正殿之后，原建寝宫三楹，内塑娥皇、女英像，昔已毁于战火。陵庙东南，旧时曾建大云寺，为守陵僧侣居住，亦称"守陵寺"，于解放初拆毁。舜帝陵为省级重点文物保护单位。

湖南的舜帝陵位于永州市宁远县境内的九嶷山。《古陵幕志》称："此陵最古。"陵内有"帝舜有虞氏之陵"碑，相传为汉代，零陵郡守徐俭所立，碑高 2 米，宽 1.5 米，碑文隶书阳刻，线刻云龙护卫。

自夏王朝大禹南巡至衡山筑此金台望祀九嶷始，九嶷山舜帝陵就是历朝历代祭祖朝圣之所。秦汉时期在九嶷山玉王官岩前，就已经建立起了规模十分宏大的舜帝祀庙。唐、宋、明、清都曾对舜帝陵予以修葺。清乾隆年间朝廷拨巨款进一步加以扩建，扩建后的祀庙规模为正殿三楹，后殿一楹，龙亭一座，拜亭一座，东西朝房各三间，大门一楹，两旁碑亭各一座。陵庙内古槠、香杉、红枫、翠柏交相掩映，陵庙庄严肃穆。雍正三年至七年，又一次大规模修缮陵庙，往后年久失修，几近荒废。

1992 年，舜帝陵庙被湖南省人民政府立项为首批抢修文物，经过考察、设计，报经国家文物局批准，次年 3 月 25 日，抢修工程正式开工，投资数千万元，历经七个年头后，于 2000 年完工。全面抢修后的舜帝陵恢复了清雍正年间的规模，建筑占地 50000 平方米，建设面积 3000 多平方米，分成两上自然院落，11 个单体建筑，三面筑宫墙，宫墙内中轴线上由北至南分别为山门、午门、拜殿、正殿、寝殿，两侧为祭碑房、厢房。所有建筑造型端庄，气势恢宏。宫墙外修有神道、金水桥、华表等。其中主体建筑正殿为重檐殿顶，殿宽 36.6 米，进深 18.8 米，檐设双重斗拱，顶覆黄色琉璃，正殿内有舜帝铜像。殿基须弥座，殿前月台由花岗石素面砌筑，踏垛雕龙御道，殿四周与月台有汉白玉石栏杆环绕，52 根直径 60 公分的巨大石柱、木柱、龙柱支撑起全高 18 米的正殿，金碧辉煌，蔚为壮观。

陵区内古木参天，石雕、楹联韵味无穷，壁绘栩栩如生，祭碑房里保存完好的 36 块历代祭碑，与陵碑、抚瑶颂碑都是珍贵的历史文物，价值连城。陵庙四周峰峦叠翠，群山环拥，形似城廓，护卫陵庙。

四、秦始皇陵

秦始皇陵（见图 9-5）位于陕西省西安市以东 30 公里的骊山北麓，它南依骊山的层峦叠嶂，山林葱郁；北临逶迤曲转、似银蛇横卧的渭水。高大的封冢在巍巍峰峦环抱之中与骊山浑然一体，景色优美，环境独秀。陵墓规模宏大，气势雄伟。陵园总面积为 56.25 平方千米。

陵上封土原高约 115 米，现仍高达 76 米，陵园内有内外两重城垣，内城周长 3840 米，外城周长 6210 米。内外城郭有高约 8～10 米的城墙，今尚残留遗址。墓葬区在南，寝殿和便殿建筑群在北。

秦始皇陵是中国历史上第一个皇帝陵园。其规模、陪葬物居历代帝王陵之首，是最大的皇帝陵。陵园按照秦始皇死后照样享受荣华富贵的原则，仿照秦国都城咸阳的布局建造，大体呈回字形，陵墓周围筑有内外两重城垣，陵园内城垣周长 3870 米，外城垣周长 6210 米，陵区内目前探明的大型地面建筑为寝殿、便殿、园寺吏舍等遗址。据史载，秦始皇陵陵区分陵园区和从葬区两部分。陵园占地近 8 平方千米，建外、内城两重，封土呈四方锥形。秦始皇陵的封土形成了三级阶梯，状呈覆斗，底部近似方形，底面积约 25 万平方米，高 115 米，但由于经历了两千多年的风雨侵蚀和人为破坏，现封土底面积约为12万平方米，高度为87米（另一资料：陵园初高120米，“高大若山”，后经风化侵蚀及人为破坏，降低了40多米）。整座陵区总面积为56.25平方千米。建筑材料是从湖北、四川等地运来的。为了防止河流冲刷陵墓，秦始皇还下令将南北向的水流改成东西向。

图9-5 秦兵马俑坑

陵园的南部有一个土冢，高43米。筑有内外两道夯土城墙。内城周长3890米，外城周长6249米，分别象征皇城和宫城。在内城和外城之间，考古工作者发现了葬马坑、陶俑坑、珍禽异兽坑，以及陵外的人殉坑、马厩坑、刑徒坑和修陵人员的墓室。已发现的墓坑有400多座。

秦始皇陵的冢高55.05米，周长2000米。经调查发现，整个墓地占地面积为22万平方米，内有大规模的宫殿楼阁建筑。陵寝的形制分为内外两城，内城为周长2525.4米的方形，外城周长6264米。秦始皇陵的规模之大远非埃及金字塔所能比。

秦始皇帝陵是中国第一座皇家陵园，在中国近百座帝王陵墓中，以其规模宏大，埋藏丰富著称于世。1956年陕西省人民政府公布其为省级重点文物保护单位。1961年，被中华人民共和国国务院公布为第一批重点文物保护单位。1987年，联合国教育、科学文化组织把秦始皇帝陵列入世界文化遗产保护目录，成为全人类共同的财富。2002年秦始皇陵荣膺国家AAAA级旅游景区。

五、明十三陵

举世闻名的十三陵，是明朝十三个皇帝的陵墓（见图9-6）。坐落在北京西北郊昌平区境内的燕山山麓的天寿山。据京城约五十公里，总面积一百二十余平方公里。这里自永乐七年（1409年）五月始作长陵，到明朝最后一帝崇祯葬入思陵止，其间230多年，先后修建了十三座金碧辉煌的帝王陵墓、七座妃子墓、一座太监墓。共埋葬了十三位皇帝、二十三位皇后、二位太子、三十余名妃嫔、一位太监。是当今世界上保存完整埋葬皇帝最多的墓葬群。2003年明十三陵被列入《世界遗产目录》。世界遗产委员会评价：明清皇家陵寝依照风水理论，精心选址，将数量众多的建筑物巧妙地安置于地下。它是人类改变自然的产物，体现了传统的建筑和装饰思想，阐释了封建中国持续五百余年的世界观与权力观。

图9-6 明十三陵

明朝历经十六帝，为什么叫十三陵呢？这要追述一下明朝的历史。明朝开国皇帝朱元璋，建都于南京，死后葬于南京钟山之阳，称“明孝陵”。第二帝朱允文（建文帝）因其叔父朱棣以“靖难”（为皇帝解除危难）为名发兵打到南京，建文帝不知所终。有人说出家当了和尚，总之是下落不明（这在明朝历史上是一个悬案），所以没有陵墓。第七帝朱祁钰，因其兄英宗皇帝被瓦刺所俘，宫中无主，在太后和大臣的旨意下即了帝位。后英宗被放回，在心腹党羽的策划下，搞了一场“夺门之变”，英宗复辟，又做了皇帝。朱祁钰被害死，英宗不承认他是皇帝，将其在天寿山区域内修建的陵墓也给捣毁了。而以“王”的身份将他葬于北京西郊玉泉山。这样，明朝十六帝有两位葬在别处，一位下落不明，其余十三位都葬在天寿山，所以称“明十三陵”。

明十三陵，既是一个统一的整体，各陵又自成一个独立的单位，陵墓规格大同小异。每座陵墓分别建于一座山前。陵与陵之间少至半千米，多至八千米。除思陵偏在西南一隅外，其余均成扇面形分列于长陵左右。这种依山建陵的布局也曾受到外国专家的赞赏，如英国著名史学家李约瑟说，皇陵在中国建筑形制上是一个重大的成就，它整个图案的内容也许就是整个建筑部分与风景艺术相结合的最伟大的例子。他评价十三陵是“最伟大的杰作”。他的体验是“在门楼上可以欣赏到整个山谷的景色，在有机的平面上沉思其庄严的景象，其间所有的建筑都和风景融汇在一起，一种人民的智慧由建筑师和建筑者的技巧很好地表达出来。”英国城市规划家爱德蒙·培根也高度评价了明十三陵的艺术成就，他认为“建筑上最宏伟的关于‘动’的例子就是明代皇帝的陵墓。”他指出，依山而建的陵墓建筑群的布局“气势是多么壮丽，整个山谷之内的体积都利用来作为纪念死去的君王。”他们形象生动地描绘了明陵建筑与自然景观的有机结合，从而高度赞赏了我国古代劳动人民的聪明才智。

十三陵从建成到现在已有四五百年了，是历代帝王陵寝建筑中保存得比较好的一处。而且建筑雄伟，体系完整，历史悠久，具有较高的历史和文物价值。新中国成立后，党和政府为了保护这一文物古迹，从解放初期就开始进行维修，并将十三陵作为全国重点文物加以保护。1957 年，北京市政府公布十三陵为北京市第一批重点古建文物保护单位。1961 年，十三陵被公布为全国重点文物保护单位。1982 年，国务院公布八达岭—十三陵风景区为全国 44 个重点风景名胜保护区之一。1991 年，十三陵被国家旅游局确定为“中国旅游胜地四十佳”之一。1992 年，十三陵被北京旅游世界之最评选委员会评为“是世界上保存完整埋葬皇帝最多的墓葬群”。

明代十三陵，坐落于昌平境内，离北京城五十千米。沿八达岭高速公路北行，驱车约需四十分钟。明代时，于途中的沙河镇北，建有七孔石造“朝宗桥”。在镇东，则筑有壮丽的“巩华城”。该城原为嘉靖皇帝祭陵时中途休息的行宫，现仅存遗址。十三陵地处东、西、北三面环山的小盆地之中，山明水秀，景色宜人。明代术士认为，这里是“风水”胜境，绝佳“吉壤”。因此被明王朝选为营建皇陵的“万年寿域”。该陵园建于 1409—1644 年，距今已有 300～500 年历史。陵区占地面积达 40 平方公里，一共埋葬有明代的 13 个皇帝和 23 个皇后，以及众多妃嫔、太子、公主和从葬宫女等，这是我国乃至世界现存规模最大、帝后陵寝最多的一处皇陵建筑群。十三陵作为中华民族古老文化的一部分，与陵区自然景观交相辉映，形成一处风景优美文化内涵深刻的旅游胜地。

六、清帝陵

清帝陵分为东西两处。东陵在河北遵化县马兰峪，外围至少有 500 多里。埋葬着五个皇帝，15 个皇后，136 个妃子。各陵以顺治的孝陵为中心，分布在东西两侧。皇帝与后妃分陵而葬，不像明代那样合葬一穴。西陵在河北易县梁各庄附近，周围大约一百七八十里，葬着四个皇帝，九个皇后，27 个妃子。以雍正的泰陵为中心，东陵和西陵周围都有面积广大的绿化区，陵区内布局整齐划一，讲究对称和均衡。陵丘形制都像高桩馒头，外面绕有一圈围墙，前有琉璃影壁一座，通往地宫的隧道就在这下面，不像明帝陵的入口那么隐秘。清帝陵不但地面和地宫建筑富丽豪华，而且还有大量珍贵的殉葬品，乾隆和慈禧的陵寝最为奢侈。所以从 20 世纪初开始，这里就不断遭到抢劫。八国联军抢走了东陵所有的金银祭器以及西陵地面上一切值钱的东西。清王朝覆灭后，封建军阀又盘踞在这里大肆盗窃文物，甚至连绿化区内的松柏都全部砍光。1928 年，东陵发生了由军阀孙殿英指挥的盗陵大案，乾隆帝的裕陵和慈禧陵被炸开，地下殉葬的财宝被抢劫一空。1952 年，东陵又发生一次盗陵事件，同治帝的惠陵受到严重破坏。现在陵园经过多次修缮和清理，已开放了乾隆帝的裕陵和慈禧陵的地宫，供游人参观。

思考与练习

1. 为什么说："灵魂不灭的观念，促使了丧葬习俗的产生、形成、发展，反过来丧葬习俗又使灵魂不灭的观念得到进一步发展"？

2. 简要说明丧葬与宗教的关系。

3. 移风易俗，怎样破除丧葬中的迷信思想？谈谈你的看法。

第十章 禁忌文化

学习目标

禁忌，是各民族普遍存在的一种文化现象。它存在于各民族的生活当中，衣食住行，婚丧嫁娶，娱乐游戏都存在禁忌。禁忌，还是一种历史悠久的传统文化现象，从远古直至今天，禁忌的观念在人们的灵魂中始终都未完全退出，可以这么说，哪里有人群，哪里就有禁忌。随着新的社会文化的交流，新的禁忌又在不断的产生。通过本章的学习，大家主要达到以下目标：

1. 熟悉禁忌的基本知识。
2. 熟悉出行中的禁忌。
3. 熟悉少数民族禁忌。

第一节 禁忌的由来

一、什么是禁忌

禁忌，在民俗学中称为“塔布”（英语 tabu 或 tadoo 的音译），其意是为了避免招致惩罚和危险，而在观念、语言和行为上对人们的约束。

在汉语中，“禁忌”一词早在汉代典籍中就已经出现。“臣生长草野，不晓禁忌，披露肝胆，书不择言。”（《后汉书·朗频传》）“禁”就是禁止、限制；“忌”就是忌讳，也就是因害怕或厌恶而对某些言语、行为有所顾忌。在“禁忌”这个合成词中，偏重的是“忌”。“入境而问禁，入国而问俗，入门而问讳。”（《礼记·曲礼》）可见在当时“禁”指的是在法律意义上的社会限制形式，更多的在于对他人的限制，而“讳”（忌）则是属于民间的一种抑制自我的习惯。实际的情况是先有“忌”，而后“禁”。

禁忌，是属于风俗习惯中的一种观念，它与法律和道德意义上的“禁止”是不一样的。法律、道德意义上的“禁止”是意志上的强加和观念上的强求，而禁忌是一种自觉自愿的自我抑制，它是建立在共同信仰的基础之上的。法律、道德意义上的禁令来自于统治阶级，是社会的禁制形态，禁忌则是普遍存在于民间的，是民间在自然状态下的自我禁制形态。

禁忌代表了一个民族约定俗成的禁约力量，是一种心理意愿上的自我限制。

二、禁忌的由来

关于禁忌的由来，弗洛伊德在《图腾与禁忌》一书中将其归结为：灵力、欲望、仪式三个方面。以后的研究者又增加了：教训。

1. 灵力说

灵力说认为禁忌起源于对灵力的崇拜。人们认为最具灵力的当是鬼神。当洪旱等自然灾害发生、瘟疫疾病流行，迷信的人无法解释这种现象，便以为这是鬼神在作祟，为了来年的风调雨顺和身体安康，生怕触怒鬼神，因而在言语行为上便产生了禁忌。“有些禁忌是从鬼神崇拜中产生的，人们知道有所触犯，也被认为要受到鬼神的报复。”（朱天顺《原始宗教》）温德特说，禁忌虽随着时间和空间而造成了无数的变异，但它们的起源只有一个而且仅有一个，即“当心魔鬼的愤怒”。这些可以看做是典型的灵力说了。神化了的人或物也是具有灵力的。前者如赵公明（财神），人们幻想着发财，便生怕在言语和行为上冒犯了赵公明，惹财神爷不高兴，断了财路，便产生了关于财神爷的种种禁忌。后者如傣族的“神树”，傣族人忌在神树上拴马和在神树下大小便，也是怕冒犯了神树而受惩罚。灵力说的观点是从人类信仰发展史方面阐述对禁忌的认识的。

2. 欲望说

“欲望说”是弗洛伊德从心理学方面对禁忌来源所进行的解释。“欲望”是人的本能要求，但我们不能“随心所欲”，要对欲望进行某种抑制。比如：“食”、“色”是人之大欲，但如果“纵欲”而无节制，便会伤身。这种对欲望的抑制便是禁忌的根本来源。

3. 仪式说

仪式说体现的是一种社会的制约作用，为了确保仪式顺利圆满地完成，便会有一些规定来制约人们的行为。这些规定时间一久，就成了一种约定俗成的禁忌。

原始社会最隆重最庄严的仪式当属祭祀，祭祀中的禁忌也是最多的。从参与祭祀的人到祭祀的时间、地点、祭器、祭品等都有严格的规定，不得违犯。此外，像婚仪、丧仪中的禁忌都是不能违犯的。靠仪式规定的禁忌是人们必须无条件服从的。

仪式的规定往往会带有某种随意性，有时候，部落首领或者神权的代表人物（巫师等）“有权宣布任何事物为禁忌”。而一旦禁忌形成之后，就具有了“不可抗拒的约束力量”。人们往往出于社会化的需要，并不去认真考察它的合理性，而只是绝对服从，而且它还将依靠社会的、宗教的、宗法的权威意识，以强制的方式传承下去。

4. 教训说

教训说是从认识论方面对禁忌的由来进行解释的。教训是从失败中获取的认识，但在人类的早期时候，由于人类的愚昧和科学不发达，这种认识往往是不正确的，而由于不正确的认识，就形成了对一些偶然因素的误解，由误解而得出的教训就形成了禁忌。某人正月初七这天要出远门，可刚出门不久，便生病了，只好折回来。后来正月初七这天便成了出行的忌日。这个禁忌是从前一次出门失败而得到的教训。有个人打牌时坐在西边的位子输了钱，第二次坐在西边又输了钱，从此他认为自己忌坐西方，他是从前两次的失败中总结了教训，而得出了忌讳。这类禁忌和犯忌之后的恶果并无任何内在必然的联系，纯粹是一种“神秘的心理”在作祟。

在这类禁忌中“教训”的总结和证据是不着边际的，它的思维方式是不科学的，最易使人落入迷信的窠臼。

三、禁忌体系

禁忌的体系可以分为三个部分：预知系统、禁忌系统和禳解系统。

1. 预知系统

一切禁忌都是建立在预知信仰的基础之上的，在中国，主要的预知信仰是占卜，先卜后占。

卜，即卜筮。卜是将龟甲用火烧裂，其呈现出的纹状预示着将要发生的征候；筮是用蓍草预知吉凶，《史记·龟策列传》云：“决定诸疑参以卜签，断以蓍龟”。后来，卜筮就统指各种谋求兆示的仪式了。

占，也称断，也就是占验。“占者，视兆所知吉凶也”。（《尔雅》）也就是说，占是通过观察卜筮的结果，然后断定吉凶。吉凶一经判定，预知系统的使命便完成了。剩下的便是由吉凶的信仰而导致的禁忌。

2. 禁忌系统

禁忌系统的任务是在灾厄未降临之前，禁止某些语言和行为，使灾厄不再降临。既然是“禁止某些语言和行为”，所以它在外观上通常是无所表现的，是无行为的。禁忌其实是一种心理反映过程，某种因恐惧、忧患而希望回避的情绪和要求。

当预知出灾厄时，人们便要想办法避开灾厄。最常见的是巫术，民间通常都是请巫师驱鬼（降神）。禁忌也是巫术的一种，只不过是一种消极的巫术，是以消极的无行为的方式避开灾厄的一种巫术。

禁忌崇信心灵感应，笃信“心诚则灵”，“精诚所致，金石为开”。

3. 禳解系统

这里的禳解系统指的是在预知凶祸后，虽然采取了禁忌的手段，但却仍未能阻止凶祸时采取的进一步措施，是禁忌的重要补充手段。这里有两种情况：一种是明知是凶，但必须去做，就要想法规避凶险，在行事之前想法禳解。这种事前设防的禁忌禳解，其目的在于“防患于未然”，这是用一种超自然的灵力来抑制另一种超自然的灵力，使原本为禁忌的事物不成其为禁忌。另一种是犯了忌的补救措施。当人们将要去冒犯禁忌或知道自己无意中犯忌之后，总是千方百计要求解脱。弗洛伊德说：“如果它们（禁忌）遭受破坏，不管是有意还是无意，则对于魔鬼的报复必须加以躲避或转移。”这种补救和规避措施，民间又称之为“破法”。

“破法”一：利用“灵物”驱邪。麒麟、凤凰、狮子、老虎等灵兽的图像据说有驱邪的能力，民间常常把这些动物的图像贴在墙上、门上或用来制作成童衣、童帽、童鞋上的装饰物，相信如此依靠这些兽类的保护就能够免灾除祸，给人们带来好运。在大门两旁摆一对石狮子以避禁忌，是一种非常普遍的现象，佛经以狮子吼比喻佛祖讲经，声震世界。随着佛教的传入，具有法力的狮子形象也就逐渐为我国人民所熟悉，并普遍作为驱逐禁忌保佑平安的神兽。民间有习俗，小儿换牙时，上牙床掉下的牙要扔到床底下，下牙床掉下的牙要扔到房顶上。这是因为牙是“身之宝”，它可以护身、护宅。“桃符”是民间最流行的一种驱邪避忌方法。早在汉代，人们就采用桃符化解禁忌，他们在一块长方形的桃木板上雕刻一些符号，并绘上色彩，写上咒语，在每年的仲夏，即农历五月，挂于门上。后来又发展到春节时在门上挂桃符。

“破法”二：利用符咒驱邪。简单一点的请巫师在黄裱纸上画一些符号贴在有邪魔的地方或妖魅经过的地方。复杂一点的就要请巫师跳大神。

“破法”三：祈祷。通过乞求的手段，例如烧香、磕头、上供朝圣等，向鬼神献媚、致敬、许愿、哀求，使鬼神怜悯而不再降祸于人。常见有些人犯忌后会念叨“菩萨保佑”或念“阿弥陀佛”。

此外，民间还有一些临时的简便的禳解方法。比如节日小孩说了不吉利的话，就会说“童言无忌”；自己有时讲了犯忌的话，就会连吐几口唾沫“呸、呸、呸”，有的还会骂自个“臭嘴巴”。湖南株洲一带若有人打破了碗，主人常会说“打发、打发”。“姜太公在此，百无禁忌”更是家喻户晓的禳解办法。

第二节　禁忌的特征、性质和功能

一、禁忌的特征

1. 基本特征

具有“危险性”和“惩罚性”是禁忌的两个最基本的特征。

危险性　因为具有危险性，人们才怕犯忌，而这种危险性与禁忌的事物具有的灵力的大小成正比，灵力越大危险性就越大，反之就小。得罪了小鬼，只是“难缠”，而得罪了阎王，就有性命之忧。

禁忌的危险性是可以传递的。通过传递，可以使非禁忌物成为禁忌物，也可以使禁忌物成为非禁忌物。最典型的是鲁迅小说《祝福》中的祥林嫂。祥林嫂结过两次婚，被鲁四老爷认为是“不干净的人”，禁忌她在祝福时拿祭品，“否则，祖宗是不吃的”。后来，柳妈告诉她可以到土地庙捐个门槛，找个替身，将来死了到了阴间，两个死鬼男人就不会争了，同时自己也干净了。

惩罚性　凡是违犯禁忌的，都要受到惩罚。这种惩罚有时马上兑现（俗称“现世报”），有的是死后报，或惩罚其家人（俗称“身后报”），有的是死后在阴间遭受惩罚（俗称“冥间报”），还有的是转世投胎之后受到惩罚（俗称“转世报”，或称“轮回报”），总之，惩罚终究是要来临的。

惩罚的力度与被惩罚者所具备的反灵力的大小成反比，即反灵力越弱的，受到的惩罚就越重，反之就越轻。

禁忌的惩罚作用永远是机械的、不加分辨的。无论犯忌者是有意还是无意都同样要受到惩罚。

2. 一般性特征

禁忌除了两个基本特征外，还有原始性、神秘性、传承性等一些一般性的特征。

原始性　禁忌多产生于原始社会。原始社会生产力低下，科学不发达，人们对自然界发生的许多现象无法进行解释，而蒙昧的思维水平、万物有灵的思想观念使他们把这一切都归因于一种冥想中的超人力量。先是恐惧，害怕受到这种超人力量的惩罚，制定种种禁条来约束众人；后来是信奉、尊崇，也制定种种禁条约束众人，向这种超人的力量讨好，使之降福于人，比如祈雨。

神秘性　在原始社会因为很多东西太神秘，太难以理解，才产生了种种禁忌。而后来产生的禁忌，一方面是对一些自然现象无法予以科学的解释而变得神秘，例如鬼火（磷火）。另一方面是人们对事物之间的因果关系自觉不自觉地加以歪曲理解，因而也避免不了神秘性和不可理解性。例如，人们每当小孩说了不吉利的话，就要说一声“说破不灵”以禳解，至于为什么要这么做，却是知其然而不知其所以然。

传承性　禁忌源于原始文化，但并没有随着原始社会的解体而消失，反而随着社会的发展变得越来越多，涉及的面也越来越广，衣食住行、婚丧嫁娶无所不在。很多禁忌是因为人们的认识水平的低下而产生的，但它们并未因为后来人们认识的提高而消失，仍然顽强地存在于人们的观念里。比如在有的地方忌小孩吃鸡爪子，认为小孩吃了鸡爪子将来写字不好看，不会读书。尽管人们觉得这禁忌没有科学依据，但在日常的生活中还是会遵从这些禁忌。一些新的禁忌往往承袭了旧的禁忌的神秘性而在人们的心理或精神上形成了很强的支配、控制作用。这种支配、控制作用保证了禁忌得以代代相传。

二、禁忌的性质

禁忌具有先验、消极、迷信的性质。

1. 先验

禁忌产生于人们认识活动的某种偏差，因而作为一种观念形态，它的形成是有经验的过程的。当它被约定俗成后便具有了“先验”的性质。它总是无来由的把某种未经实践证明的事情说成是危险的。“禁忌的性质就是不依靠经验就先天地把某些事情说成是危险的。”（恩斯特·卡西尔《人论》）

禁忌的先验性具有警示作用。有这样一个故事：渔民一家在吃饭，桌子上有盘鱼，上面的一边刚好吃完了，要吃下面的一边，孩子说：“把鱼翻过来。”父亲给了孩子一巴掌，这天，渔民没有出海。禁忌是在危险（也许这种危险根本就不存在）发生之前的一道禁令，它提醒人们不做某些事从而避开某种危险。

禁忌的先验性使禁忌在传承过程中表现出强迫性和盲目性。禁忌形成后，后人只须恪守，不必问为什么，也不会问为什么，因为这是“祖先留下来的东西”。土家族忌在每月初五、十五、二十五下田耕作，年复一年大家就这么遵循着这个禁忌，谁也没有去探究其原因。

当人们的认识提高后，会觉得有的禁忌很可笑，认为完全没有必要。这是人们的认识否定了禁忌的先验，这样某条禁忌就被否定而消失了。像“男女不同席”这类禁忌，想来现在是不会有人去遵守了。

2. 消极

禁忌是以制止和抑制的方式回避矛盾和斗争的。它警告要提防危险，但绝不指导如何去战胜危险，而只是一味地发出禁令，要求回避、要求退让。在稳定社会方面，虽有一定的作用，但在推动社会向前发展方面，主要还是消极的作用，是社会向前发展的障碍。最具讽刺意味的要数赵树理的小说《小二黑结婚》里的二诸葛，因为“不宜栽种”而误了农时。

3. 迷信

我们在谈到禁忌的由来时，提到了灵力说，在谈禁忌的基本特征时谈到了它的原始性、神秘性，还有上面说的先验性和消极性都证明了禁忌具有迷信的性质。这里不再赘述。

三、禁忌的功能

禁忌主要有三个功能，即自我保护功能、心理麻痹功能和维护社会秩序的功能。

1. 自我保护功能

禁忌既然具有危险和惩罚的特征，人们为了规避危险和免受惩罚就必须实施自我保护，不犯忌就能达到自我保护的目的。深夜在外行走，忌答应别人的呼叫，害怕被鬼拘走了真魂。出行在外，忌露白（财），防遭人抢劫。这些禁忌的目的就是为了保护自己。禁忌就像一个警铃，铃声一响，提醒人们行事必须小心谨慎，万勿犯忌，否则将受到惩罚。

2. 心理麻痹功能

某部落中有一人坠崖而死，部落里的人将一只羊从死者坠崖的地方推下去，羊摔下去后死了，于是部落中的人便认为死者有了替死鬼，灵魂得到了超度，部落里再不会有人坠崖而死了。在这个禁忌里，人们认为可以遇难呈祥的心理得到了满足，弥补了人死后所引起的恐惧。

禁忌被人们视为是改善环境、遇难呈祥、获得理想效果的有效手段。某单位的大门朝向东北，而该单位接二连三地出了一些不幸的事，后来，领导听从别人的建议，把大门改了方向，希望那些不幸的事不再发生。这个禁忌在某种意义上讲满足了领导者精神上的需要，使他们忧虑的心理得到了弥补。如果歪打正着，则麻痹的功能更强。

3. 维持社会秩序的功能

在原始社会，部落首领主要是依靠禁忌来约束部众。比如部落首领将狩猎得来的猎物存放在某个山洞，为了防止部落中的人去偷盗，部落首领便向部众宣布这个山洞具有魔力，如果不会咒语自行进去便会有灾难临头。可以这么说，禁忌是原始社会唯一的约束力。在阶级社会里，统治阶级主要是依靠典章制度来维持社会秩序，但禁忌在这方面的功能并未消退，尤其在民间仍起着很重要的作用。

第三节　汉族出行禁忌及少数民族禁忌

一、汉族出行禁忌

中国人是很看重家的，对出行一向很谨慎。“父母在，不远游”，“游必思归”都体现了对家的重视。所以中国人在出行前有许多准备，在旅途中有诸多禁忌。

1. 行前准备

祭神　古时候，人们认为，人在旅途中的安全是由路神（亦称道神、行神）掌管着的。路神是谁，说法不一。有说是共工之子修的，也有说是黄帝之子嫘祖的。为了保证旅途平安，出行前便要祭祀路神，使之不作祟，使人能够化险为夷。“自天子至庶人，莫不咸用”，可见祭祀路神是非常普遍的一种行为。而祭祀时又有很多禁忌，比如，离家外出的人在祭祀路神时，忌戴孝之人参加，恐冒犯了路神。除了祭路神，还要祭日月神。“在家不敬月，出门招风雨”出门要祈求日月神的保佑。

择方向　“游必有方”讲的就是出门要择方向。古时出远门，先要占卜，看宜不宜去某个方向，如果卦上显示“东南，凶”，那么就不能往东南方去。实在要去，就只能改日。民间有谚语云“老不上北，少不下南”，“老不入川，少不游广”，“老勿走新疆，少勿走苏杭”，讲的都是出门要择方向。

择时间　旧时出行要选黄道吉日，黄道吉日在黄历上有记载，例如 2007 年 2 月 24 日（丁亥年正月初七）“忌出行”，又如 2007 年 3 月 10 日（丁亥年正月廿一）“宜出行”。元旦（初一）是出行大忌。民间还素有“七不出门，八不归家”的说法。民间有一种“杨公忌”是专门避忌出门的日子的。具体为：正月十三、二月十一、三月初九、四月初七、五月初五、六月初三、七月初一和二十九、八月二十七、九月二十五、十月二十三、十一月二十一、十二月十九。此外，各地民俗不一样，忌的时间也不一样。山东一带忌初五、十五、二十五出门；河南虞城一带有“要出走，三六九；要回家，二五八”的说法；萧县一带则是“三六九，向东走；二四七，向正西。”出行除了忌日子，还有忌月的。谚语云：“六月、腊月出门，神仙也遭难。”《清稗类钞》载：“官吏上任及人民移家，每忌正、五、九月。”据说是这些月份当“至尊之位”，故人皆避之。

避凶兆　出门前若遇上凶兆，则要避之。比如，出门前如果和人争吵是不吉利的，因为争吵，出外则心绪不宁，容易出事；如果吃饭时噎住了，暗示路塞；如果打碎了碗，或折断了筷子，那更是大忌，是不详之兆，一般都会终止出行。

2. 途中禁忌

忌露财　俗语说，“出门不露白，露白会失财。”一定要“财不露白，货不离身。”但是在途中又要舍得花钱，忌吝啬。俗语云：“穷家富路。”路途遥远，舟车劳顿，不比寻常在家，“在家千日好，出门一时难”，如果舍不得花钱，损伤了身体就不划算了。

忌走夜路　走夜路一怕受鬼祟惊吓，二怕受强贼抢夺，总之不安全的因素太多。万一非走夜路不可，忌答应别人的呼叫，也不能回头看，民间以为这可能是鬼魅在试探，人名为人体的一部分，若答应了，灵魂便为鬼魅所逮，人将遭不测。

忌与女人同行　旧时由于男尊女卑思想的影响，妇女往往被视为不洁之物，看成是灾祸的象征，避女人成为避邪的一个重要原则。舟山群岛一带忌讳与女人同坐一条船，俗语说：“妇女坐船船要翻，妇女下海海要荒。”尤其忌讳七男一女乘船出海，这类似“八仙过海”，怕惹恼了海龙王，会翻船的。行旅途中，男子绝对不可以从女子的胯下通过，即使是女子晾着的裤衩也不行。

忌遇丧事　若遇之，则将衣帽脱下，扑打几次，以为破解，俗谓“散晦气”。

饮食禁忌　吃饭时不能先喝汤，不要端着碗喝汤，要用匙，不要泼了汤，不要失落了筷子，不要打破了碗。“出门千里，不吃枸杞”，枸杞为补肾强壮药，这条禁忌谚语含蓄地告诫男子，出门在外要注意控制自己，忌拈花惹草、寻花问柳。

旧时的这些禁忌有的是迷信，有的则是因为当时的交通和通信不发达而形成的，有的是在今天也应该避忌的。

二、少数民族禁忌

20世纪90年代开始，中国的旅游业发展非常快，尤其是少数民旅地区的旅游，像云南的大理、丽江，湖南的张家界，四川的九寨沟可以说是游人如织，西藏铁路开通后前往西藏旅游的人一天比一天多。旅游的形式也呈多样化，有团体游，也有个人游。无论是团体游，还是个人游，都应当了解和遵守当地的习俗，不要触犯他们的禁忌。下面介绍一些主要旅游景点的少数民族的禁忌。

1. 藏族

交往中，忌直呼其名；行路时，忌抢道；在室内忌男女混坐，规定是男坐左，女坐右，坐时忌双脚伸展脚底朝人；室内忌吹口哨，忌在人后吐唾沫，拍巴掌；忌在众人面前放屁；忌妇女在人面前闪抖裙子。饮食时，忌把碗和茶具扣着放置。在寺院，忌随便触摸佛像。

如果你是在藏历新年期间到西藏旅游，则要注意不能吃水饺、包子等肉馅食品；不准与人争吵，不准说“空”、“没有”、“病”、“杀”、“穷”等不吉利的语言；忌向别人借东西，忌打破碗、碟等器具。

进寺院大殿前，要脱帽，忌携带刀枪及大蒜；忌摸寺院内的各种佛像、经书、法器；到寺院朝拜只能上午去，不得下午去朝拜；在神湖和神泉里不能乱抛东西，更不能洗衣及洗不洁之物，要饮水只能双手捧水而饮；忌用食指指点佛像，应五指并拢，掌心向上，以示崇敬；进寺院大殿经堂或家里经堂时，不得吸烟。家中佛坛不允许别人乱摸，也不得随便指问；老年妇女不食当天宰杀的肉食；吃奶渣或酸奶时，忌用筷子，忌烧奶渣吃；主人及客人在火塘上首位置就坐，只能盘坐或跪坐；不准随便跨越火塘；不准在神龛上放杂物；在长辈、尊者及父母面前，忌讲丑话脏话；在家中忌讲不吉利的话，特别是喜庆佳节；家中有危重病人或家庭不顺，户外插青枝柏叶或石头上放有红线，或用石压刺，以示谢绝客人；忌以污言秽语骂人；忌用不吉利的语言骂牲畜；不打杀鹤、雁、鹰、雕、乌鸦、家狗、家猫等；雨季，忌在高山上砍伐木材或高声喊叫。

2. 土家族

忌在室内吹口哨和敲锣打鼓，因为这是死人的象征。客人不能与少妇坐在一起，但可以和姑娘坐在一条长凳上。不要随意移动土家人火炕中的三角架，一年中只能在年三十那天移动。忌在吃饭时端着碗站在别人背后。姑娘与产妇不能坐在堂屋门槛上；男女同路，女人要走后面。

3. 彝族

最忌的是别人叫他们“老彝胞”和“盘子”，认为这是对他们最大的侮辱；彝族男子头上都蓄有一蓬头发，这是他们最神圣的地方，忌讳别人用手触摸；忌对婴儿用“胖”、“漂亮”、“重”之类的赞词；忌夜间吹哨；不论男女，忌跨火塘；禁妇女跨越男人。

祭祀是彝族人重要的仪式，忌妇女观看，更忌汉人去看，忌讲汉话。

4. 蒙古族

骑马到蒙古族的蒙古包时，要将马鞭放在门外，入包后坐右边，忌坐西北角；离包时走原路，待送你的主人回去后再上马；如果看到蒙古包门外右侧缚有绳子，并且一头埋在地下，请不要进去，主人这是在告诉外人，包里有病人不能待客。

主人敬茶时，客人应欠身双手去接，接受他们的礼物时，身子要稍屈，伸出右手或跪下一腿去接受。禁止有不敬长者的行为。

忌坐蒙古包的西北角，忌把脚伸向西北方；忌用烟袋和手指指人头；不能在火盆上烤脚。

5. 维吾尔族

禁止穿坦胸露背的衣服及过于短小的衣服，反感穿背心短裤在室外活动和做客；禁止在公众场合放屁。

忌凝视，维吾尔人认为人们忌羡他物或忌妒贤能的眼光，具有某种超自然的恶的力量，会给所喜爱的人、物或所从事的事业带来种种不利，如凝视人家漂亮聪明的孩子，会使这个孩子遭到某种不幸。因此，如果你在巴扎（自由市场）购物，千万不能看了很久又不买。

禁食猪、狗、驴、骡肉和猛兽猛禽的肉，忌食未经杀而自死的动物的肉，也禁食所有动物的血。这些禁忌源于伊斯兰教，现已演变为生活习俗。

忌践踏粮食、咸盐及各种食物，否则会遭到报应，不是日后变成乞丐，就是双目失明，永远生活在黑暗里；不能朝咸盐和火吐唾沫。忌踩或跨“亚拉克”（倒泔水的地方），认为这种地方有饭粒、馕渣和盐水，而这些都是“圣物”，否则会带来厄运，遭到各种磨难。

新疆人待客和做客有许多讲究。忌踩餐布或从餐布跨过。客人不可随便拨弄盘中的食物，不能嗅食物，不能随便到锅灶前去，不能随便揭看锅盆等炊具。尽可能不剩食物于碗中。不能将饭粒落地，万一掉到地上，要拾起来放在餐布上。要把碗中的饭吃干净。吃馕或馒头时，要将馕或馒头掰开吃，不可整吃。吃完饭后不能敲碗碟。做客时，如有事要离席，不能从人前走，必须从人后走。吃完饭祈祷时，禁止东张西望、嘻笑和起身走动。客人不能随便借翻主人家的东西，不能在主人的房子里来回走动。

饭前饭后要洗手，洗完手后不能乱甩手上的水珠，必须用毛巾擦干。不能坐在装有食物的箱子、麻袋和装有盐的袋子和做饭用具上。吃饭或与人交谈时，最忌讳吐痰、擤鼻涕、挖鼻孔、掏耳朵、剪指甲、挠痒等，否则被人认为是失礼的行为；在屋内炕上坐下时，不能双腿伸直，脚底朝人；接受或奉送礼物、茶饭碗时要双手，单手接受或递送物品被视为缺乏礼貌；家里有客人时不能扫地。作客时，应听从主人的招待，如实在不想吃东西，也要尝一口，以示尊敬，不能完全拒绝。主人给客人倒茶时，客人应双手捧起碗，不能为了表示客气接过茶壶自己倒。

忌讳别人当面赞美自己的孩子，尤其不能用“胖”、“漂亮”、“胃口好”等之类的词句；不论是亲戚还是朋友，忌讳一进屋就去抱主人家的孩子，尤其忌讳远道而来的客人去抱，认为这样会使小孩受惊生病。

不能在清真寺或麻扎（坟场）喧哗或谈论与此无关的内容。不能朝着太阳、月亮大小便，不能往水里撒尿，不能朝天空吐唾沫，清晨未洗脸前不能看太阳等；不能踩拔庄稼和小草，尤其是不能往庄稼和草上大小便。

认为星期二、星期五上路不吉利，会遇到倒霉的事。

6. 傣族

傣族的每个寨子都有佛寺，进寺要脱下鞋子和袜子。妇女进寺，只能到规定的地方或可以去的地方，忌任意走动。忌随便敲打佛寺里的鼓。看见小和尚时，忌摸他的头顶。

参加傣族人的典礼，只能是男客招待男客，女客招待女客，忌异性招待。

旅游路过傣族人的寨子，如果他们在祭寨，切勿进寨，因为傣族人祭寨时，忌外人进去。即使是寨里的人要出来，也必须等祭寨完毕。进入傣家竹楼时，到楼口要脱鞋子，进门后脚步要放轻，忌用脚跺楼板。房子内的中柱，楼上的一端忌挂东西，楼下的一端忌拴马。在傣族人家作客，要注意不要从火塘上面跨过；不要移动火塘上的三角架；不要剪指甲；不要吹口哨和玩乐器，他们认为口哨声和乐器声会招来鬼魂。

傣族人特别崇拜“神树”，忌在神树下拴马和大小便；忌随便移动和触摸摆在神树下的祭品。

7. 白族

门槛，是白族人认为很神圣的地方，忌坐踏或站立在门槛上，尤其忌用刀砍门槛，或在门槛上砍东西，否则会遭灾厄；访友或探望病人，不要在上午，以下午和晚间为宜；年节或正月初一这天，不能到别家串门；斟茶只能斟半杯，喝完再续，斟满杯茶端给客人，被视为不礼貌；妇女分娩，忌外人上门。

吃完饭，要把筷子规规矩矩放在自己的碗边，不能乱丢乱放，意为感谢主人款待。

8. 壮族

在壮乡旅游，如果看见有人家的门上挂有草帽，那么请不要进去，这是在告诉你，这家人有产妇，忌外人入内。

在壮族人家里作客，不要随便用手指指人，这会被人认为是不懂礼貌的粗鄙举动。如果你想显得勤快点，帮忙扫扫地，记住，扫地时必须朝门内的方向扫，如果朝门外的方向扫，认为会把财宝扫出大门，不要坐在门槛中间；吃饭时，不要用嘴吹凉碗里的饭，更不要把筷子插在碗里。

思考与练习

1. 禁忌有哪些特征？
2. 你的家乡在过节时有哪些禁忌？
3. 禁忌对生活有哪些影响？

第十一章 民间传说

学习目标

民间传说是民间文学百花丛中的一朵奇葩，在旅游文化苑中开得最为灿烂，旅游景区的许多奇山异石，花草树木都有着美丽的传说。游客在旅途中一边游山玩水，一边听导游讲着娓娓动听的传说，在游山玩水中有所感悟，有所收获。通过本章的学习，大家主要达到以下目标：

1. 熟悉民间传说的特征。
2. 熟悉民间传说的类型。
3. 熟悉在中国流传广泛、影响深远的民间传说。

第一节 民间传说的特征

一、什么是民间传说

民间传说是在民间世代相传的关于某人、某事、某物的口述性故事。它不是文人创作的，是由民众集体创作的。一开始，可能不那么精彩，但在长期的口头流传的过程中经过不断地加工、完善，情节变得越来越曲折，人物越来越丰满，故事性越来越强。我国有着丰富的民间传说，千百年来在老百姓中流传，并与老百姓的生活方式融合在一起。民间传说娱乐了一代又一代人，教育了一代又一代人，也把我们民族的文化习俗一代代传承下去。

传说作为民间文学中的一种，具有民间文学的一些共性，即口头性、集体性、传承性和变异性。

(1) 口头性，即口头创作，口头传承的特性。这是民间文学最显著的特征，也是民间文学区别于作家文学的基本特点，所以民间文学又可以称之为“口头文学”。传说也是依靠民众口头传承的一种文学式样，在被文人用文字记录下来之前，它一直存在于讲述者的口述和听讲者的耳闻之间，也可以说它是一种口耳相传的文学。讲述者凭借自己的记忆力，根据现场情景来讲述传说。

(2) 集体性。作家的创作是个人的写作，而传说则没有明确的作者。一个传说，最初只是一个人在讲述，由于情节和人物有趣，其他人受到影响，也开始讲这个传说。在讲述的时候，人们往往根据自己的生活经验，对传说中的情节和人物做某些合理的改动，使传说更加符合众人的口味。在流传的过程中，任何一个讲述者，都可以加入自己的思想感情和生活经验。在大家的参与下，最终传说被加工成民众感情与愿望的结晶，无论在思想内容上还是在艺术形式上，都是民众所喜欢和熟悉的。

(3) 传承性。就是说民间文学作品在思想内容和艺术形式上有一定的传统模式，在流传、演变时显示出较强的稳定性，经不同时代、不同地域的人群传播而仍能保持其基本面貌。一个民族的民间传说，在内容和情节上都具有一定的模式。就我国的传说而言，不论是人物传说、史事传说、风俗传说，其中总离不开神仙，他们对主人公的命运有着重要影响，对故事的结局也起着直接决定作用。从情节上来说，我国民间传说一般都是有头有尾的封闭式结构，最后是大团圆的结局，忠孝之人得到褒奖，邪恶之人受到惩罚。即使是悲剧性故事，也总要留下一个美好的结尾。

(4) 变异性。是指民间文学在讲述的过程中又是在变化的，每一次讲述，在语言、情节、人物甚至主题上都会有一些出入。虽然传说中的人物就基本特征而言是早已确定了的，如许仙的懦弱、缺乏主见，白娘子的温柔多情，祝英台的女扮男装、忠于爱情等。但是在每一次讲述中他们的所作所为总不尽一致，有时候差异还很大。

二、民间传说的艺术特征

除了具有民间文学的共性之外，民间传说又具有与其他民间文学不同的艺术特征：在创作中追求真实可信和情节的传奇性。

在创作中追求真实可信。这个可信不是说民间传说说的故事可信，而是指民间传说在传播（讲述）的过程中，讲述者总是采用各种各样的方法营造一个“真实”的氛围，或者自己的所见所闻，或者是朋友的朋友的亲身经历，或者是报刊或电视台曾经报道过，或者是公安部门曾经发出过布告，总之，讲述者一再强调自己讲述内容的真实性，以其引起听者的注意。而历史事件的传说，也都有具体的时间、地点，人物在历史上也实有其人。这些人们熟悉的人、事、物，再加上现存的古迹、风物作印证，便给人一种真实可信的感觉。比如重阳节的传说中的桓景、费长房，端午节传说中的屈原，在历史上都确有其人。端午节传说中的包粽子、划龙船是沿袭了三千多年的风俗。这些无一不给人以真实的感觉。

但民间传说与严格意义上的历史有本质的区别。传说既不是真实人物的传记，也不是历史事件的记录（其中可能包含着真实历史的某些因素），而是人民群众的艺术创作。许多传说把比较广泛的社会生活内容通过艺术概括而依托在某一历史人物、事件或某一自然物、人造物之上，达到历史的因素和历史的方式与文学创作的有机融合，使它成为艺术化的历史，或者是历史化的艺术。

民间传说往往具有传奇的特色，故事情节既与人间现实有直接的联系，其发展又合乎生活的内在逻辑。同时，通过偶然、巧合、夸张、超人间的情节来引起故事的发展，从而使真实情景和奇情异事达到了有机的统一，既富于生活气息，又离奇动人。民间传说的传奇特色建立在人物具有超常的本领和神仙的出现这两者之上。传说中人物的超常本领和神仙的出现，能使一些平常人解决不了的事轻易得到解决，因而使讲述者有了发挥的广阔空间，从容创作离奇的情节。

三、民间传说与神话

民间传说与神话都是民间口头文学，都属于故事类，它们有很多相似之处。有些故事很难说清它是传说还是神话，再加上很多的传说中有神仙出现，传说和神话就更是纠缠在一起的，不容易分清。比如三皇五帝的传说，八仙的传说就比较难界定。现在无论是根据传说，还是神话改编的影视剧一律都叫神话故事片。而且从传说的来源看，神话本是传说的源头之一。每个民族都有自己关于天地形成，民族起源的神话，这些神话在刚形成的时候大家都相信它是真的，神以及神的事迹都被神圣化了，后来“随着时间的推移，神话脱落了神圣的光环，也剥落了仪式的外壳，于是神话的信仰功能淡化乃至消失，残留下来的故事转变为传说”（黄景春《民间传说》）。可见传说与神话的渊源颇深。尽管如此，传说与神话还是有很大的区别的。

（1）神话在其产生之初，与信仰有关，常与仪式相结合，对讲述者来说，具有真实性、神圣性。传说是世俗故事，不一定与仪式相结合，它的离奇情节也未必被讲述者当做真实发生过的事情。有些传说讲述者可能极力强调人物和情节的真实性，还攀附某人为证，事情发生在什么地方、什么时间都讲得很具体，俨然实有其事。但这不过是讲述者吸引听众的一种手法而已，其实他自己也不相信这是真的。至于听众，一般也把听传说故事当做消遣娱乐，没有几个人会打破沙锅问到底，去追究传说中的人和事到底是真是假。

（2）神话与传说的主人公的属性不同。神话的主人公是神，以神格为中心；传说的主人公是人，现实成分占主导地位。民间传说是民间流传的，通常以一定的现实事实为基础而加工创造的。神话故事只能是关于神的，带有超自然色彩。很多神话也属于民间传说，但民间传说不一定都是神话。

（3）神话与传说的幻想成分有很大差别。神话以幻想为主，写实为辅；传说也有幻想成分，但以写实为主。幻想给传说带来浪漫色彩，在传说中也是不可缺少的。如果缺少了飞行、入海、地遁等幻想成分，传说情节的离奇性就要大打折扣，就不能吸引听众。但是传说中的基本情节不是神仙的这些变化，而是我们现实生活中的耕作、读书、爱情婚姻、生儿育女、家庭纠纷、生老病死等，这些才是传说的主要部分。人们在传说中感受到了自己熟悉的生活方式，也表达了对生活理想的追求。

四、传说与民间故事

从广义上来说，民间故事涵盖了神话、传说和故事三种民间文学形式。狭义的民间故事是指除神话、传说之外的由民众口头创作和传播的散文体叙事作品。民间传说与民间故事的区别在于：

(1) 民间传说具有非常明显的指向性，而民间故事往往是泛指。民间传说的人物和事件都非常具体，往往在历史上有其人，例如端午节传说中的屈原。而故事中的人物等都非常不具体，有时只说兄弟两、母子俩，或者张三、李四，总之没有真实的姓名。说到的时间地点都很笼统。

(2) 传说是一种可塑性很强的民俗事项。它的叙事模式可以随时改变，以适应内容的变化和人们的不同要求。比如，同样的一个传说流传在不同的地方的叙述方式是不一样的。而民间故事的叙事都是同一个模式化的开头："从前"或"很久很久以前"，要不就是："在一个很远的地方"或"在一个村子里"。

(3) 传说的结构多元化，故事的结构基本一个样。故事的叙事结构是三叠式的，例如《狼外婆》这个故事，狼曾三次向外出的母亲要食物，最后一次吃掉了母亲。狼到了门前，也是通过三次敲门，孩子们才上当打开了家门。主人公一般都要重复三次才能达到自己的目的。另外故事情节的发展也有一定的模式。

(4) 传说与故事的叙述风格不一样。民间故事的叙述风格基本是一样的，而传说由于类型的不同而呈现出风格的多变性。例如，宗教传说的目的在于传播、确立和巩固某种信仰，因而叙述的风格神奇，引人遐想。而当代城市传说则重在警告和提醒，因而风格诡异，恐怖气氛浓郁。

(5) 它们描写的主人公不一样。传说描写的主要是普通人的经历和遭遇，事件发生常在瞬间，很少交代起因，而主人公对发生的事件也仅是凭自己的直觉本能地做出反应。主人公是非常被动地接受和经历突然发生在自己身上的一切。例如《白蛇传》中的许仙，对突然而来的爱情以及后来的灾祸等完全处于被动之中。而民间故事的主人公主要是描写英雄人物的追求和他们的传奇经历，主人公是能动的、主动的去追求、去发现。主人公都肩负重任，在某种神灵的指引下去面对一切。

美国人类学家巴斯科姆对传说与神话、故事的区别曾列了这样一个表。

传说与神话、故事的区别表

类型	传说	神话	故事
程式化的开始	无	无	有
傍晚讲述	否	否	是
真实性	真实的	真实的	虚构的
内容所叙事件的时空背景	有具体的时间和背景	有具体的时间和背景	无
时间	近代	远古	不限
地点	当今世界	远古或另一世界	不限
性质	神圣的或世俗的	神圣的	世俗的
主要人物	人类	非人类	人类或非人类

第二节　民间传说的产生和功能

一、民间传说的产生

1. 神话转变为传说

神话是最早的人类文学。远古时期的人类在解释自己氏族的起源、宇宙的形成时，不可能有科学的说法，只能借助于神话。神话和传说，在古代并没有明确的界限。比如一些民族关于自己族源的传说，实际既有图腾神话遗迹的影像，也有孕育神话的生动呈现。一些从图腾时代即已开始的远祖起源传说（实际是神话）被人们口语相传一代一代流传下来，在人们的观念中，认为这就是祖先的历史，实有其事。但是，从神话学的规定性看，这些所谓族源的古老传说，有的恰恰是人类早期原始思维阶段的产物，是神话，而并非传说。严格说，神话向传说过渡有其自身的发展过程，只有神话向人化发展，现实中的人升格为神所创作出来的故事，才具有传说色彩。那些反映图腾崇拜、自然崇拜观念的作品，一般很难称得上是历史传说。所以传说在和早期的神话共同孕育发展之后，越到后来越显示其特点。特别是父权制确立，阶级斗争出现之后，有些传奇式的英雄神话、族源神话传说，其人物多是具有神奇本领的现实中的人，故事也越接近现实生活，明显地看出已具备传说的某些特点，而且越到后来这样的作品越多，等到具有永久魅力的神话时代成为过去，传说仍然沿着自己的道路发展，而幻想性的故事便承前启后地进入民间口头文学的广阔天地，长盛不衰。从黄帝的传说可以看出这种变化。有关黄帝与炎帝的阪泉之战，与蚩尤的涿鹿之战见于《山海经》，属于远古时期的神话。其中的黄帝、蚩尤、女魃、应龙等神格占主导地位，人格次之。

后来随着社会的发展，人类文明的进步，人们不再把它当做神的故事，而是把它当做世俗故事传播，并对它进行人性化、合理化的改造。黄帝等的神性变为人性，神格变为人格。黄帝的故事也被加入了越来越多的现实生活的内容，于是黄帝的神话逐渐转变为传说。比如子贡曾经就神话中“黄帝四面”的问题请教孔子，问孔子黄帝四张脸是否可信。孔子是这样回答的：“黄帝选择了四位德行和自己相似的人，让他们治理四方，这就是所谓的‘四面’。”经孔子这么一解释，黄帝的神格完全没有了，变成了一个善于治理天下的圣君。

2. 历史产生传说

传说是民众口传的历史，尤其是所谓的“野史”，更是传说的丰富养料。

我们现在看到的历史，大多是史官奉皇命撰写的，这些史书是为统治阶级服务的。那些不利于统治阶级的史料往往被舍弃，而这些被舍弃的史料经民众以口语传承的形式流传下来。在口头传承的过程中，讲述者不断地加进自己的想象使那些历史故事越来越离奇，甚至出现了神仙相助的情节。而那些写进了史书的历史也是衍生传说的绝好素材。三国分合、岳飞抗金、杨家将抗辽、宋江方腊起义、小刀会等在史书上均有记载，但史书只记梗概，文字简约，寡淡无味，难以满足老百姓欣赏故事的要求。于是人们将这些事件予以缘附、加工，编成了连续的传奇故事。《三国演义》、《水浒传》、《说岳全传》就是吸取了大量的民间传说而创作的。而传说也为史家提供了写作的素材，当有些事件、人物缺少文字记载的时候，史官往往会采用传说作补充。例如司马迁写《史记》就把黄帝的传说堂而皇之地写了进去，历史与传说就这样交融在了一起。“传说进入历史与历史衍化出传说，为我们认识和理解历史文化提供了互补的途径。阅读历史不要以为这些就是历史事实，听见传说也不要以为这就是无稽之谈”（黄景春《民间传说》）。

3. 现实生活是传说产生的土壤

文学源于现实生活，反映现实生活。民间传说是文学的一种形式，它本身也是源于生活，反映生活的。“古代产生的民间传说，是过去历史年代现实生活的反映。”（黄景春《民间传说》）比如《七仙女与董永》的传说，就反映了那个时候人们对爱情的追求和对男耕女织的幸福生活的向往。一些传说在发展的过程中往往也反映了当时的社会现实生活，讲述者在传承过去的传说时，常常会添加一些影射当时社会现实的情节。我们来看看黄景春举的《胡人识宝》的传说，可以更准确地认识这个问题。西汉张骞出使西域，丝绸之路开通后，很多西域胡人来到中国做生意。到了唐朝，大量的胡人来到长安、洛阳、广州等内陆河沿海港口城市做生意，他们从中国贩卖回去的是丝绸、茶叶、瓷器等，带到中国的是珠宝、毛皮等。西域珠宝多种多样，做珠宝生意的西域胡人当然善识宝。唐朝也是胡人识宝传说最为鼎盛的时期，这些传说无疑是对当时社会现实的反映。到了近代，西方帝国主义列强用枪炮打开了清王朝闭关锁国的大门，列强涌入中国，大肆盗取我国的宝物，“洋人盗宝”的传说一下子流行开来。这同样是民间传说对社会现实的一种敏锐反映。从“胡人识宝禄神”的传说发展到“洋人盗宝”的传说，我们可以看到，我国民间传说与社会现实、时代生活的结合是很紧密的。

直接反映当代社会现实生活的传说，是民间传说中最活跃、最有吸引力的一部分。比如当代伟人的传说，20 世纪 90 年代中期流传的有关毛泽东的传说是最吸引人的了。其中尤以“八三四一”部队的传说传得最为广泛。最近几年，随着社会的发展和城市化的进程而产生的城市传说更是直接反映了当代城市的现实生活。

二、传说的功能

1. 教育功能

一些民间传说能使人们了解到地方风物、民俗等方面的知识，但民间传说的教育功能主要还不是体现在它向人们传授了多少科学知识，而是体现在它所表达的社会经验和情感愿望。比如勤劳善良能获得爱情和幸福，孝顺父母能感动天地。前者有牛郎织女、七仙女与董永的传说等，后者有曹娥、沉香救母等。民间传说的教育功能的另一个方面是它以“行善得福”、“作恶得祸”的情节模式对社会成员进行警示、劝诱和引导。比如济公的传说中有这样一个故事：一个地主老财欺负穷人，济公使其颈上长了个瘤子，做一件好事，那瘤子就小一点，做一件坏事，那瘤子就大一点，迫使那地主老财只敢做好事不敢做坏事。正如美国民俗学家琳达·戴认为的那样：传说的目的是为了满足人们关于人类自己的好奇心，是用来解释一些不可思议和值得纪念的事情，并把一些传统的知识和技能传授给那些年轻人和需要接受教育的人们，传说告诉人们在紧急关头怎么做，同时也提醒人们不要去做那些不应该做的事情。

2. 审美功能

凡是艺术都具有审美功能，民间传说当然也不例外。传说与小说或其他叙事文学作品相比，其审美功能主要在于它所表达的是人民群众的一种愿望——一种在现实中难以实现的愿望。普通民众在现实生活中总是遭受这样那样的无奈、屈辱、不幸和苦难，人们无法在现实中把握自己的命运，于是便通过虚构的传说故事表达对生活的期待。坏人、恶人在传说故事中都没有好下场，不是被奚落、惩罚，就是被杀死——虽然现实生活中总是好人、善人吃亏，坏人、恶人占便宜。传说故事表达的结局则相反。四大传说的结局都展现了一线光明。还有洋人盗宝的传说也是如此，事实上，近代以来洋鬼子从中国掠夺了无数的宝物，但民间传说中他们却是失败者。民间传说富有乐观主义、理想主义色彩，任何现实社会的血腥惨烈结局都被扭转到反面，而以一种富有神话的诗意的情景结束。

3. 娱乐功能

民间传说的审美功能决定了它必然具备娱乐功能。人们在听传说故事时当听到坏人受到惩处，无不拍手称快，心理上获得极大快感；当听到好人受尽磨难时，会流下同情的泪水。人们在工作之余、茶余饭后听听传说，能使疲惫的身心得到放松，让心灵受到陶冶。曲折离奇的情节满足了人们的好奇心，使大家感到愉悦。

第三节　民间传说的类型

民间传说涉及国家民族的大事、阶级斗争、生产斗争、文化创造、杰出人物的贡献，以及家庭、婚姻、民间的风俗习惯等方面。其内容大致可以分为人物传说、史事传说、地方风物传说和迷信传说。

1. 人物传说

这类传说以人物为中心，叙述他们的事迹和遭遇，也表达了人民的评价和愿望。人物传说又可以分为历史人物传说、神话宗教人物传说、能工巧匠名医传说、文人传说等多种。

历史人物传说中，帝王将相的传说占有很大比例。帝王传说一般都是关于帝王的身世、传奇的经历，以及日常生活中的轶事等。传说乾隆是一位政绩卓著的明君，在位期间曾多次下江南，探幽访胜。因此，民间的很多传说都是关于乾隆在游玩时的奇遇。例如，传说乾隆到了苏州后，听说梅冶镇风景秀丽，就前去观看。到了那里以后，遇到美貌的梅小姐，二人一见钟情，乾隆答应择日迎娶梅小姐。后来，由于记错了日子，梅小姐以为乾隆负心就投河自尽了。从此，梅冶镇改为梅龙镇。

传说中的神话人物是上古神话中的神，后来转变为传说中的人；宗教人物是佛教、道教和民间信仰中的神仙、僧侣、巫师等。这些人物不仅有自己的传说，而且渗透到其他各种传说中去，对其他传说的故事情节和人物命运发生影响。在我国神仙信仰的文化背景下，神话宗教人物的传说十分丰富。例如黄帝的传说、西王母的传说、观音的传说、财神的传说、弥勒佛的传说等。

能工巧匠的传说和名医的传说在我国各民族中都有很多。能工巧匠传说是对我国古代劳动人民勤劳和智慧的直接反映。这方面传说最多的首推鲁班，鲁班是很多工具的发明者，几乎每一种工具都有一个动人的传说。我国历史上出现过很多医学家，关于他们高超的医术也都有美丽的传说，比如华佗给曹操医头痛的传说。

文人传说是围绕历代杰出的文学家、画家、书法家产生的传说。这种传说，或讲述他们的求学过程，或讲述他们的学问高深，或讲述他们的奇闻轶事。都富有个性和情趣。

此外还有姓名不见于史籍的人物传说，如梁祝的传说、孟姜女的传说、董永卖身葬父的传说、歌仙刘三姐的传说等。革命领袖和英雄人物也有很多传说。

2. 史事传说

这类传说以叙述历史事件为主，主要有下面几个方面的内容：

反映农民起义的。中国长期封建社会中爆发了多次农民起义运动。其中一些规模较大的运动在群众中留下了深远影响，又经过人们不断地回忆和讲述，逐渐演化为传说。此类传说在其形成的初期阶段，往往依附于真人真事。在长期的流传中，由于众多口述者不断地艺术加工，这些传说在很大程度上日渐游离开真人真事的原型而带上浓厚的传奇色彩，成为虚构或基本上是虚构的口头艺术创作。农民起义传说所反映的主要内容，或以历史事件为主，着重反映斗争的兴起与壮大过程；或以人物为主，着重讲述起义领袖或造反人物的英雄形象与性格；或以某一战役为主，着重描写起义军的机智、神勇与顽强不屈的战斗事迹；或突出一事一物，着重反映起义部队与群众间的军民关系；或反映广大群众对起义军的怀念之情。作为群众口头艺术创作，农民起义传说并不具有严格的科学史料性。它是劳动人民用以反映自身革命斗争历史的重要文学手段。通过同时代的众多口述者的耳闻目睹和亲身感受，它们往往能够对起义运动及其领袖人物作出较公正的评价，并从不同生活侧面真实地反映当时的社会实质以及人民的苦难与期望等。如梁山泊起义的传说、陈胜吴广起义传说、贵州苗族张秀眉起义传说等；有反映外族入侵的，如杨家将的传说、义和团的传说、小刀会的传说、太平天国的传说等。

关于红军的。它是革命老区人民的口头创作。广泛流传于湘、粤、桂、鄂、川、陕甘宁及晋冀鲁豫等老革命根据地。它以中国共产党所领导的壮阔的武装革命斗争为背景，表现了第二次国内革命战争时期的土地革命和斗争生活，热情赞颂了中国工农红军。红军传说，集中表现了红军的革命纪律、优良作风和新的军民关系，反映了红军在人民心目中的位置。内容可分两类：一类表现人民群众对红军的认识过程，寓蕴着人民的无限深情，如《奇怪的院子》等。另一类借助传说的想象手法，表现出老革命根据地的人民群众对红军的思念和对于革命的必胜信心，如《红星水壶》、《红军帽》等。红军传说具有明确的革命意识和浓厚的革命气氛，其基本主题，除歌颂红军外，还歌颂革命领袖和群众斗争。红军传说常常借助传统故事的表现手法，赋予红军的遗赠物以神奇的力量。创作者用这样的艺术想象，表现出人民群众和革命力量终归要战胜反革命力量的坚定信念，使革命的思想感情与传说故事的特有手法融而为一，呈现出革命现实主义和革命浪漫主义相结合的特色。由于红军传说表现了人民群众对革命军队的深厚感情，在后来的抗日战争和解放战争中也有流传，并产生很大影响。

反帝方面的。从 1840 年到 1949 年，中国屡遭列强侵略，中国人民多次进行反侵略战争。这期间，人民群众中产生了很多以反对列强侵略为主题的传说故事，统称反帝传说。

反帝传说可分两类：第一类直接取材于历次反侵略战争。如《义和团的志气永不灭》、《杨司令智取通化》等。第二类不直接反映某次具体的战争，而广泛地揭露侵略者的掠夺活动。大多以外国侵略者盗宝为中心事件，如《金凤凰》、《盗不走的宝船》等。

反帝传说主要歌颂抗敌英雄，包括知名历史人物和普通群众的勇敢和机智，有的故事虽然讲到某种实物、山水，或从某次战争取材，甚至讲某个真实人物的战斗故事，但故事情节并非全是史实，第二类故事想象的成分更大。此类传说的历史价值，主要在于它表现了中国人民反对侵略的坚强意志和抗击外敌的爱国主义精神。

歌颂民族团结友好的。如藏族传说《藏王的求婚使者》叙述了唐代汉藏通婚，文成公主嫁藏王松赞干布的经过。

3. 地方风物传说

指关于某一地区山川、风物等的解释性传说。基本特点是：通过生动的故事情节，对于特定的自然物或人工物的来历、特征、命名原因等，给予说明解释。它经常把风物介绍、故事、说明解释三种成分结合在一起。中国的名山大川、有名建筑、地方特产和风俗等等都有生动的传说故事予以解说。表现了人们热爱乡土的感情以及他们对生活的理想和信念。地方风物传说中包含着大量关于特定风物、山川、建筑、特产、民俗等的知识，所反映的社会生活内容也十分广泛。它表现人民征服自然、改变山河面貌的艰苦斗争，表现过去人民在统治阶级压迫下的苦难生活和各种形式的反抗。人民群众在地方传说中借风物抒发自己的悲欢，表现自己的生活理想，肯定忠贞的爱情。

地方风物传说中有大量作品是运用奇妙的幻想、超自然的形象、神奇变化的手法而创作的。它还以叙述现实生活的创作方法，引人入胜。地方风物传说地方性十分明显，很多传说仅仅为某一地方所特有，但有些故事却广泛流传。

地方风物传说有许多作品是把历史人物和神话人物的故事地方化，有时也使用寓言的手法把山川拟人化，或把一般民间故事落实到特定的地方风物上，形成多姿多态而又独具特色的民间传说的一个品种。地方风物传说可以分为名胜古迹传说、地方特产传说、风俗传说三大类。

名胜古迹传说是围绕某处自然山水、历史建筑、古代工程而发生的传说。它以生动有趣的故事解释这些事物及其名称、特征的来历。“解释的过程构成有头有尾的故事，有人物，有事件，而最后归结点仍是那个实物或实事。”（程蔷《中国民间传说》）我国神州大地，地域广袤，拥有无数秀美河山，也有无数的山水风景传说。这些美丽传说增添了大好河山的诗情画意，赋予明媚山川迷人的魅力，也让我们这些炎黄子孙更加热爱这块养育了我们的土地。

地方物产传说指向当地的土特产，介绍土特产的来历、特征、名称的由来以及制作，特别是各地久负盛名的衣、食、药、酒、茶等物产。地方物产的传说分布在祖国天南地北的每一个角落，数量及其庞大。在这些传说中，地方特产的来历常常有神仙或者历史文化名人的活动，他们被说成是这些土特产的制造者或命名者。另外，这些传说都宣扬中国古代的道德伦理观念，比如对孝的宣扬，对善的褒奖、对恶的惩戒、尊老爱幼等。地方物产传说都带有浓厚的乡土气息，是地方文化的组成部分，它贯穿着中国老百姓淳朴的价值观念和思想感情。

风俗传说有节日传说、礼俗传说、游艺传说。节日传说，就是讲述各民族节日来历的传说。汉族的春节、傣族的泼水节、藏族的藏历年、彝族的火把节、白族的三月街等都有动人的传说。礼俗传说是围绕婚丧嫁娶、生儿育女、寿诞以及人际交往等方面的风俗习惯而形成的传说。游艺传说是围绕各种娱乐、游戏活动而产生的传说，如打秋千、猜灯谜、放风筝、捉迷藏、踩高跷、耍龙灯等都有有趣的传说。

4. 迷信传说

迷信传说是关于精灵鬼怪的传说，是对民间信仰和迷信的印证。此类传说的内容涉及个人的一些经历或经验，例如遇鬼或被鬼缠身、中邪、狐狸精的传说等，比较常见的有鬼的传说、各种禁忌的来历等。鬼的传说是一个传统的主题，无论在古代，还是在当代都有很多有关鬼的传说。比如很多地方都流传着关于出租车司机遇鬼的故事。而禁忌的传说则更为普遍，几乎可以说每一个禁忌就有一个传说。

第四节　中国流传广泛、影响深远的民间传说

1. 大禹传说

古代民间传说。禹是传说中夏代的始祖。他的主要业绩是治水。古籍记载，相传帝尧之时，发生洪水，帝命鲧去治理。鲧治水失败，被杀于羽郊，其子禹继承父业，经13年终于平复水患。后舜禅位于禹，夏王朝由此建立。此外，传说中还有他逐共工，杀相繇，以及应龙助其治水等情节。禹的传说，原含有较多的神话因素，在长期流传中，有关他的神话传说被“历史化”，出现了更多政治性活动的情节，如他派人度量大地、召集臣民开会议事、赏功罚罪、求贤任能等，并为他制造了显赫的家谱世系。这就使禹这个传说人物逐渐脱离了本来面目，成为符合儒家观念的帝王典范。然而，在人民心中，大禹仍然主要是一位具有神异色彩的治水英雄。

大禹治水的传说，常与地方景物相附合。如传说他从泰山担了99担石头筑堰挡水，这些石头后来变成山东的九节长白山。山西也有大禹治理晋阳湖的传说。这类传说着重表现他不畏艰险、为民造福的伟大精神，以此教育后世。

2. 愚公移山传说

古代民间传说。据称，古时有位年近九旬的北山愚公，因苦于门前太行、王屋两座大山阻碍出人，就立志铲平这两座山。家人、邻里都来相助。他们终日劈山运土，往返于渤海和太行之间，常年不息。河曲智叟讥笑愚公“愚蠢”。愚公对智叟说：“虽我之死，有子存焉。子又生孙，孙又生子；子又有子，子又有孙；子子孙孙，无穷匮也；而山不加增，何苦而不平?”他们每天挖山不止的精神感动了上帝，上帝就派夸、

蛾氏二神把大山背走了。这个传说包含着“有志者事竟成”、“人定胜天”的思想。古今文学家、艺术家、政治家都曾经运用这个传说。毛泽东曾用愚公移山的故事鼓舞和教育人民发扬艰苦奋斗的精神。

3. 鲁班传说

古代能工巧匠的民间传说。鲁班是春秋末期鲁国的工匠，名公输般。他技艺超群，又是鲁国人，所以后来人们就称他为“鲁班（般）”。古籍及一些笔记和方志中都有著录。战国时期本来是历史人物的公输般，在民间逐渐变为一个传说式人物。

鲁班的传说大致有两类。一类是讲他发明创造的故事。另一类是关于他修建各地著名桥梁、殿宇、寺庙等建筑的故事。历代工匠希望提高自己征服自然、改进工艺的能力，把鲁班想象成具有神奇技艺和无穷智慧的技师。旧时代的木工、瓦工、石匠对鲁班的敬仰还表现在他们的民俗活动中奉他为“祖师”并建庙奉祀。鲁班传说在教育团结工匠方面起了很大的作用。

4. 孟姜女传说

古代民间传说。这个传说流传至今2000余年，几经演变，情节不断丰富，主题也日益鲜明。孟姜女原型为春秋时齐国杞梁之妻，在《春秋左氏传》中是一个知礼的妇女形象。北齐屡筑长城，徭役繁重，民间多征夫怨女。民众将现实与秦代筑长城的苦役相联系，使传说变为反筑城徭役主题的新形态。从此，杞梁由为齐国牺牲的战将，变成被打杀的筑城民夫，杞梁妻便成为寻夫认骨、哭倒长城的传说人物。

明清以后的故事将孟姜女说成是葫芦所生，由于葫芦牵连到隔壁而居的孟姜两家，因称孟姜女。孟姜女哭倒长城后，秦始皇见其貌美，欲纳为妃，并接受孟姜女提出的三个条件，披麻戴孝，手执丧杖，为杞梁发丧。最后，孟姜女投海而死。

近世孟姜女故事传播的地域几乎遍及全国，影响十分深远，各地也出现不少异文。由于时代的不同，作品的主题及思想倾向也较复杂。

5. 牛郎织女传说

牛郎和织女是从牛郎星和织女星的星名衍化而来的。汉魏间，民间即有此故事，故事中牛郎是人间的看牛郎，织女则是天帝之女。织女与牛郎婚配，并生一男一女，最后王母将其捉回，在两人之间划成一道天河，两人只能靠鹊桥每年七夕相会。

牛郎织女传说，千余年来家喻户晓。它的源头，从《诗经·小雅·大东》中可以看到。《古诗十九首·迢迢牵牛星》中也有关于它的歌咏。这个故事在民间口头上还生出许多变异的说法，有的与两兄弟型故事结合，把牛郎说成是被兄嫂虐待的弟弟，有的与羽毛衣型故事结合，把织女说成是天女下凡洗澡，老牛告诉牛郎藏匿织女衣服而成亲，最后织女找到衣服飞回天上，牛郎披上老牛皮，上天去会织女。牛郎织女传说是中国封建社会男耕女织的小农经济生活的艺术反映。它以封建家庭生活为背景，通过牛郎与织女结合又离散只能七夕在天上相会一次的幻想情节，反映了封建宗法制度下的家庭关系及其所造成的婚姻悲剧。后世文人运用这个传说题材写成了《天仙配》等戏曲，更扩大了它的影响。它与孟姜女传说、白蛇传说、梁祝传说被称为中国著名四大传说。

6. 白蛇传说

主要描述由白蛇所变的白娘子与青年许仙的恋爱婚姻悲剧。白娘子同其侍女小青清明在杭州西湖遇雨，许仙以伞相借，二人相识并定下姻缘。金山寺法海和尚见了许仙，说他面有妖气，叫他在端午节让白娘子喝雄黄酒。白娘子显形，吓死许仙。白娘子与小青盗仙草救活许仙，但法海又使白娘子、许仙夫妻二人分离。白娘子前去索夫，水漫金山后，与许仙断桥相遇，和好团圆。法海再度破坏，将白娘子镇于雷峰塔下。

白蛇传说最初起源于民间发现巨蟒的传闻，并受到唐传奇《白蛇记》的一定影响，也吸收了一些金山原有的僧龙斗法传说。《西湖三塔记》中进一步反映了白蛇故事的梗概，故事被加上了人妖不可共居的色彩。明末冯梦龙所编的《警世通言》中有《白娘子永镇雷峰塔》的通俗小说，倾向也是如此。清代初年的《雷峰塔传奇》，减弱了白蛇的妖气，突出了她坚决追求自由爱情的勇敢性格。故事具有一定的反封建意义。《义妖传》和《白蛇宝卷》也表现了同一倾向，其中法海成为恶势力的代表。白蛇传说进入戏曲以后，情节更为丰富，人物性格也更加丰满。白蛇传说从最初的雏形发展到基本定型，其中既有民间文学自身的流传变化，也接受了说唱、小说、宝卷、戏文等俗文学的影响。

7. 梁祝传说

中国著名民间传说。故事表现一对青年男女在封建制度下未能结合含恨而终的婚姻悲剧。最早见于初唐梁载言的《十道四蕃志》。晚唐张读的《宣室志》记载了这个故事的全貌，名为《义妇冢》。其基本情节是：英台，上虞祝氏女，伪为男装游学，与会稽梁山伯者同肄业。祝先归，二年，山伯访之，方知其为女子，告其父母求聘，而祝已字马氏子矣。山伯后为鄞令，病死，葬鄮城西。祝适马氏，舟过墓所，风涛不能进。问知有山伯墓。祝登号恸，地忽自裂陷，祝氏遂并埋焉。晋丞相谢安奏表其墓曰：义妇冢。明代冯梦龙辑的短篇平话集《古今小说·李秀卿义结黄贞女》"入话"列举的几个女扮男装的传说中也有梁祝故事。传说除话本讲述外，还被编为戏曲。经过话本、戏曲再创作，增加了反封建的意义。梁祝传说取材于现实生活，又有传奇色彩，悲剧的结局与理想化的结尾达到和谐的统一。它揭露了封建包办婚姻的罪恶，歌颂了纯洁自由的爱情。梁祝故事从女扮男装开始，到后来的反封建主题，是一个重要发展。传说中的反封建思想日益强烈，因而更加受到人民的喜爱。

8. 刘三姐传说

中国壮族的民间传说。相传桂西宜山地区下枧河中枧村，有一排行第三的刘姓女子，因名刘三姐，三姐系黄莺投胎，喜唱山歌。远近青年与之对歌，无能胜者。青年李示田，勤劳朴实，要求向三姐学歌。财主莫怀仁，见三姐貌美善歌，欲纳为妾，雇人与三姐对歌，为三姐所败。此时，李示田已学得一口好歌，常与三姐对唱。莫怀仁怀恨在心，害三姐坠入河中。三姐漂至柳州，与李示田对歌，连唱三天三夜，飘然逸去。后又在桂林七星岩对歌，连唱七天七夜，变为一对黄莺飞去。

刘三姐传说充分体现了壮族人民的思想、愿望和创作才能。它对中国南方各民族社会风俗史和民间文艺学研究，具有参考价值。

思考与练习

1. 到自己家乡，收集民间传说二至三则，在班上讲述。

2. 民间传说与民间故事、神话的区别有哪些？

参考文献

[1] 柯玲．中国民俗文化［M］．北京：北京大学出版社，2011.

[2] 叶涛．中国民俗［M］．北京：中国社会出版社，2006.

[3] 孙迟．民俗风格［M］．沈阳：辽宁科学技术出版社，2008.

[4] 苏丽春，李艳．云南民俗风情与旅游［M］．昆明：云南大学出版社，2005.

[5] 李玉臻．中国民俗节日风情大观［M］．哈尔滨：黑龙江人民出版社，2006.

[6] 陶梨．民族民俗风情［M］．北京：旅游教育出版社，2006.

[7] 方敦寿．民俗风情［M］．合肥：安徽人民出版社，2009.

[8] 朱宁虹．礼仪生活（中华民俗风情博览）［M］．北京：中国物资出版社，2005.

[9] 孙和林，高金龙．中国民俗艺术品鉴赏［M］．济南：山东科学技术出版社，2001.

[10] 蔡宗德，李文芬．中国历史文化［M］．4 版．北京：旅游教育出版社，2006.

[11] 王娟．民俗学概论［M］．北京：北京大学出版社，2002.

[12] 沈从文．中国服饰史［M］．西安：陕西师范大学出版社，2004.

[13] 姜若愚．中国民族民俗［M］．北京：高等教育出版社，2011.

[14] 黄景春．民间传说［M］．北京：中国社会出版社，2008.

[15] 李少林．中华丧葬［M］．呼和浩特：内蒙古人民出版社，2008.

[16] 陈国庆．中国传统文化价值浅论［J］．西北大学学报：哲学社会科学版，2001（5）：50－52.